大学生创新创业的法律保障机制研究

Daxuesheng Chuangxin Chuangye de Falü Baozhang Jizhi Yanjiu

雷厉／著

四川大学出版社
SICHUAN UNIVERSITY PRESS

项目策划：李勇军
责任编辑：李勇军
责任校对：傅　奕
封面设计：阿　林
责任印制：王　炜

图书在版编目（CIP）数据

大学生创新创业的法律保障机制研究 / 雷厉著 . 一成都：四川大学出版社，2021.4
ISBN 978-7-5690-3077-8

Ⅰ . ①大… Ⅱ . ①雷… Ⅲ . ①大学生－创业－法律－研究－中国 Ⅳ . ① D922.291.914

中国版本图书馆 CIP 数据核字（2019）第 210728 号

书名　大学生创新创业的法律保障机制研究
────────────────────────
著　　者　雷　厉
出　　版　四川大学出版社
地　　址　成都市一环路南一段 24 号（610065）
发　　行　四川大学出版社
书　　号　ISBN 978-7-5690-3077-8
印前制作　四川胜翔数码印务设计有限公司
印　　刷　郫县犀浦印刷厂
成品尺寸　148mm×210mm
印　　张　9
字　　数　242 千字
版　　次　2021 年 4 月第 1 版
印　　次　2021 年 4 月第 1 次印刷
定　　价　48.00 元
────────────────────────

版权所有 ◆ 侵权必究

◆ 读者邮购本书，请与本社发行科联系。
　电话：(028)85408408/(028)85401670/
　(028)86408023　邮政编码：610065
◆ 本社图书如有印装质量问题，请寄回出版社调换。
◆ 网址：http://press.scu.edu.cn

四川大学出版社
微信公众号

序

    大学生进行创新创业，以创新创业带动就业，是其作为高素质劳动力主体所需承担的社会责任。目前培养大学生突破知识、经验、心态、资金等各种限制的能力是各高校创新创业教育的主要方向。其实法律对大学生创新创业起着指导和规范作用，创业过程中法律制度的保障是大学生创新创业成功的关键。目前，从法律风险及法律保障角度来对大学生创新创业进行的研究还较少，大学生创业却急需全方位的法律保障。

    近年来我国大学生创业的政策保障也有了长足进步。2003年，国家工商总局下发了《关于2003年普通高等学校毕业生从事个体经营有关收费优惠政策的通知》，从简化手续、费用减免等方面给予创业的大学生各种优惠。2005年，国家颁布施行了《创业投资企业管理暂行办法》，规定国家与地方政府可以设立创业基金，通过多种方式扶持创业企业、引导投资，包括融资担保和参股等。2007年，为了进一步促进大学生自主创业并提供相应的法律制度保障，我国颁布了《就业促进法》。但是该法案较为笼统、抽象，不能有效地面向大学生创业群体，缺乏具体规定，使得它的可应用性不强。

    在上述政策法规的规范下，各个地区推出了相应的措施，例如：简化程序，减免行政性收费，精炼审批手续，鼓励大学生自主创业；提供财政补贴、税收优惠支持，对创业毕业生按照标准发放创业补贴；提供小额担保贷款的优惠，自主创业的高校毕业生，均可申请不超过 5 万元的小额担保贷款；加强大学毕业生创业指导力度，保障大学毕业生就业创业权益。不难看出，目前主要是依靠一系列的促进就业政策，来鼓励高校大学生创业。

努力构建大学生创新创业的法律制度、持续推进大学生创新创业法律制度的建设、形成完善的大学生创新创业法律保障体系，不仅要健全法律法规，还应重视法律法规的可操作性和实效性。因此，分析大学生创新创业中存在的法律风险，探索怎样在法律层面给予合法的保护和支持，完善其法律保障机制，优化社会创新创业环境，鼓励更多的大学生成为创新创业者是十分必要的。

2016 年"大学生创新创业的法律保障机制研究"获得了四川省科技厅软科学项目立项（项目编号 2016ZR0160）。本课题主要研究内容为以下两个方面：①我国大学生创业支持法律现状分析，即对目前我国大学生创业支持相关法律、政策规定进行认真梳理和剖析，反思其存在的不足及所产生的阻碍影响。按法律部门言，大学生创业支持法律涉及民法、经济法、刑法、行政法众多部门法乃至整个法律体系；而按大学生创业过程而言，大学生创业支持法律主要涉及大学生创业支持企业创设相关法律、大学生创业支持企业融资相关法律、大学生创业支持企业财税相关法律、大学生创业支持企业科技创新相关法律等。本课题拟分别对大学生创业支持企业创设相关法律、大学生创业支持企业融资相关法律、大学生创业支持企业财税相关法律、大学生创业支持企业科技创新相关法律的现行规定进行分析，找出其不足之处。②我国大学生创业支持相关法律制度的完善。针对目前我国大学生创业支持法律存在的不足，本课题拟从宏观和微观两个层次对我国大学生创业支持法律制度提出完善的建议。在宏观层面，我国大学生创业支持相关法律制度的完善应确立借鉴国外先进经验，大力支持大学生创业的总体思路，遵循政府适度干预、经济平等的现代经济法基本原则，继而颁布《大学生创业促进法》；在微观方面，大学生创业支持企业创设相关法律、大学生创业支持企业融资相关法律、大学生创业支持企业财税相关法律、大学生创业支持企业科技创新相关法律的具体规定应及时立、改、废，即及时颁布施行大学生创业支持必需的相关法律，修改与大学生创业支持不相适应的相关法律，废除阻碍大学生创业的相关法律。

本书在编写过程中得到了内江师范学院和内江市中级人民法院的大力支持。内江市中级人民法院研究室提供了近5年该院审理的典型案例作参考，郑强主任积极为本书的写作建言献策。本书既是四川省科技厅软科学项目"大学生创新创业的法律保障机制研究"（项目编号2016ZR0160）的结题成果，也是2015年度立项的四川省卓越法律人才示范性教学基地（项目编号00ZY004）的阶段性成果之一。

目 录

第一章 大学生创新创业的现行法律制度分析 …………（ 1 ）
　第一节　大学生创新创业的法律保障的基本概念界定
　　　　　………………………………………………（ 2 ）
　第二节　大学生创新创业法律保障的不足分析…………（ 5 ）

第二章 支持大学生创新创业的企业创设相关法律………（ 12 ）
　第一节　公司法……………………………………………（ 12 ）
　第二节　个人独资企业法…………………………………（ 38 ）
　第三节　合伙企业法………………………………………（ 52 ）
　第四节　支持大学生创新创业的企业创设相关法律的完善
　　　　　………………………………………………（ 62 ）

第三章 支持大学生创新创业的企业融资相关法律………（ 77 ）
　第一节　中小企业促进法…………………………………（ 77 ）
　第二节　证券法……………………………………………（131）
　第三节　支持大学生创新创业的企业融资相关法律的完善
　　　　　………………………………………………（149）

第四章 支持大学生创新创业的企业财税相关法律………（163）
　第一节　企业所得税法……………………………………（163）
　第二节　个人所得税法……………………………………（173）
　第三节　支持大学生创新创业的企业财税相关法律的完善
　　　　　………………………………………………（184）

第五章　支持大学生创新创业的企业科技创新相关法律 ……………………………………………………（188）

第一节　科学技术进步法……………………………（189）
第二节　知识产权法律制度…………………………（197）
第三节　支持大学生创新创业的企业科技创新相关法律的完善……………………………………………（251）

第六章　制定《大学生创新创业促进法》的构想…………（259）

第一节　《大学生创新创业促进法》的立法宗旨………（260）
第二节　《大学生创新创业促进法》的立法原则………（264）
第三节　《大学生创新创业促进法》的基本制度………（268）

第七章　结　语………………………………………………（274）

参考文献………………………………………………………（276）

第一章　大学生创新创业的现行法律制度分析

法律对大学生创业起引导、指导和规范作用，法律保障是大学生创业环境的重要组成部分。随着高校扩招，毕业生逐年增多，加上受国际金融危机影响，使得高校毕业生就业压力加大，我国政府及相关部门积极出台一系列措施，扶持大学生创业，以创业促进就业，形成了良好的大学生创业政策法律环境，对简化创业程序、提供创业指导和小额贷款等方面促进大学生创业发挥了积极的作用。但在大学生创业实践中也存在创业优惠政策难以兑现、创业法律保护意识不强、创业融资法律障碍等问题，从总体上显现大学创业法制环境还不够健全，有待于进一步完善。

2014年9月，李克强总理在夏季达沃斯论坛上首提"大众创业，万众创新"的口号。在2015—2017年的《政府工作报告》中，李克强总理不断对"大众创业，万众创新"提出新要求、新目标。

2017年的《政府工作报告》指出：2017年，我国高校毕业生795万人，再创历史新高。在此背景下，创业带动就业，实现"倍增效应"，成为解决大学生"就业难"问题的有效途径。在大学生创新创业蓬勃发展的今天，更好地运用法律为创新创业保驾护航，使大学生能够有效抵御、防范和化解创新创业过程中的风险，提高创业生存和发展的概率，进而推动大学生创新创业又快又好发展，诸多问题亟待解决。

第一节　大学生创新创业的法律保障的基本概念界定

一、创新创业

谈及创新，依据熊彼特的观点，"创新"就是"建立一种新的生产函数"，也就是说，把一种从来没有的关于生产要素和生产条件的"新组合"引入生产体系。① 现代管理学之父彼得·德鲁克在《创新与企业家精神》一书中对熊彼特的创新理论有所继承和发展，他认为创新是赋予资源以新的创造财富能力的行为。

谈及创业，目前并没有一种为公众普遍接受的定义。国内学者雷家骕认为，广义而言，创业指开创新的事业的活动，包括公司内部创业和创办新的企业；狭义而言，创业指创办新的企业，牟取商业利益的活动。② 辜胜阻等认为创业就是通过创新实现各种资源的新组合、开创新业务、创建新组织，通过捕捉机会并承担风险进而创造价值。③ 葛建新在《创业学》一书中将创业理解为，创业就是为了创建新企业而进行的创造价值为目的、以创新方式将各种经济要素综合起来的经济活动。④

谈及创新创业，东北师范大学王占仁教授在论述创新创业教

---

① 雷家骕. 国内外创新创业教育发展分析 [J]. 中国青年科技，2007（2）：26—29.
② 雷家骕. 国内外创新创业教育发展分析 [J]. 中国青年科技，2007（2）：26—29.
③ 辜胜阻，肖鼎光，洪群联. 完善中国创业政策体系的对策研究 [J]. 中国人口科学，2008（1）：10—18+95.
④ 葛建新. 创业学 [M]. 北京：清华大学出版社，2004.

育时提出了这样的观点:"创新创业教育"在形式上的表现是在"创新"的后面加上了"创业"二字,其实质是内在规定了创新的应用属性,是指向创业的创新,重在应用的创新,促进创新成果的市场化、商业化。在"创业"的前面加上了"创新"二字,其实质是全面统领了创业的方向性,是创新型创业、机会型创业、高增长的创业,提高了创业的层次和水平。① 也有学者认为成功的创业离不开创新,成功的创新也往往在创业过程中产生。② 可见,在广义上来看,创新与创业是"双生关系",二者天然地联系在一起。③

笔者认为,创新创业与创业在不严格的意义上是等同的,为了突出创新在创业中的作用,目前在国家文件的表述中,创新与创业是并列的。2015年的多份文件中都表述为"大众创新,万众创业""大众创新创业",可见国家十分重视创新对创业的重要引领作用,因此,可以预见创新创业将会是以后文件中的标准使用方法。综合以上学者的观点,创新创业是指以创新为前提,以创新为属性的高增长的、机会型的创新型创业,是以制度创新、模式创新、产品创新为内容的创业。

二、创新创业法律

法是国家制定或认可的,以国家强制力保证实施的,以行为和社会关系为调整对象的,以权利和义务为内容的,具有普遍约束力的,反映、维护一定社会历史时期掌握国家政权的阶级的意

---

① 王占仁."广谱式"创新创业教育的体系架构与理论价值[M].教育研究,2015(5):56-63.
② 李政.创业型经济:内在机理与发展策略[M].北京:社会科学文献出版社,2010.
③ 王占仁."广谱式"创新创业教育的体系架构与理论价值[J].教育研究,2015(5):56-63.

志和利益的社会规范体系。

广义的法律是指法的整体,包括法律、有法律效力的解释及行政机关为执行法律而制定的规范性文件(如规章)。狭义的法律专指拥有立法权的国家权力机关依照立法程序制定的规范性文件。

现阶段我国的十类主要部门法为:宪法、行政法、民商法、刑法、经济法、诉讼法、劳动法、自然资源与环境法、军事法、科教文卫法。

创新创业法律是本书的核心概念,学术界对创新创业法律内涵的认知也有很大的分歧。更多学者认为创业政策对创业行为具有重要的影响,近年来国内学术界对创业政策进行了系统的分析和研究。陈成文、孙洪庭在对国外学者的理论进行研究的基础上提出,创业政策是以刺激创业为本质,以支持创业过程为核心,以减少初创企业的不确定性为目标,通过改善文化、制度等环境因素,运用政策工具来培育创业家和中小企业,促进创业活动的政策。[①] 刘军认为创业政策是由各级政府机构颁布的,以激励和促进创业为目的,围绕创业过程各阶段,通过运用政策工具来提高创业者创业能力、增加创业机会、降低创业风险、改善创业环境的一系列政策法规的总和。[②]

综上所述,笔者认为,创新创业法律是由立法机关制定的,以创新为引领方向,以促进创业为核心,围绕创业全过程的支持创新创业活动的一系列法规的总和。

---

① 陈成文,孙巧庭. 大学生创业政策:评价与展望[J]. 高等教育研究,2009(7):24-30.

② 刘军. 我国大学生创业政策体系研究[D]. 济南:山东大学,2015.

第二节 大学生创新创业法律保障的不足分析

近年来,为鼓励、扶持大学生创业,国家相关部门陆续出台了一系列激励高校毕业生自主创业的优惠政策,从总体上为大学生创新创业提供了一定的保障和支持。

随着我国社会主要矛盾发生转变,人民日益增长的美好生活需要为我国大学生的创新创业带来了新机遇新挑战。明确的法律制度具有指引性、预测性和稳定性,能够向创业企业传达确定的、准确的信息,从而使其能够更准确地衡量和预测其创业行为的风险和结果,对促进和鼓励创新创业具有规范、引导、促进和保障的作用。[①]

因此,各方应积极研究大学生创新创业的发展现状以及对法律保障体系的需求,对大学生创新创业行为给予全过程全方位的保护和支持,并以此构建完备的创业法律保障体系。

一、我国大学生创业的法律制度审视

大学生创业既是一种经济活动,也是一种法律行为,为保证其健康可持续的发展,必须建立完善的法律保障体系。

自 2002 年国家第一次明确提出鼓励和支持大学生自主创业活动以来,近年围绕大学生创业的法律、法规和政策制度建设取得了较大进展,为构建大学生创业法律保障体系奠定了一定基础。企业的创立、经营和发展等行为都会产生相关法律问题,对其行为的调整涉及《劳动法》《合同法》《公司法》《个人独资企

---

① 刘岳川. 法律制度对创业创新机制的作用 [J]. 上海师范大学学报(哲学社会科学版),2017(3):60-69.

业法》《合伙企业法》等法律规范。

目前促进大学生就业的法律法规主要有《高等教育法》《就业促进法》《中小企业促进法》和《职业教育法》等法律，各省、自治区、直辖市制定的《就业促进条例》和《中小企业促进条例》等地方性法规，国务院及其部委、各地政府出台的简化工商登记手续、减免税费、发放创业贷款、推进创新创业教育改革等规范性文件。此外，自 2013 年起，教育部每年也都会颁布专门针对促进高校毕业生就业创业的政策文件。整体而言，我国相关的法律、法规的数量和质量有了很大提高，覆盖的广度和深度有了较大的扩展，调整的对象也从刚毕业的大学生群体延伸到了大学毕业前一年至毕业后两年的群体。但问题在于，我们始终未形成促进大学生创新创业的完整法律保障体系，而且现有的法律规定比较原则和抽象，缺乏针对性、系统性和规范性，并不足以有效规范和引导大学生创业行为，保障其创新创业成果。

纵观我国现有大学生创业的立法，主要存在以下问题：

（1）大学生创业的立法理念滞后。就目前来看，我国现有大学生创业立法存在与其他群体共用的现象，即有多项涉及大学生创业的法律法规，但无专门的大学生创业保障法律。如《高等教育法》第五十九条规定，高等学校应当为毕业生、结业生提供就业指导和服务。《中小企业促进法》第四章为创业扶持专章，其中第二十五条规定高等学校毕业生、退役军人和失业人员、残疾人员等创办小型微型企业，可以按照国家规定享受税收优惠和收费减免。《职业教育法》提出职业教育和培训的问题，规定要建立健全职业学校教育与职业培训并举，并与其他教育相互沟通、协调发展的职业教育体系。此外，《普通高校学生管理规定》第二十六条也规定，学校可以根据情况建立并实行灵活的学习制度。对休学创业的学生，可以单独规定最长学习年限，并简化休学批准程序。其还提出要健全休学创业的弹性学制，新生可申请保留入学资格开展创新创业实践，入学后也可申请休学开展创业。

除以上与大学生创业相关的法律条文之外，国务院及其各部委、地方政府也出台了专门针对大学毕业生创业的政策，但这些只是效力层级较低的规章、政策，存在权威性弱、互不衔接等现象。其他的高位阶法律，如《就业促进法》第七条、第十九条虽然对普遍的创业活动支持作了规定，但其条文过于宽泛，并未针对各类不同主体做细致说明。因此，鉴于当前我国正大力推进大学生自主创业工作，且在实践中存在着诸如创业教育和职业培训滞后、风险识别能力差、权利保护能力弱等诸多困境，亟待加快制定大学生创业专项法律，特别保护大学生的创业权利，最大限度地降低大学生创业法律风险，提高其竞争力，从而促进大学生创业健康有序发展。

（2）大学生创业的立法渊源层次不高，缺乏系统性和可操作性。我国现行的大学生创业法律规范一般散见于法律、法规规章中关于促进就业和创业的条款中，而且法律规范条文中以原则性的条款为主，立法渊源层次不高。由于缺乏法律上的权威性和统一适用性，配套政策法规和办法都由各地政府出台相关政策来加以实施，导致实施比较滞后，可操作性不强，标准不一。虽然近年各地陆续出台了放宽创业准入门槛、强化创业教育、加强创业融资、提供税费减免、提升创业服务、加强创业监管和营造创业氛围等优惠配套政策，但更多地表现为意见、通知等形式，缺乏规范性、稳定性和长期性，在具体实施过程中也不具有强制性，因而会出现执行弹性过大和流于形式等问题。此外，由于地方利益的影响，各地政府可能从各自立场出发推出政策，导致其立法思想和法律条文上无法实现全面无缝衔接，缺乏立法的系统性。

（3）大学生创业立法尚存诸多空白。我国当前大学生创业立法尚有诸多空白之处，主要集中在以下 4 个方面。①缺乏完善的政府责任追究制度。促进大学生毕业生创业和就业，应该是政府的法定职责。《中小企业促进法》就如何创新支持中小企业、减轻其税费负担、约束政府行政行为等都做了规定，但是该法对政府责任缺乏强制性规定，无程序法可依，没有建立责任追究制度的具体程序，这对政府的违法行为产生不了强有力的威慑作用。大学生作为一个特殊的群体，容易在市场竞争处于不平等的弱势地位，其相关权益更需要重点保护，法律的缺失将致使大学生的合法权益无法得到全面保障。②公益企业的法律形式缺乏相关法律依据。兼具经济利益和社会责任的公益创业已经成为大学生创业的一种创新的投资行为，但我国现有的法律体系中只有"公益事业性质"的《慈善法》，还没有关于"公益企业"的投资法，大学生进行公益创业采取何种企业形式，法律上还是空白，导致大学生的公益创业行为常常无疾而终。③知识产权的归属、应用和转化缺乏可操作性。在校大学生在创业过程中产生的知识产权的归属问题、知识产权的应用问题以及知识产权转移转化问题直接影响大学生创业的积极性和成功率。根据《促进科技成果转化法》《教育部科技部关于加强高等学校科技成果转移转化工作的若干意见》等规定，各省级教育行政部门要支持并指导高校科技成果转移转化工作，由高校自主决定科技成果的使用、处置和收益分配，还提出要鼓励高校通过无偿许可专利的方式，向学生授权使用科技成果。但如何明确在校大学生创业过程中的知识产权的权属份额、引导学生参与科技成果转移转化，尚缺乏有效机制和相应的实施细则，缺乏可操作性。④创新创业教育缺乏法律制度保障。创新创业教育是推进创新型国家建设、培养学生创新精神和实践能力、促进高校毕业生充分就业的重要措施，现行国家立法在大学生创业教育方面并没有作出明确规定，缺乏高校创新创业教育制度设计，存在理念混乱、制度缺失、平台缺乏等问题。因此必须通过制度的设计固化创业教育理念，通过制度规范和指引各类创新创业教育主体的行为。①

二、大学生创业过程中存在主要法律障碍

（一）促进创业的立法层次低，大学生创业权益难以得到保障

我国《就业促进法》对促进大学生自主创业提供了法律保障，但其中的规定较为笼统、原则和抽象，缺乏对大学生群体的特别规定和促进就业创业责任制度的具体规定，导致了它对促进大学生创业的可操作性不强。现行促进大学生创业主要是依靠一系列的促进就业政策，由于政策的强制力弱，可塑性大，很多地方和部门对促进大学生创业的政策优惠措施大打折扣，难以兑现，大学生就业创业的权益得不到有效保障，制约了创业的发展。

（二）促进大学生创业的财税及融资法制环境不宽松

我国现行对促进大学生就业采取了财政担保、财政补贴、免交商业证照费用、提供小额担保贷款等一系列优惠政策措施，但税收优惠主要是免征一定期限的企业所得税，证照费用的减免，支持的力度不大。小额担保贷款数额不超过5万元、贷款期限为2年等规定，对投资低、获利高的创业项目具有一定的可行性，对初次创业的大学生来说，难度大，帮助小。

（三）高校的创业教育缺乏制度性约束

高校的创业指导教育体系已初步建立，但各高校创业教育内容、体系及方法随意性大，缺乏制度性制约，与市场需求的差距较大。尤其是高校创业教育资金不足，制约创业指导教育工作的

---

① 胡金焱. 创新创业教育：理念、制度与平台［J］. 中国高教研究，2018（7）：7—11.

开展，使高校在促进创业过程中难以发挥其主导作用。市场经济就是法治经济，良好的法律意识可以培养大学生创业的诚信经营，以提升市场竞争力，获得创业成功。现行助学贷款的实践反映大学毕业生诚信度不高，法律意识不强。高校的法律教育也主要是对宪法、刑法、民法等法律基础知识的传授，对市场主体法、市场行为法、财税法、劳动与社会保障法等少有涉及，难以培养和提高大学毕业生创业法律意识。

经济环境的有序发展离不开法律的支持，同样，高等院校毕业生创业同样离不开相关法律法规的支持和保障。很多毕业生由于缺少社会经验，再加上对法律知识的了解不够，因而容易出现上当受骗等现象。

有政府相关工作人员告诉我们：大学生创业过程中自身是否具备法律意识和法律理性，是否了解和掌握与其创业相关的法律法规是依法创业的关键，因此大学创业的法律教育就显得尤为重要。创业法律教育不仅可以指导学生规避风险，也可以对其独立创业起到很好的指导作用。

也有高校老师在访谈中表述：高校毕业生创业法律教育中存在的不足主要表现为学校在创业培训中更注重创业精神和品质的强化，更多地关注企管、金融、财会、市场营销等方面的知识培训，对与创业有关的法律知识关注较少。大学生创业教育中法律教育的缺失，容易导致大学生在创业过程中法律知识欠缺、法律意识淡薄，创业成功率低，稍有不慎容易在创业过程中误入歧途导致犯罪。很多高校对创业法律教育给予的重视不够，简单地认为既然学生都已经学习过法律课程，就不必在法律教育这块继续给予指导，因此存在的通病是缺乏系统、专业、有针对性的创业法律教育培训。对于非法律专业学生来说，思想道德修养与法律基础课程所讲授内容多为各个部门法的简单介绍，具体法律条文涉及的较少，部门法的总则内容介绍较多，分则基本不予介绍。

重点多放在概念条文的解释，缺乏实务指导性，法律更多停留在纸面上，这导致学生在面对社会实践时依然束手无策。对于深入社会实际创业的大学生来讲，仅仅靠思想道德修养与法律基础一门课，其操作性和实际应用性远远不能满足创业所需。

为此，我们需要制定并完善与大学生创业相关的法律法规，为毕业生创业保驾护航。同时我们还要努力营造一个"人人懂法，人人学法"的大环境，引导毕业生熟知法律、了解法律，并会运用法律武器保护自身的合法权益。同时也能够依照法律做事，严格按照法律规章创业，做一个懂法、守法的好公民。

（四）促进大学生创业的相关法律制度不够完善

建立高效运行的大学生就业市场体系，为大学生创业排除障碍，是大学生创业的前提和基础，现行的就业培训制度、服务制度、社会保障制度、人力资源市场中介制度等方面的法律制度不健全，导致法律关系主体不明确，从而影响大学生就业技能的培养和就业平等权的实现，进而影响了创业动机和能力。

第二章　支持大学生创新创业的企业创设相关法律

第一节　公司法

公司法，是指规范各类公司的设立、活动、解散以及其他对内对外关系的法律规范的总称，是市场主体法。

我国公司法的立法宗旨：

第一，规范公司的组织和行为。现代企业要求企业产权关系明晰，企业依法自主经营。自负盈亏，出资者承担有限责任，企业按照市场的需要组织生产经营，以及建立科学的领导体制和管理制度，而公司正是符合上述要求的企业组织形式。为了适应社会主义市场经济的发展，同时结合清理整顿公司的经验，制定公司法对公司的组织和行为进行规范。

第二，保护公司、股东和债权人的合法权益。公司在设立、经营过程中主要涉及三方面主体，即公司、股东和债权人。在公司法律关系中，这三类主体分别享有不同的权利，承担不同的义务，为了保证公司法律关系的顺利进行，就必须保护上述主体受法律保护的权利和利益，即他们的合法权益。因此，公司法必须以保护公司、股东和债权人的合法权益为宗旨。

第三，维护社会经济秩序，促进市场经济的发展。社会经济秩序是社会经济活动的规则，而法律作为上层建筑是为经济基础服务的，因此，公司法必须以维护社会经济秩序为宗旨。公司是市场经济的主要主体，只有具备了完善的公司法律制度，才能保证市场经济的顺利发展。从而，促进市场经济发展就必然成为公司法的宗旨之一。

现阶段我国公司法的基本原则主要包括：

第一，利益均衡原则。利益均衡原则是指公司制度的安排及实现，是基于现代市场经济条件下对影响公司及社会发展的多种利益关系进行分析、均衡的原则。利益均衡意味着对某一利益过度保护的否定。利益均衡原则是从利益（经济）基础层面决定的公司法的基本原则，可以说是公司法的首要原则。

第二，分权制衡原则。分权制衡原则是指公司有效运转的制度安排与实现，是以对公司各种权力合理分配、相互制衡为出发点而进行配置的原则。分权制衡会形成权责分明、管理科学、激励和约束相结合的内部管理体制，是公司运作的精髓。分权制衡从一定意义上讲与国有企业的厂长（经理）负责制管理模式有根本的区别。坚持分权制衡原则就要对公司内部应该存在哪些权力和权力的适当分配进行分析和界定，对各种权力制衡动作进行制度构建。分权制衡是从权力层面认识公司法的基本原则，是利益均衡原则在制度层面的直接体现。

第三，自治原则。自治原则是指出资人自己进行重大决策，选择公司的管理者；公司作为独立的市场主体，依照公司章程自主经营、自负盈亏，不受非法干预。自治原则符合市场主体在市场中的运动规律：出资人对自己的决策、选择行为负责；公司以章程为基础，自主应对市场的变化，对由此产生的一切后果负责。自治原则充分体现了公司作为市场主体的主体特性：市场主体的能动性，与产品体制下企业的附属地位形成鲜明的对照。

第四，股东股权平等原则。股东股权平等是指股东基于自己的出资（出资额或者股份）为基础而享有平等待遇的原则。出资的性质一致、数额相同，在公司运转中得到平等对待。股东股权平等并不排除股权内容的不同。股东各按其交纳的出资额或所持的股份数额享有权利、承担义务，股东所享有的权利大小、承担义务的轻重与其向公司出资的多少成正比。出资少，享有的权利小，承担的义务轻；出资多，享有的权利大，承担的义务重。股权可以划分为普通股、特别股，享有不同股权的股东，享有的权利和承担的义务是有区别的。

第五，股东有限责任原则。股东有限责任是指以股东的投资（出资额或者股份）为限对公司承担责任，并通过公司这个中间物对外承担责任。股东有限责任乃现代公司法律的基石。可以说，现代公司法律制度的形成与建立以及各项具体制度的完善，皆与股东有限责任密切相关。抽去股东有限责任制度，现代公司法律的大厦将难以支撑，现代公司的法律体系就必然失去重心。股东有限责任并非公司制度产生以来就存在的一个原则，而是公司发展到一定历史阶段的产物。我们将股东有限责任作为一项基本原则，既是符合现代公司法的方向的，也是符合我国公司立法实际的。

在开办公司的过程中，相关企业需严格遵守这五项原则，确保公司在合法的范围内正常运作。

一、公司的设立条件

我国《公司法》第二十三、七十六条分别对有限责任公司和股份有限公司的设立条件作了规定。

（一）有限责任公司的设立条件

有限责任公司，简称有限公司，是指由一定人数以上股东共同出资，股东以其出资为限对公司承担责任，公司以其全部资产对其债务承担责任的公司。① 根据公司法第二十三条的规定，设立有限责任公司必须具备以下五项条件。

1. 股东符合法定人数

股东人数须 50 人以下，包括参与公司设立的原始股东，也包括公司设立后由于资本增加、股权变动、公司合并等原因新增加的股东。

2. 股东出资达到法定资本最低限额

公司资本是公司开展经营活动的物质条件，也是公司对外承担债务责任的保证。为了保护股东和债权人的合法权益，防止滥设公司，保障公司的偿债能力和社会交易安全，各国或地区的公司立法多对有限责任公司的资本总额规定最低限额。我国公司法历来就将一定的资本额看作是公司对外承担债务的基本条件，所以，我国法律始终强调公司必须具备一定数额的注册资本。

公司资本由股东出资构成，有限责任公司注册资本的最低限额为人民币 3 万元，其中，一人有限责任公司的注册资本最低限额为人民币 10 万元。法律、行政法规对公司注册资本的最低限额规定高于 3 万元的，从其规定。

股东可以用货币出资，也可以用实物、知识产权、土地使用权等可以用货币估价并可以依法转让的非货币财产作价出资；但是，法律、行政法规规定不得作为出资的财产除外。对作为出资的非货币财产应当评估作价，核实财产，不得高估或者低估作价。法律、行政法规对评估作价有规定的，从其规定。

3. 股东共同制定公司章程

其包括三层含义：一是设立有限责任公司必须有公司章程，没有公司章程者，不得设立有限责任公司；二是公司章程所记载

---

① 范建，王建文. 商法学［M］. 北京：法律出版社，2014：90.

的事项可分为必备事项和任意事项，前者由公司法予以规定，后者由公司自行决定是否记载的事项；三是新设立的公司由参与设立的各个股东共同制定，要体现全体股东的共同意志。设立有限责任公司必须具有公司章程。有限责任公司的公司章程是记载公司组织规范及其行动准则的书面文件，体现着全体股东的共同意志，并对全体股东、公司的组织机构和经营管理人员均有约束力。

4. 有公司名称，建立符合有限责任公司要求的组织机构

公司名称一则是识别不同企业的标志，二则有利于对公司的行政管理，因此必不可少。公司名称是公司的法定登记事项，可以使公司的法人资格具有特定性，便于公司对外进行法律上、经济上的交往。公司的运行是由公司的内部组织机构来进行的，组织机构的建立可以使公司具备意思能力、执行能力，便于对外实施行为，没有相应的组织机构，公司就无法开展正常的生产经营活动。

5. 有公司住所

没有住所的公司，不得设立。公司以其主要办事机构所在地为住所。

公司设立只是公司成立的前提条件，公司如果虽经设立，但未取得登记主管机关颁发的企业法人营业执照，其并未成立，不能成为权利义务主体，不是独立的法律主体，其内部关系和外部关系，如果没有法律特别规定，类推适用有关合伙的规定，其所负债务，由各股东（发起人）依民法通则的有关合伙的规定承担。未成立的公司不得以公司名义经营业务或从事其他法律行为。

（二）股份有限公司的设立条件

股份有限公司是指全部资本分成等额股份，股东以其认购的股额为限对公司承担责任，公司以其全部资产对公司债务承担责任的企业法人。成立股份有限公司须具备以下六项条件：

(1) 发起人符合法定人数，应当有 2 人以上 200 人以下为发起人，其中须有半数以上的发起人在我国境内有住所。

发起人也称创办人，是指依照有关法律规定订立发起人协议，提出设立公司申请，认购公司股份，并对公司设立承担责任者。发起人既是股份有限公司成立的要件，也是发起或设立行为的实施者。

许多国家的公司法都对股份有限公司发起人有最低人数的规定。我国公司法既规定了发起人的最低人数，又规定了发起人的最高人数限制。规定后者主要是为了保护社会公众利益，防止一些人通过设立公司达到非法集资的目的。我国公司法规定了发起人的人数，但并未限制发起人必须是自然人还是法人、中国人还是外国人，所以，无论自然人还是法人、中国人还是外国人，均有资格作为设立股份有限公司的发起人。当然，作为自然人的发起人，必须是具有完全行为能力的人，无行为能力或者限制行为能力的人不得作为发起人。同时，发起人中必须有半数以上在我国境内有住所，以便于有一定数量的发起人能够具体办理设立股份有限公司的各种手续，也便于有关部门对发起人进行管理，防止发起人利用设立股份有限公司来损害广大社会公众的利益。

(2) 有符合公司章程规定的全体发起人认购的股本总额或者募集的实收股本总额；发起人认购和募集的股本达到法定注册资本最低限额 500 万元人民币。

股东出资方式包括：①货币出资，货币出资是法律关系最简单、当事人间最少发生争议和纠纷的出资形式，只要当事人按约定的金额和时间将货币交付与公司或汇入公司的设立账户，出资义务即为履行。其原因在于货币出资直接表现为货币的金额，不涉及财产价值的评估，同时，作为一般等价物，货币出资只需简单地交付，不涉及特殊的权利转移形式。②实物出资，即以民法上的物出资，包括房屋、车辆、设备、原材料、成品或半成品等。用于出资的实物首先应具有财产价值，因而才可能进行出资额和资本额的界定。其次，出资的实物可以为公司经营所需，也可以与公司的经营使用无关，其允许股东使用实物出资目的在于公司可以对其变现支配并实现其财产价值。此种实物是否可以用作出资，应由股东协商确定。③知识产权出资，包括工业产权出资和著作权出资。知识产权属于无形资产，无论是专利权、商标权，还是著作权，都具有其本身的财产价值。④土地使用权出资，土地使用权出资成为公司法的法定出资形式，有着客观的原因和充分的根据。首先，土地是民事主体所能拥有的最重要的财产。其次，对土地的需求是公司经营活动最普遍的需要。最后，土地作为天然的和有限的资源，在财产价值上，通常具有超乎一般动产的更高价值和其他财产难以比拟的保值增值性。土地使用权出资的法律要求和条件如下：一是土地的出资是使用权的出资，而不是所有权的出资。二是用于出资的土地使用权只能是国有土地的使用权，而不能是集体土地的使用权。三是用于出资的土地使用权只能是出让土地的使用权，而不能是划拨土地的使用权。四是用于出资的土地使用权应是未设权利负担的土地使用权。

除货币出资外，其他形式的出资都需要进行价值的评估。实物等非货币出资的特殊法律问题在于其价值的评定。非货币出资的价值评估必须客观、真实、准确，应避免过高估价和过低估价的两种倾向和做法。为保证非货币出资估价的客观、真实和准确，非货币出资通常需要由中立的专业资产评估机构进行评估作价，资产评估机构应根据公认或专门的评估规则和办法进行评估，因评估不实，损害公司或其他股东利益的，应承担欺诈或过失的民事责任。对于非货币出资的评估，法律、行政法规有特别或具体规定的，应严格执行。

为保障公司开业和经营所需货币资金的基本需求，防止非货币财产变现的困难和障碍，借鉴境外公司法立法经验和先例，制定了关于货币出资最低比例的规定，全体股东的货币出资金额不得低于有限责任公司注册资本的百分之三十。

同时，《公司法》第二十八条规定：股东应当按期足额缴纳公司章程中规定的各自所认缴的出资额。股东以货币出资的，应当将货币出资足额存入有限责任公司在银行开设的账户；以非货币财产出资的，应当依法办理其财产权的转移手续。股东不按照前款规定缴纳出资的，除应当向公司足额缴纳外，还应当向已按期足额缴纳出资的股东承担违约责任。

本条是对股东出资义务的履行和出资违约的规定。出资的履行就是股东将用于出资的财产交付与公司或向公司履行其他给付义务。由不同出资的特点决定，其履行出资的方式也不同。货币出资的履行方式最为简单，只需货币的实际交付即可，即将应出资的货币存入设立中的公司在银行开设的账户。实物等非货币出资的履行方式则较为复杂，其中不仅需要实物或无形财产的实际交付中，更需要相应的权属变更。股东不按照前款规定缴纳出资的，除应当向公司足额缴纳外，还应当向已按期足额缴纳出资的股东承担违约责任，这个是关于股东出资违约的规定。

例如：我国刑法规定公司发起人、股东违反公司法的规定未交付货币、实物或者未转移财产权，虚假出资，或者在公司成立后又抽逃其出资，数额巨大、后果严重或者有其他严重情节的，处五年以下有期徒刑或者拘役，并处或者单处虚假出资金额或者抽逃出资金额百分之二以上百分之十以下罚金。

单位犯前款罪的，对单位判处罚金，并对其直接负责的主管人员和其他直接责任人员,处五年以下有期徒刑或者拘役。

(3) 股份发行、筹办事项符合法律规定。

我国公司法规定,股份有限公司的资本划分为股份,每一股的金额相等。公司的股份采取股票的形式。股票是公司签发的证明股东所持股份的凭证。股份的发行,实行公平、公正的原则,同种类的每一股份应当具有同等权利。同次发行的同种类股票,每股的发行条件和价格应当相同;任何单位或者个人所认购的股份,每股应当支付相同价额。股票发行价格可以按票面金额,也可以超过票面金额,但不得低于票面金额。股票采用纸面形式或者国务院证券监督管理机构规定的其他形式。

(4) 发起人制定公司章程,采用募集方式设立的经创立大会通过。

发起人承担公司筹办事务。股份有限公司设立有赖于发起人筹办设立公司的有关事务,否则,股份有限公司就不能成立。为此,本条规定股份有限公司发起人承担公司筹办事务。公司筹办事务主要包括制定公司章程,办理公开募集股份的核准手续及办理具体募集事宜,召开创立大会,申请设立登记等。

发起人之间应当签订发起人协议。这一规定是此次修改公司法增加的内容。主要是通过发起人之间签订协议,明确各自在设立公司过程中的权利义务关系,以避免日后产生纠纷。比如发起人各自认购的股份数、发起人的出资方式、不按约定出资的违约责任、发起人在公司设立过程中的分工、公司设立失败时责任的分担等。总体上说来,发起人主要负有以下几方面的义务:

发起人缴足出资的义务。要成立股份有限公司,发起人必须具有一定的资金,否则将成为一句空话。根据《公司法》第七十八条第二款的规定,股份有限公司的注册资本最低不得少于1000万元。以发起方式成立的,发起人必须认购公司的全部股份;以募集设立方式成立的,发起人认购的股份不得少于公司股份总数的35％，其余部分应当向社会公开募集。至于出资方式，发起人可以货币出资，也可以用实物、工业产权、非专利技术、土地使用权作价出资。对作为出资的实物、工业产权、非专利技术或者土地使用权，必须依法进行评估作价，并折合成股份，不得高估或低估作价。发起人以工业产权、非专利技术作价出资的，其金额不得超过股份有限公司注册资本的20％。

股份有限公司的章程是记载有关公司组织和行动基本规则的文件。根据本条规定，股份有限公司章程的内容包括：①公司名称和住所，即公司用来代表自己以区别于其他公司的文字符号以及公司的主要办事机构所在地。②公司经营范围，即公司可以从事哪些经营活动。③公司设立方式，即公司是以发起设立的方式设立，还是以募集设立的方式设立。④公司股份总数、每股金额和注册资本，即公司的资本总共有多少股、每一股所代表的金额为多少、向公司登记机关登记的财产总额。⑤发起人的姓名或者名称、认购的股份数，即自然人发起人的姓名、法人发起人的名称、各发起人所认购的股份数额。⑥董事会的组成、职权和议事规则，即董事会成员的具体数额和人员、董事会所享有的职权、每一届董事任职时间，以及董事会召集、举行会议、做出决议所应遵守的准则。本法规定，董事会成员为5人至19人，董事每届任期不得超过3年，连选可以连任，董事会做出决议，必须经全体董事过半数通过，董事会决议的表决，实行一人一票，并对董事会的职权等做了规定。公司章程应当按照本法规定对这些事项做出具体规定。⑦公司法定代表人，即代表公司行使职权的人员。根据本法规定，公司法定代表人依照公司章程的规定，由董事长、执行董事（公司不设董事会的）或者经理担任。公司章程应当按照上述规定，确定本公司是由董事长、执行董事或者经理担任法定代表人。⑧监事会的组成、职权、任期和议事规则，即监事会成员的具体数额和人员、监事会所享有的职权、每一届监事任职时间以及监事会召集、举行会议、做出决议所应遵守的准则；根据本法规定，监事会成员不得少于 3 人，其中职工代表的比例不得低于 1/3，董事、高级管理人员不得兼任监事，监事任期每届为 3 年，可以连选连任，并对监事会的职权等做了规定。公司章程应当按照本法规定对这些事项做出具体规定。⑨公司利润分配办法，即公司弥补亏损和提取公积金后所余税后利润，按照股东的持股比例进行分配，或者按其他办法进行分配。⑩公司的解散事由与清算办法，即导致公司解散的情形，以及公司在解散后如何进行清算。⑪公司的通知和公告办法，即公司具体通过何种方式进行通知和公告。⑫股东大会认为需要规定的其他事项，即股东大会根据公司的具体情况，认为除上述内容外，还需要在章程中规定其他事项。

（5）有公司名称，建立符合股份有限公司要求的组织机构。

股份有限公司为资合公司，通常股东人数较多，规模较大，不可能使每一股东都参加公司经营管理，因此需要实行所有权与经营权相分离原则，由股东选任董事组成董事会作为公司的决策机构，负责公司经营管理。

公司有大有小，各公司可根据本条规定和实际需要确定董事会的组成人员人数，少则可以 5 人，最多可以 19 人。董事会成员人数通常应为单数，以防止董事会在做出决定时出现赞成、反对各半的僵局出现。

依照本法规定，股份有限公司董事会成员中可以有公司职工代表（即职工董事），以有利于职工参与公司的民主管理。为了保证职工董事真正从公司职工中产生，代表职工利益，职工董事应由公司职工通过职工代表大会、职工大会或者其他形式民主选举产生，不能由股东大会选举产生。

董事任期是指担任董事职务的时间限制。根据公司法规定，股份有限公司董事任期适用有限责任公司董事任期的规定。即董事任期由公司章程规定，但每届任期不得超过3年。董事任期届满，连选可以连任。董事任期届满未及时改选，或者董事在任期内辞职导致董事会成员低于法定人数的，在改选出的董事就任前，原董事仍应当依照法律、行政法规和公司章程的规定，履行董事的职务。由此可以看出，股份有限公司董事每届法定任期最高年限为3年，公司章程可以规定短于3年的任期。董事任期届满，可以连选连任，可以连任的届数，公司法未做规定，公司也可以自己根据本公司的情况，在章程中确定。董事任期届满或者辞职，其职责自动终止。但在出现董事任期届满未及时改选，或者董事在任期内辞职导致董事会成员低于法定人数的情形时，如果董事职责自动终止，则董事会将因董事缺额而无法履行职权，影响公司的正常运营，因此本条要求在改选出的董事就任前，原董事仍应当依照法律、行政法规和公司章程的规定，履行董事的职务。

（6）有公司住所。对于自然人而言，住所是指其户籍所在地，经常居住地与户籍所在地不一致的，经常居住地视为住所；对于法人而言，住所是指其主要办事机构所在地。

（三）一人有限责任公司设立的特别规定

一人有限责任公司简称"一人公司""独资公司"或"独股公司"，我国《公司法》第五十七条规定：本法所称一人有限责任公司，是指只有一个自然人股东或者一个法人股东的有限责任公司。

一人公司出现于19世纪末，导致一人公司产生的主要原因：一是有限责任公司或者股份有限公司内部股权通过转让或者继承归一人所有；二是投资者投资设立一人有限责任公司，以最大限度地利用有限责任原则规避风险；三是一些拥有巨额投资能力的经济实体需要以设立独资公司的方式将资本分散，以实现公司的发展战略，谋求投资利益的最大化；四是随着专业化分工的不断细化，中小企业具有越来越大的优势，其大量存在的客观性为一人公司的出现和发展奠定了基础。所以，进入20世纪以来，许多国家或地区要么是修改公司法或相关法律，用成文法的方式承认一人公司，要么就是通过判例的方式给予一人公司合法地位。

实质意义上的"一人公司"在西方国家特别是美国较为普遍，因为美国许多州的公司法律规定董事必须拥有一定数额的公司股份，即资格股，所以许多公司的股份的绝大部分比例由一个股东拥有，另外极小比例的股份由公司董事拥有。[①]

由于一人公司突破了"公司是社团法人"的传统公司法理论，因此，自其出现以来，对它存在的合法性争论就从未停止过。但应当看到，一人公司具有诸多优点。从经济学上讲，可以节约公司设立、运营和监督成本。承认一人公司，可以使投资者利用公司形式，获得较多的社会信用，有利于企业的发展。况且法律即使完全禁止一人公司的设立，也不能阻止事实上一人公司的出现，反而可能导致规避法律的现象，衍生更多的社会矛盾。如果承认一人公司，则可以通过法律来进行规范，以防止一人公司的唯一股东滥用公司独立人格和有限责任原则，增强对公司债权人的保护。所以对一人公司法律地位的承认是国际潮流、大势所趋。

现阶段我国《公司法》关于一人有限责任公司的规定主要有以下几个方面。

1. 一人有限责任公司注册资本及自然人投资设立一人有限责任公司的规定

《公司法》第五十九条规定：一人有限责任公司的注册资本最低限额为人民币十万元。股东应当一次足额缴纳公司章程规定

[①] 赵德枢. 一人公司详论 [M]. 北京：中国人民大学出版社，2004：130.

的出资额。一个自然人只能投资设立一个一人有限责任公司。该一人有限责任公司不能投资设立新的一人有限责任公司。

通常情况下，一人公司的财产有限，且股东只以投入公司的财产对公司债权人承担责任，因此难以对公司债权人形成有效的保护。另外，一人公司的唯一股东，通常直接经营公司业务，实际上完全控制了公司，更容易因股东和公司的财产混同而导致股东滥用公司法人独立地位和股东有限责任，将公司财产充作私用，损害公司债权人的利益，所以需要通过立法来尽可能地加以防范和约束。为此，一些国家和地区对一人公司主要采取了以下两项法律规制措施：

（1）引入最低资本金制度。一人公司的最大弊端就在于对债权人保护的力度明显不够。公司资产是公司对外承担债务的物质基础，对公司债权人具有担保意义。因此引入一人公司设立的最低资本金制度是对一人公司进行事前规制的有效手段。例如，德国公司法规定了有限责任公司基本资本至少为 25000 欧元，股份公司基本资本的最低票面价值为 5 万欧元。日本于 1990 年承认了一人有限公司和一人股份公司以后，同时在商法和有限公司法中加入了最低资本金的规定，明确有限公司的资本总额不得少于 300 万日元，股份公司的最低资本额为 1000 万日元。

（2）强化资本充实义务，严格资本维持制度。强化资本充实义务、严格资本维持制度主要是使股东要完全和适当履行出资义务，防止出资不实或抽逃出资、转移资本。为此，有的国家规定一个自然人只能投资设立一个一人公司，即一个自然人不得成为一个以上公司全部资本的权利人；有的国家规定出资种类必须以具有客观经济价值的资产为限；有的国家规定必须对出资义务履行严格的核查程序；还有的国家对一人公司股东出资义务的履行规定了特别程序，要求设立一人公司的股东如果不能为其剩余出资提供担保的话，则商事登记机关可以拒绝登记。例如，法国商事公司法规定,一个有限责任公司不得成为另一个由一人组成的有限责任公司的一人股东。欧共体理事会《关于一人公司的第12号公司法指令》规定,各成员国在协调与公司集团有关的成员国法律时,可以针对以下情况规定特别条款或者制裁:①同一自然人是数家一人公司的唯一股东;②一人公司或者其他法人是一家公司的唯一股东。

为了广泛吸引社会资金和提高资金使用效率,促进经济发展和扩大就业,我国修订后的公司法将有限责任公司注册资本的最低限额降至人民币3万元,并且规定注册资本高于3万元的,高出部分股东可以分期缴付。但这仅对一般有限责任公司而言。考虑到一人有限责任公司的股东只有一人,缺乏股东的相互制衡,而股东又对公司债务只承担有限责任;因此为了保障债权人的利益和一人有限责任公司对外的正常经营,公司法将一人有限责任公司的最低注册资本额提高至10万元,且规定必须一次缴清。同时,规定一个自然人只能设立一个一人有限责任公司,该一人有限责任公司不能再设立新的一人有限责任公司。这样规定对于保障交易安全,明确一人有限责任公司及其股东的法律义务是完全必要的,也是符合我国实际情况的。

2. 一人有限责任公司有关登记要求的规定

我国《公司法》第六十条规定:一人有限责任公司应当在公司登记中注明自然人独资或者法人独资,并在公司营业执照中载明。设立公司,应当依法向公司登记机关申请设立登记。公众可以向公司登记机关申请查询公司登记事项,公司登记机关应当提供查询。依法登记设立的公司,由公司登记机关发给公司营业执照。回顾一人公司的发展历程,不难发现,尽管各国的早期立法都对一人公司做了禁止性的规定,但是法律的否认无法改变现实中一人公司的存在,相反法律与现实的脱节造成了公司法理论与实践的矛盾,并在一定程度上引起经济秩序的混乱。所以,进入

20世纪以来，许多国家或地区对一人公司的态度都有所改变，要么是修改公司法或相关法律，用成文法的方式承认一人公司，要么是通过判例的方式给予一人公司合法地位。但是，在承认一人公司合法地位的前提下，也必须看到目前从各国的立法或是司法实践来看，大都加强了对一人公司的法律规制力度，其中采取的重要法律措施之一就是普遍坚持登记及公示制度。

为了使一人公司的交易相对人在与公司交易时充分了解公司的有关信息，一些国家要求一人公司在设立时必须予以登记，并记载于公司登记机关的登记簿上供公众查阅。例如，德国公司法规定，全部股份仅单独属于一名股东，或者属于除公司以外的一名股东的，应立即将附有说明该股东姓名、出生日期和住所的通知呈递给商业登记簿；欧共体理事会《关于一人公司的第12号公司法指令》中规定，由于一家公司的全部股份转归一人单独持有而变成一人公司时，这一事实本身连同唯一股东的身份必须在档案中载明，或者在登记簿中载明，或者在由公司保管、并接受社会公众查询的登记簿中载明。

根据《公司法》的有关规定，设立公司，应当依法向公司登记机关申请设立登记。公众可以向公司登记机关申请查询公司登记事项，公司登记机关应当提供查询。依法登记设立的公司，由公司登记机关发给公司营业执照。公司营业执照应当载明公司的名称、住所、注册资本、实收资本、经营范围、法定代表人姓名等事项。上述这些规定是公司法的一般原则性规定，适用于所有类型公司的登记和公示事宜，一人有限责任公司当然也不例外，但除此之外，一人有限责任公司还必须在公司登记中注明自然人独资或者法人独资，并在公司营业执照中载明，这是对一人有限责任公司登记的特殊要求，对于维护经济秩序、保障交易安全具有积极意义。

3. 一人有限责任公司章程制定的规定

我国《公司法》第六十一条规定：一人有限责任公司章程由股东制定。

设立公司必须依法制定公司章程。公司章程对公司、股东、董事、监事、高级管理人员具有约束力。有限责任公司设立应当具备的条件之一就是股东共同制定公司章程。那么，对于只有一个股东的一人有限责任公司设立而言，应当如何制定公司章程呢？本条的规定就是明确，一人有限责任公司的章程仍要由股东自己制定，而没有其他的限制性规定。

就一人公司的真实含义来讲，有形式意义上的一人公司和实质意义上的一人公司。前者指该公司的出资额或股份仅为单个股东所持有，并且该公司有且仅有一个股东。公司在设立时，公司章程记载或公司登记股东就为一人。例外情况是公司设立时股东虽然不止一人，但在公司存续期间，公司的全部资本或股份转到一个股东手中。

我国《公司法》第六十一条只规定了一人有限责任公司章程由股东制定，至于章程都应当记载哪些事项等则未作规定，按照公司法中关于"一人有限责任公司的设立和组织机构，适用本节规定；本节没有规定的，适用本章第一节、第二节的规定"的规定，有关一人有限责任公司章程应当载明的事项，适用有限责任公司设立的规定，其中第二十五条规定了有限责任公司章程应当载明的事项，包括：①公司名称和住所；②公司经营范围；③公司注册资本；④股东的姓名或者名称；⑤股东的出资方式、出资额和出资时间；⑥公司的机构及其产生办法、职权、议事规则；⑦公司法定代表人产生办法和职责。股东应当在公司章程上签名、盖章。

4. 一人有限责任公司不设股东会及股东行使职权做出决定应当采用书面形式的规定

我国《公司法》第六十二条规定：一人有限责任公司不设股东会。股东作出本法第三十八条第一款所列决定时，应当采用书面形式，并由股东签名后置备于公司。

为了使一人公司的交易相对人在与公司进行交易时充分了解公司的状况，一些国家的法律规定了必要的书面记载制度，要求一人公司的股东在行使职权、决定公司重大事项时，应当以书面形式进行。同时，由他自己和由他代表的公司签订的合同，也应以书面形式记录入档。例如，欧共体理事会《关于一人公司的第12号公司法指令》中就规定，一人公司的唯一股东行使公司股东会的权力。一人公司的唯一股东在行使股东会权力、做出相应决策时，应当载于会议记录或者以书面形式起草。一人公司的唯一股东在代表公司与自己签订合同时，应当载于会议记录或者以书面形式起草。

我国《公司法》借鉴了国外有关一人公司立法的有益经验，明确规定，一人有限责任公司不设股东会，股东做出本法第三十八条第一款所列决定时，应当采用书面形式并由股东签字后置备于公司。这也就是说，虽然一人有限责任公司不设股东会，但在涉及决定公司的经营方针和投资计划，选举和更换非由职工代表担任的董事、监事，决定有关董事、监事的报酬事项，批准董事会、监事会或者监事的报告，批准公司的年度财务预决算方案，批准公司的利润分配方案和弥补亏损方案，决定公司增减注册资本、发行债券，转让出资，决定公司合并、分立、变更公司形式、解散和清算，修改公司章程等重大事项时，股东必须以书面形式做出决定并签字，而且这些文件还应该放置于公司中以方便各方查询。这样规定对于保护交易安全是完全必要的。

5. 一人有限责任公司实行法定审计的规定

为了更好地保护交易相对人的利益，降低交易风险，法律也应当对一人有限责任公司做出特别的限制性规定，以取得保护与规范的平衡。我国《公司法》第六十三条规定：一人有限责任公司应当在每一会计年度终了时编制财务会计报告，并经会计师事务所审计。

一人公司是对公司法所有权与经营权分离原则和有限责任的重大挑战。一人股东在没有合作伙伴的情况下设立公司，享受有限责任的优惠，但是由于是一人股东控制公司，极易混淆公司财产和股东个人财产，将公司财产充作私用，以公司名义为自己的目的借贷和担保，有计划的独占公司的财产，欺诈债权人，回避合同义务，等等。这些滥用有限责任的行为都源于一人公司中缺乏股东之间的相互制约，而这又是不能从一人公司本身的结构或治理来实现监督的。所以法律必须采取其他更为有效的规制措施。实际上凡于公司法或其他相关法律中明文认可一人公司的国家或者地区，无一例外都同时规定若干法律措施，以防止一人公司的唯一股东滥用公司独立人格和有限责任原则，增强对公司债权人的保护。目前从各国的立法或是司法实践来看，大都加强了对一人公司的法律规制力度。

我国公司法承认了一人有限责任公司的合法地位，允许设立一人有限责任公司，并依法给予保护，应当讲是有利于社会资金投向经济领域、有利于扩大就业和企业发展的，但是同时为了更好地保护交易相对人的利益，降低交易风险，法律也应当对一人有限责任公司做出特别的限制性规定，以取得保护与规范的平衡，本条就是对一人有限责任公司实行法定审计的特别规定，既是一人有限责任公司治理结构中的一项基本制度配置，也是加强对其规制、严格管理的一项重要法律措施。

这里还需要说明的是，本条的规定与《公司法》公司财务、会计一章中第一百六十五条明确规定的"公司应当在每一会计年度终了时编制财务会计报告,并依法经会计师事务所审计"含义是不同的,那一条是对所有类型公司的一般原则性规定,其中"依法经会计师事务所审计"并不是说对所有公司都必须要经过会计师事务所进行年度审计,而是根据公司法、会计法和其他有关法律的规定,明确要求必须进行审计的公司,其财务会计报告才要经过会计师事务所审计。而按照本条的规定,一人有限责任公司应当在每一会计年度终了时编制财务会计报告,并经会计师事务所审计。这属于法律的强制性规范,表明对一人有限责任公司是实行法定审计的,一人有限责任公司的财务会计报告必须经会计师事务所审计。

6. 一人有限责任公司股东不能证明公司财产独立于自己财产应当对公司债务承担连带责任的规定

公司股东对公司债务承担有限责任是公司法的基本原则。公司法一方面坚持公司股东以其对公司的出资额为限承担有限责任的基本法律原则;另一方面增加规定,公司股东滥用公司独立法人地位和股东有限责任,严重损害公司债权人利益的,应当对公司债务承担连带责任。我国《公司法》第六十四条规定:一人有限责任公司的股东不能证明公司财产独立于股东自己的财产的,应当对公司债务承担连带责任。

公司股东对公司债务承担有限责任是公司法的基本原则。但在现实生活中确实存在有的股东利用公司独立法人地位和自己的有限责任,滥用权利,采用将公司财产与本人财产混同等手段,逃避债务,造成公司可以用于履行债务的财产大量减少,严重损害公司债权人的利益。有这种情形的,股东理应对公司债务承担连带清偿责任。

为了维护公司债权人的利益和正常的经济秩序,借鉴一些国家具有法律效力的判例和有关法律规定,总结我国人民法院的审判实践经验,修订后的公司法一方面坚持公司股东以其对公司的出资额为限承担有限责任的基本法律原则;另一方面增加规定,公司股东滥用公司独立法人地位和股东有限责任,逃避债务,严重损害公司债权人利益的,应当对公司债务承担连带责任。这一原则同样适用于一人有限责任公司。同时,本条还规定了一人有限责任公司的股东应就其个人财产是否与公司财产相分离负举证的责任,即由一人有限责任公司的股东自己来证明公司财产与本人财产是否独立,这就与一般公司发生债务纠纷由权利主张者举证不同,实际上加重了一人有限责任公司股东的法律义务。针对一人有限责任公司的特殊情况,为了更好地保护公司债权人的利益,降低交易风险,这一规定是完全必要的,其根本目的就在于强化要求一人有限责任公司的股东必须将公司财产与本人财产严格分离。

二、公司注册资本

(一)实行注册资本认缴登记制

1. 注册资本认缴制与实缴制的区别

公司法规定实行注册资本认缴制,也就是,除法律、行政法规以及国务院决定对公司注册资本实缴有另行规定的以外,取消了关于公司股东(发起人)应自公司成立之日起两年内缴足出资,投资公司在五年内缴足出资的规定;取消了一人有限责任公司股东应一次足额缴纳出资的规定。转而采取公司股东(发起人)自主约定认缴出资额、出资方式、出资期限等,并记载于公司章程的方式。

认缴制与实缴制不同,实缴制是指企业营业执照上的注册资本是多少,该公司的银行验资账户上就必须有相应数额的资金。实缴制需要占用企业的资金,一定程度上抑制了投资创业,降低了企业资本的营运效率。而认缴制则是工商部门只登记公司认缴的注册资本总额，无须登记实收资本，不再收取验资证明文件。

认缴登记制不需要占用企业资金，可以有效提高资本运营效率，降低企业成本。

2. 注册资本认缴制的好处

取消最低注册资本限制，取消首期必须出资20%及剩余注册资本必须在2年内到位的要求，不再要求提供验资报告等将使设立公司更为便捷，成本更为低廉，这也将更好地鼓励个体以及大学生进行创新，不断激励个体经济的发展，也将有助于提高我国整体的创新力。

例如，在2017年之前，如果公司注册资本认缴100万元，那就必须实缴100万元；2017年后，公司注册资本认缴100万元，必须先实缴20万元，剩余的在两年内缴清。现在实缴制改为认缴制后，注册资本出资何时缴清没有时间限制了。如以买房打比方，即2017年前的实缴登记制为100%首付，而现在的认缴登记制为零首付，这就降低了注册公司的门槛。

《公司法》第二十六条规定：有限责任公司的注册资本为在公司登记机关登记的全体股东认缴的出资额。法律、行政法规以及国务院决定对有限责任公司注册资本实缴、注册资本最低限额另有规定的，从其规定。

（二）拓宽股东出资方式

公司法否定了原来对出资方式进行列举式限定的做法，极大地开拓了非货币财产的出资范围，同时放宽了非货币财产出资的比例，为我国各类财产的盘活和效率型经济发展提供了法律支撑。

《公司法》第二十七条规定：股东可以用货币出资，也可以用实物、知识产权、土地使用权等可以用货币估价并可以依法转让的非货币财产作价出资；但是，法律、行政法规规定不得作为出资的财产除外。对作为出资的非货币财产应当评估作价，核实财产，不得高估或者低估作价。法律、行政法规对评估作价有规定的，从其规定。

也就是说，除法律、行政法规明确规定不得作为出资的财产之外，只要"可以用货币估价并可以依法转让的非货币财产"，都可以作价出资。

国务院重新修改的《公司登记管理条例》明确列举：股东不得以劳务、信用、自然人姓名、商誉、特许经营权或者设定担保的财产等作价出资。这样，这一弹性的立法模式留给了投资人以各种财产出资的操作空间，大幅度放宽了股东的出资方式。公司法也放宽注册资本登记条件。有限责任公司股东认缴出资额、公司实收资本不再作为登记事项。公司登记时，不需要提交验资报告。这就简化了公司设立登记的程序，也降低了注册公司的门槛，设立公司的成本也更加低廉。不过公司发起人或者股东应当善尽诚信义务，按期履行出资义务。

三、注册公司的步骤

（一）传统公司的注册步骤

（1）核名：到工商局去领取一张"企业（字号）名称预先核准申请表"，填写你准备的公司名称，工商局上网（工商局内部网）检索是否有重名，如果没有重名，就可以使用这个名称，就会核发一张"企业（字号）名称预先核准通知书"。这一步的手续费是30元（30元可以帮你检索5个名字，所以一般常见的名字就不用试了，免得花冤枉钱）。

（2）租房：去专门的写字楼租一间办公室，如果你自己有厂房或者办公室也可以，有的地方不允许在居民楼里办公。租房后要签订租房合同,并让房东提供房产证的复印件。签订好租房合同后,还要到税务局去买印花税,按年租金的千分之一的税率购买,如你的每年房租是1万元,那就要买10元钱的印花税,贴在房租合同的首页,后面凡是需要用到房租合同的地方,都需要贴了印花税的合同复印件。

(3) 编写"公司章程":可以在工商局网站下载"公司章程"的样本,修改一下就可以了。章程的最后由所有股东签名。

(4) 刻私章:去街上刻的地方刻一个私章,给他们讲刻法人私章(方形的)。费用大概20元左右。

(5) 到会计师事务所领取"银行询征函":联系一家会计师事务所,领取一张"银行询征函"(必须是原件,会计师事务所盖鲜章)。如果你不清楚,可以看报纸上的分类广告,有很多会计师事务所的广告。

(6) 去银行开立公司验资户:所有股东带上自己入股的那一部分钱到银行,带上公司章程、工商局发的核名通知、法人代表的私章、身份证、用于验资的钱、空白询征函表格,到银行去开立公司账户,你要告诉银行是开验资户。开立好公司账户后,各个股东按自己的出资额向公司账户中存入相应的钱。银行会发给每个股东缴款单,并在询征函上盖银行的章。

(7) 办理验资报告:拿着银行出具的股东缴款单、银行盖章后的询征函,以及公司章程、核名通知、房租合同、房产证复印件,到会计师事务所办理验资报告。一般费用500元左右(50万元以下注册资金)。

(8) 注册公司:到工商局领取公司设立登记的各种表格,包括设立登记申请表、股东(发起人)名单、董事经理监理情况、法人代表登记表、指定代表或委托代理人登记表。填好表后,连同核名通知、公司章程、房租合同、房产证复印件、验资报告一起交给工商局。大概3个工作日后可领取执照。此项费用300元左右。

（9）凭营业执照，到公安局指定的刻章社，去刻公章、财务章。后面步骤中，均需要用到公章或财务章。

（10）办理企业组织机构代码证：凭营业执照到技术监督局办理组织机构代码证，费用是 80 元。办这个证需要半个月，技术监督局会首先发一个预先受理代码证明文件，凭这个文件就可以办理后面的税务登记证、银行基本户开户手续了。

（11）去银行开基本户：凭营业执照、组织机构代码证，去银行开立基本账号。最好是在原来办理验资时的那个银行的同一网点去办，否则会多收 100 元的验资账户费用。开基本户需要填很多表，最好把能带齐的东西全部带上，要不然要跑很多趟，包括营业执照正本原件、身份证、组织机构代码证、公章、财务章、法人章。开基本户时，还需要购买一个密码器（从 2005 年下半年起，大多银行都有这个规定）。今后你的公司开支票、划款时，都需要使用密码器来生成密码。

（12）办理税务登记：领取执照后，30 日内到当地税务局申请领取税务登记证。办理税务登记证时，必须有一个会计，因为税务局要求提交的资料其中有一项是会计资格证和身份证。可先请一个兼职会计，小公司刚开始请的兼职会计一般 200 元工资就可以了。

（13）申请领购发票，最后就开始营业了。注意每个月按时向税务申报税，即使没有开展业务不需要缴税，也要进行零申报，否则会被罚款的。

（二）互联网公司的注册步骤

当前是互联网创业最为火爆的时代，无数人投身创业大军，纷纷下海。然而很多的互联网创业者专注于做产品研发，却忽视了一些其他的事物，比如公司注册。公司注册是一个创业团队的必经之路，只有完成公司注册，才能完成 ICP 备案，才能吸引更多人才，规范公司运营流程，才能申请商标……而互联网创业者最为关心的投融资也是建立在公司已合法注册的基础上。

那如何注册一家互联网公司呢？互联网公司注册其实与普通公司注册并无太大的区别。

1. 确定公司的注册资本

确定公司的注册资本既要考虑创业者现在本身的经济，也要考虑公司未来资质的要求，没有特殊要求的互联网公司只需要10万~100万元的注册资本，如果要注册视频网站类公司，那就需要1000万元的注册资本了，所以要先考虑自己的定位，才能决定公司的注册资本。互联网公司因为之后可能需要申请ICP经营许可证，建议注册资本可以考虑设定为100万元。

2. 选择公司注册地址

不同地区对于不同类型的公司都有不一样的扶持政策，比如海淀区中关村对互联网公司的优惠政策相对较好，所以大部分北京的互联网公司都考虑注册在海淀。创业初期资金肯定都不充裕，既要开源也要节流，选择一个合适的公司注册地址很重要。

3. 给公司取个好名字（最好先到工商局查一下有没有同名的，或者多准备几个名字）

在竞争激烈的市场环境下，一个好的公司名称能让消费者准确识别定位企业的产品与服务，无疑是一种有形的广告。

在我国，公司注册阶段第一件事就是进行公司名称核准。每个企业都有唯一的公司名称，受到国家保护。公司名称一般由四部分依次组成：行政区划＋字号＋行业＋组织形式。比如北京（行政区划）＋快又好（字号）＋信息技术（行业）＋有限公司（组织形式）。

4. 工商注册

在确定公司的经营范围，注册资金、注册地址和取好名字后就要开始走工商流程了，一般有两种方式，可以自己办理，也可以委托代理机构代为办理，主要分三步走：

（1）申请阶段：核名、办理营业执照。

（2）完成阶段：刻章、办理组织机构代码证、税务登记证。

（3）后续事项：银行开户、税务登记等。

在完成这些步骤之后，公司就注册好了，您可以拿到营业执照、企业统一社会信用代码证明、公司章程、房屋租赁合同以及公司刻章及印鉴留存卡。

然而，公司注册成功只是你创业的第一步，互联网时代机遇与危机并存，如何在当前的环境下生存下来并且乘风而起，关键在于公司的盈利能力。互联网行业盈利的并购亏损的，估值高的并购估值低的，所以盈利才是王道。

第二节　个人独资企业法

个人独资企业法有广义和狭义之分，广义的个人独资企业法，是指国家关于个人独资企业的各种法律规范的总称，狭义的个人独资企业法是指1999年8月30日第九届全国人大常委会第十一次会议通过的《个人独资企业法》，该法共六章四十八条。

我国《个人独资企业法》立法宗旨是：

第一，规范个人独资企业的行为。

个人独资企业又称业主制企业，是由一个自然人投资经营，投资人以其个人财产对企业债务承担无限责任的经营实体，具有规模小、内部结构简单、经营灵活等特点，是引导个人投资参与经济建设较理想的企业形式之一。但是在市场经济条件下，个人独资企业受利益驱动，也具有抗拒任何阻碍实现其利己目标的自发倾向。一旦利己目标发生失度膨胀，就有可能使自己走上破坏经济秩序甚至牺牲其他经济组织利益的道路。因此，尽管个人独资企业是中小型企业中较成功者，也要充分认识其对社会可能产生的危害性，并加以规范。一方面为其发展创造公平、宽松的环境；另一方面对其可预见的危害性，也要依法加以约束。

第二，保护个人独资企业投资人和债权人的合法权益。

个人独资企业投资人是个人独资企业财产的所有权人，其投资经营个人独资企业是法律赋予的权力，应当受到法律保护。目前存在的突出问题是，一些单位和个人非法干预个人独资企业自主经营，侵占、挪用个人独资企业财物，向个人独资企业乱收费、乱摊派、乱罚款的情况普遍，严重损害了个人独资企业投资人的合法权益。为了鼓励和引导个人独资企业健康发展，需要加强对个人独资企业投资人合法权益的保护。同时，个人独资企业在经济活动中与其他经济组织发生债权债务关系是不可避免的，除了要依法保护个人独资企业及其投资人合法权益，也要保护债权人的合法权益。我国民法通则规定，债是按照合同的约定或者依照法律的规定，在当事人之间产生的特定的权利和义务关系。享有权利的人是债权人，负有义务的人是债务人，债权人有权要求债务人按照合同的约定或者依照法律的规定，履行义务。依法保护债权人合法权益是维护公平交易和社会经济秩序的必然要求。

第三，维护社会经济秩序，促进社会主义市场经济的发展。

建立和发展社会主义市场经济，是我国经济体制改革的目标，实现这个目标要有良好的社会经济秩序相伴。而良好的社会经济秩序的建立，一方面要靠国家立法和执法予以保障，另一方面也要靠全体公民、各企业事业单位和组织自觉遵守法律加以实现，即运用法律机制调整和规范市场经济条件下的各种社会关系，以维护社会经济秩序，促进社会主义市场经济的发展。这不仅是市场经济对法律的必然要求，也是市场经济健康发展的保障。个人独资企业是我国市场主体的重要组成部分，对我国社会主义市场经济的形成和发展起着重要作用，有效地规范个人独资企业的行为，切实保护个人独资企业投资人和债权人的合法权益，不仅有利于提高个人独资企业素质，引导个人独资企业健康发展，同时，对维护社会经济秩序，促进社会主义市场经济的发展也将产生积极的影响。

我国《个人独资企业法》遵循下列基本原则：

第一，依法保护个人独资企业的财产和其他合法权益。个人独资企业的财产是指个人独资企业的财产所有权，包括对财产的占有、使用、处分和收益的权利；其他合法权益是指财产所有权以外的有关权益，如有关名称权、自主经营权、平等竞争权、拒绝摊派权等。

第二，个人独资企业从事经营活动必须遵守法律、行政法规，遵守诚实信用原则，不得损害社会公共利益。遵守法律、法规是每个企业应尽的义务，企业只有遵守法律、法规，才能保证生产经营活动的有序进行。个人独资企业遵守的诚实信用原则是我国民事活动的基本原则。诚实是指要客观真实，不欺人、不骗人；信用是指遵守承诺，并及时、全面履行承诺。企业只有诚实守信用，才能取得他人的信任，这既能增加企业的商业机会，也能树立企业形象，同时也是维护正常的社会经济秩序的需要。个人独资企业不得损害社会公共利益也是我国民法规定的民事活动中必须遵循的基本原则之一。个人独资企业在经营活动中，还必须遵守社会公德，不得滥用权利。

第三，个人独资企业应当依法履行纳税义务。依法纳税是每个公民和企业应尽的义务。个人独资企业在经营活动中应当依法缴纳国家税收法律、法规及规章规定的各项税款。

第四，个人独资企业应当依法招用职工。个人独资企业应严格依照劳动法及有关规定招用职工。企业招用职工应当与职工签订劳动合同，劳动合同必须遵循平等自愿、协商一致的原则，并不得违反国家法律、法规和有关政策规定。企业应当遵守劳动保护制度，要依法制定劳动安全技术规程和劳动卫生规程，对女工和未成年工要给予特殊的劳动保护；企业应当遵守国家规定的社会保险与福利制度，如养老保险、待业保险、伤病保险等。

第五，个人独资企业职工的合法权益受法律保护。个人独资企业职工的自主签订合同权、合理的休息权、获取劳动报酬权、接受职业技能培训权、享受保险福利权等劳动法和其他有关法律规定的权利不受侵犯。个人独资企业职工依法建立工会，工会依法开展活动。

一、个人独资企业的设立

（一）个人独资企业的设立条件

根据《个人独资企业法》第八条的规定，设立个人独资企业应当具备下列条件：

（1）投资人为一个自然人，且只能是我国公民。

（2）有合法的企业名称。名称是企业的标志，企业必须有相应的名称，并应符合法律、法规的要求。个人独资企业的名称应当符合国家关于企业名称登记管理的有关规定，企业名称应与其责任形式及从事的营业相符合，个人独资企业的名称中不得使用"有限""有限责任"或者"公司"字样，个人独资企业的名称可以叫厂、店、部、中心、工作室等。

（3）有投资人申报的出资。《个人独资企业法》对设立个人独资企业的出资数额未作限制。根据国家工商行政管理局《关于实施〈个人独资企业登记管理办法〉有关问题的通知》的规定，设立个人独资企业可以用货币出资，也可以用实物、土地使用权、知识产权或者其他财产权利出资，采取实物、土地使用权、知识产权或者其他财产权利出资的,应将其折算成货币数额。投资人申报的出资额应当与企业的生产经营规模相适应。投资人可以个人财产出资,也可以家庭共有财产作为个人出资。以家庭共有财产作为个人出资的,投资人应当在设立(变更)登记申请书上予以注明。

(4) 有固定的生产经营场所和必要的生产经营条件。生产经营场所包括企业的住所和与生产经营相适应的处所。住所是企业的主要办事机构所在地,是企业的法定地址。

(5) 有必要的从业人员,即要有与其生产经营范围、规模相适应的从业人员。

(二) 个人独资企业的设立程序

1. 提出申请

申请设立个人独资企业,应当由投资人或者其委托的代理人向个人独资企业所在地的登记机关提出设立申请。投资人申请设立登记,应当向登记机关提交下列文件:①投资人签署的个人独资企业设立申请书。设立申请书应当载明的事项有企业的名称和住所、投资人的姓名和居所、投资人的出资额和出资方式、经营范围及方式。个人独资企业投资人以个人财产出资或者以其家庭共有财产作为个人出资的,应当在设立申请书中予以明确。②投资人身份证明,主要是身份证和其他有关证明材料。③企业住所证明和生产经营场所使用证明等文件,如土地使用证明、房屋产权证或租赁合同等。④委托代理人申请设立登记的,应当提交投资人的委托书和代理人的身份证明或者资格证明。⑤国家工商行政管理局规定提交的其他文件。从事法律、行政法规规定须报经有关部门审批的业务的,应当提交有关部门的批准文件。

2. 工商登记

登记机关应当在收到设立申请文件之日起 15 日内,对符合个人独资企业法规定条件的予以登记，发给营业执照；对不符合个人独资企业法规定条件的不予登记，并发给企业登记驳回通知书。个人独资企业的营业执照的签发日期为个人独资企业成立日期，在领取个人独资企业营业执照前，投资人不得以个人独资企业名义从事经营活动。

3. 分支机构登记

个人独资企业设立分支机构，应当由投资人或者其委托的代理人向分支机构所在地的登记机关申请设立登记。分支机构的登记事项应当包括：分支机构的名称、经营场所、负责人姓名和居所、经营范围及方式。个人独资企业申请设立分支机构，应当向登记机关提交下列文件：①分支机构设立登记申请书；②登记机关加盖印章的个人独资企业营业执照复印件；③经营场所证明；④国家工商行政管理局规定提交的其他文件。分支机构从事法律、行政法规规定须报经有关部门审批的业务，还应当提交有关部门的批准文件。个人独资企业投资人委派分支机构负责人的，应当提交投资人委派分支机构负责人的委托书及其身份证明。委托代理人申请分支机构设立登记的，应当提交投资人的委托书和代理人的身份证明或者资格证明。登记机关应当在收到按规定提交的全部文件之日起 15 日内，作出核准登记或者不予登记的决定。核准登记的，发给营业执照；不予登记的，发给登记驳回通知书。个人独资企业分支机构申请变更登记、注销登记，比照本办法关于个人独资企业申请变更登记、注销登记的有关规定办理。个人独资企业应当在其分支机构经核准设立、变更或者注销登记后 15 日内，将登记情况报该分支机构隶属的个人独资企业的登记机关备案。个人独资企业向登记机关备案，应当提交下列文件：①分支机构登记机关加盖印章的分支机构营业执照复印件、变更登记通知书或者注销登记通知书；②国家工商行政管理局规定提交的其他文件。分支机构经核准登记后，应将登记情况报该分支机构隶属的个人独资企业的登记机关备案。分支机构的民事责任由设立该分支机构的个人独资企业承担。

三、个人独资企业的投资人及事务管理

(一) 个人独资企业的投资人

根据《个人独资企业法》的规定，个人独资企业的投资人为一个具有我国国籍的自然人，但法律、行政法规禁止从事营利性活动的人，不得作为投资人申请设立个人独资企业。根据我国有关法律、行政法规规定，国家公务员、党政机关领导干部、警官、法官、检察官、商业银行工作人员等人员，不得作为投资人申请设立个人独资企业。

个人独资企业投资人对本企业的财产依法享有所有权，其有关权利可以依法进行转让或继承。企业的财产不论是投资人的原始投入，还是经营所得，均归投资人所有。虽然个人独资企业投资人对企业的债务要承担无限责任，但是，投资人的财产和企业财产是有区别的：一是投资人申办个人独资企业，要申报出资，这一出资的财产与投资人的其他财产不同；二是企业应有一定稳定独立的资金，这是企业生产经营的需要；三是将两者的财产加以区别，有利于计算企业的生产经营成果。

个人独资企业投资人在申请企业设立登记时，明确以其家庭共有财产作为个人出资的，应当依法以家庭共有财产对企业债务承担无限责任。由于出资人与其家庭的特殊关系，出资人的财产往往与其家庭财产难以划清。夫妻财产是共有财产，夫妻一方取得的财产为夫妻双方的共同财产，既然财产是共有的，收益也是共同所有，对债务也应以共有财产清偿；从其他家庭成员之间的关系看，家庭成员允许出资人将家庭财产用于投资办企业本身就意味着许诺将这部分财产用于承担风险，而出资人取得的收益也

是全家共同享用，这就意味着个人独资企业的收益是家庭共同财产的一部分。

（二）个人独资企业的事务管理

个人独资企业投资人可以自行管理企业事务，也可以委托或者聘用其他具有民事行为能力的人负责企业的事务管理。投资人委托或者聘用他人管理个人独资企业事务，应当与受托人或者被聘用的人签订书面合同。合同应订明委托的具体内容、授予的权利范围、受托人或者被聘用的人应履行的义务、报酬和责任等。受托人或者被聘用的人员应当履行诚信、勤勉义务，以诚实信用的态度对待投资人，对待企业，尽其所能依法保障企业利益，按照与投资人签订的合同负责个人独资企业的事务管理。

投资人对受托人或者被聘用的人员职权的限制，不得对抗善意第三人。所谓第三人是指除受托人或被聘用的人员以外与企业发生经济业务关系的人。所谓善意第三人是指第三人在就有关经济业务事项交往中，没有从事与受托人或者被聘用的人员串通，故意损害投资人的利益的人。个人独资企业的投资人与受托人或者被聘用的人员之间有关权利义务的限制只对受托人或者被聘用的人员有效，对第三人并无约束力，受托人或者被聘用的人员超出投资人的限制与善意第三人的有关业务交往应当有效。

我国《个人独资企业法》规定，投资人委托或者聘用的管理个人独资企业事务的人员不得从事下列行为：①利用职务上的便利，索取或者收受贿赂；②利用职务或者工作上的便利侵占企业财产；③挪用企业的资金归个人使用或者借贷给他人；④擅自将企业资金以个人名义或者以他人名义开立账户储存；⑤擅自以企业财产提供担保；⑥未经投资人同意，从事与本企业相竞争的业务；⑦未经投资人同意，同本企业订立合同或者进行交易；⑧未经投资人同意，擅自将企业商标或者其他知识产权转让给他人使用；⑨泄露本企业的商业秘密；⑩法律、行政法规禁止的其他行为。

四、个人独资企业的权利和工商管理

（一）个人独资企业的权利

根据《个人独资企业法》的有关规定，个人独资企业享有以下权利。

1. 依法申请贷款

个人独资企业可以根据《商业银行法》《合同法》和我国人民银行发布的《贷款通则》等一系列法律法规的规定申请贷款，以供企业生产经营之用。

2. 依法取得土地使用权

个人独资企业可根据《土地管理法》《土地管理法实施细则》和《城镇国有土地使用权出让和转让暂行条例》等规定取得土地使用权。

3. 拒绝摊派权

摊派是指在法律、法规的规定之外，以任何方式要求企业提供财力、物力和人力的行为。《个人独资企业法》规定，任何单位和个人不得违反法律、行政法规的规定，以任何方式强制个人独资企业提供财力、物力、人力；对于违法强制提供财力、物力、人力的行为，个人独资企业有权拒绝。

4. 法律、行政法规规定的其他权利

个人独资企业除享有上述权利外，还依法享有十分广泛的权利，如：可以依法取得外贸经营权或根据业务需要，委托具有外贸经营权的单位代为办理进出口业务；可以取得专利保护；可以取得商标保护等。

（二）个人独资企业的工商管理

根据《个人独资企业登记管理办法》的规定，个人独资企业存续期间登记事项发生变更的，应当办理变更登记。个人独资企业存续期间登记事项发生变更的，应当在作出变更决定之日起的15日内依法向登记机关申请办理变更登记。个人独资企业变更企业名称、企业住所、经营范围及方式，应当在作出变更决定之日起15日内向原登记机关申请变更登记。个人独资企业变更投资人姓名和居所、出资额和出资方式，应当在变更事由发生之日起15日内向原登记机关申请变更登记。个人独资企业申请变更登记，应当向登记机关提交下列文件：①投资人签署的变更登记申请书；②国家工商行政管理局规定提交的其他文件。从事法律、行政法规规定须报经有关部门审批的业务的，应当提交有关部门的批准文件。委托代理人申请变更登记的，应当提交投资人的委托书和代理人的身份证明或者资格证明。登记机关应当在收到按规定提交的全部文件之日起15日内，作出核准登记或者不予登记的决定。予以核准的，换发营业执照或者发给变更登记通知书；不予核准的，发给企业登记驳回通知书。个人独资企业变更住所跨登记机关辖区的，应当向迁入地登记机关申请变更登记。迁入地登记机关受理的，由原登记机关将企业档案移送迁入地登记机关。个人独资企业因转让或者继承致使投资人变更的，个人独资企业可向原登记机关提交转让协议书或者法定继承文件，申请变更登记。个人独资企业改变出资方式致使个人财产与家庭共有财产变更的，个人独资企业可向原登记机关提交改变出资方式文件，申请变更登记。

根据《个人独资企业登记管理办法》的规定，个人独资企业应当按照登记机关的要求，在规定的时间内接受年度检验。登记机关依法对个人独资企业进行审查，以确认个人独资企业继续经营的资格。个人独资企业营业执照分为正本和副本，正本和副本具有同等法律效力。个人独资企业根据业务需要，可以向登记机关申请核发若干营业执照副本。个人独资企业营业执照遗失的，应当在报刊上声明作废，并向登记机关申请补领。个人独资企业营业执照毁损的，应当向登记机关申请更换。个人独资企业应当将营业执照正本置放在企业住所的醒目位置。任何单位和个人不得伪造、涂改、出租、转让营业执照。任何单位和个人不得承租、受让营业执照。个人独资企业的营业执照正本和副本样式，由国家工商行政管理局制定。

五、个人独资企业的解散和清算

（一）个人独资企业的解散

个人独资企业的解散是指个人独资企业终止活动使其民事主体资格消灭的行为；根据《个人独资企业法》第二十六条的规定，个人独资企业有下列情形之一时，应当解散：①投资人决定解散；②投资人死亡或者被宣告死亡，无继承人或者继承人决定放弃继承；③被依法吊销营业执照；④法律、行政法规规定的其他情形。

（二）个人独资企业的清算

个人独资企业解散时，应当进行清算。《个人独资企业法》对个人独资企业清算作了如下规定。

1. 通知和公告债权人

《个人独资企业法》第二十七条规定，个人独资企业解散，由投资人自行清算或者由债权人申请人民法院指定清算人进行清算。投资人自行清算的，应当在清算前15日内书面通知债权人，无法通知的，应当予以公告。债权人应当在接到通知之日起30日内，未接到通知的应当在公告之日起60日内，向投资人申报其债权。

2. 财产清偿顺序

《个人独资企业法》第二十九条规定，个人独资企业解散的，财产应当按照下列顺序清偿：①所欠职工工资和社会保险费用；②所欠税款；③其他债务。个人独资企业财产不足以清偿债务的，投资人应当以其个人的其他财产予以清偿。

3. 清算期间对投资人的要求

《个人独资企业法》第三十条规定，清算期间，个人独资企业不得开展与清算目的无关的经营活动。在按前述财产清偿顺序清偿债务前，投资人不得转移、隐匿财产。

4. 投资人的持续偿债责任

《个人独资企业法》第二十八条规定，个人独资企业解散后，原投资人对个人独资企业存续期间的债务仍应承担偿还责任，但债权人在5年内未向债务人提出偿债请求的，该责任消灭。

5. 注销登记

个人独资企业清算结束后，投资人或者人民法院指定的清算人应当编制清算报告，并于清算结束之日起15日内向原登记机关申请注销登记。个人独资企业申请注销登记。应当向登记机关提交下列文件：①投资人或者清算人签署的注销登记申请书；②投资人或者清算人签署的清算报告；③国家工商行政管理局规定提交的其他文件。登记机关应当在收到按规定提交的全部文件之日起15日内，作出核准登记或者不予登记的决定。予以核准的，发给核准通知书；不予核准的，发给企业登记驳回通知书。经登记机关注销登记，个人独资企业终止。个人独资企业办理注销登记时，应当交回营业执照。

六、违反个人独资企业法的法律责任

我国《个人独资企业法》和国家工商行政管理局发布的《个

人独资企业登记管理办法》对个人独资企业的违反法律、法规的行为作出了相应的处罚规定。

(一) 投资人违法行为应承担的法律责任

(1) 投资人提交虚假文件或采取其他欺骗手段，取得企业登记的，责令改正，处以5000元以下的罚款；情节严重的，并处吊销营业执照。

(2) 个人独资企业使用的名称与其在登记机关登记的名称不相符合的，责令限期改正，处以2000元以下的罚款。

(3) 涂改、出租、转让营业执照的，责令改正，没收违法所得，处以3000元以下的罚款；情节严重的，吊销营业执照。伪造营业执照的，责令停业，没收违法所得，处以5000元以下的罚款。构成犯罪的，依法追究刑事责任。

(4) 个人独资企业成立后无正当理由超过6个月未开业的，或者开业后自行停业连续6个月以上的，吊销营业执照。

(5) 未领取营业执照，以个人独资企业名义从事经营活动的，责令停止经营活动，处以3000元以下的罚款。个人独资企业登记事项发生变更时，未按本法规定办理有关变更登记的，责令限期办理变更登记；逾期不办理的，处以2000元以下的罚款。

(6) 个人独资企业侵犯职工合法权益，未保障职工劳动安全，不缴纳社会保险费用的，按照有关法律、行政法规予以处罚，并追究有关责任人员的责任。

(7) 在清算前或清算期间隐匿或转移财产，逃避债务的，依法追回其财产，并按照有关规定予以处罚；构成犯罪的，依法追究刑事责任。

(8) 个人独资企业或投资人应当承担民事赔偿责任和缴纳罚款、罚金，其财产不足以支付的，或者被判处没收财产的，应当先承担民事赔偿责任。

（二）管理人员对投资人造成损害或侵犯投资人权益的法律责任

（1）投资人委托或者聘用的人员管理个人独资企业事务时违反双方订立的合同，给投资人造成损害的，承担民事赔偿责任。

（2）投资人委托或者聘用的人员违反《个人独资企业法》第二十条规定，侵犯个人独资企业财产权益的，责令退还侵占的财产；给企业造成损失的，依法承担赔偿责任；有违法所得的，没收违法所得；构成犯罪的，依法追究刑事责任。

（三）企业登记机关及其上级部门有关人员的法律责任

（1）登记机关对不符合《个人独资企业法》规定条件的个人独资企业予以登记，或者对符合本法规定条件的企业不予登记的，对直接责任人员依法给予行政处分；构成犯罪的，依法追究刑事责任。

（2）登记机关的上级部门的有关主管人员强令登记机关对不符合《个人独资企业法》规定条件的企业予以登记，或者对符合《个人独资企业法》规定条件的企业不予登记的，或者对登记机关的违法登记行为进行包庇的，对直接责任人员依法给予行政处分；构成犯罪的，依法追究刑事责任。登记机关对符合法定条件的申请不予登记或者超过法定时限不予答复的，当事人可依法申请行政复议或提起行政诉讼。违反法律、行政法规的规定强制个人独资企业提供财力、物力、人力的，按照有关法律、行政法规予以处罚，并追究有关责任人员的责任。

按上述规定，个人独资企业的注册资本应当在向工商登记管理机关提出申请之前交清。

第三节　合伙企业法

合伙企业法有广义和狭义之分。狭义的合伙企业法,是指由国家立法机关依法制定的《合伙企业法》。该法于1997年2月23日由第八届全国人民代表大会常务委员会第24次会议通过,2006年8月27日第十届全国人民代表大会常务委员会第23次会议修订。广义的合伙企业法,是指国家立法机关或者其他有权机关依法制定的、调整合伙企业合伙关系的各种法律规范的总称。

我国《合伙企业法》的立法宗旨:

第一是规范合伙企业的行为。作为从事生产经营的经济组织,合伙企业需要按一定的方式进行人员结合和资产组合,并按一定的原则调整内外部关系及从事经营管理活动。

从十余年合伙企业恢复发展的经验来看,由于缺乏全面具体的规则,合伙企业的各种关系调整和生产经营不够规范。特别是目前正式以合伙名义出现的主要是私人性合伙,这类企业随意性较大,今天合,明天分;上月设立,下月撤销;在合伙企业内部,组织机构不健全,相互关系不顺,合伙人以大欺小,以强凌弱的现象不同程度地存在;生产经营掺杂使假、坑蒙拐骗、以次充好欺骗消费者的现象也不鲜见。为扭转合伙企业的这些不正常现象,促进合伙企业的正常经营和发展,必须对合伙企业的组织管理、内部关系及经营活动准则进行必要的规范。为此,规范合伙企业的组织和行为,明确合伙人之间的相互关系是该法所要达到的首要目的。

第二是保护合伙企业及其合伙人的合法权益。合伙企业与合伙人分别是独立的利益主体,他们既有共同的利益,也有各自的利益，这些利益不仅与合伙企业的生产经营密切相关，而且牵连到政府部门的管理和整个社会环境。在计划经济体制下，我们对合伙企业重视不够，对合伙企业及其合伙人的利益保护不全面，例如我国的自然人与法人都有独立的主体地位，合伙企业既不是法人，也有别于自然人，它的权利能力和行为能力如何，无从界定。又如过去我国刑法规定对国有企业、集体企业的职工侵占企业财物，数额巨大构成犯罪的要追究刑事责任，而对合伙企业招用的职工侵占企业财物的，即使数额很大，在司法实践中由于无法可依也只作为经济纠纷处理。在合伙企业的经营管理中，一些单位的工作人员随意到企业乱收费、乱罚款或者吃拿卡要的现象不少，严重损害合伙企业及其合伙人的利益。

由于合伙企业及其合伙人的利益涉及企业内部和外部两个方面。从企业内部来说，某一个或几个合伙人的个人行为甚至企业招用人员的行为不轨都可能损害合伙企业的利益，合伙企业经营不当或多个合伙人串通也可能损害某个合伙人的利益。从合伙企业外部来说，法律规定以外的各种对合伙企业的干预和索取钱物行为都构成对企业及合伙人利益的损害。为从企业内部和外部两方面消除损害合伙企业及合伙人利益的现象，全面保护合伙企业及其合伙人的合法权益，该法明确将其作为立法的一个重要目的。

第三是维护社会经济秩序，促进社会主义市场经济的发展。合伙企业是我国市场主体的重要组成部分，对我国社会主义市场经济的形成和发展起着重要作用，随着市场成分的逐步扩大，其地位和作用将进一步扩大，规范合伙企业的行为，保护合伙人的利益既能保证合伙企业的经营符合经济规律的要求，保证经济运转的正常有序，又能有效地促进合伙企业的进一步发展，促使市场主体的发展和素质的提高，并以企业的经营效果满足市场需要，以至推动市场经济体制的建立和完善。

我国《合伙企业法》的基本原则：

《合伙企业法》规定了下列基本原则：①协商原则；②自愿、平等、公平、诚实信用原则；③守法原则；④合法权益受法律保护原则；⑤依法纳税原则。

一、合伙企业、合伙人的分类

（一）合伙企业分类

合伙企业按其责任形式细分为三类。

1. 普通合伙

普通合伙企业由普通合伙人组成，合伙人对合伙企业债务承担无限连带责任。《合伙企业法》对普通合伙人承担责任的形式有特别规定的，从其规定。国有独资公司、国有企业、上市公司以及公益性的事业单位、社会团体不得成为普通合伙人。

2. 有限合伙（有限合伙中至少应当有1个普通合伙人）

有限合伙是一种类似于普通合伙的合伙企业，只是除了"普通合伙人"之外有限合伙还可以包括"有限合伙人"。有限合伙与有限责任合伙性质不同，有限责任合伙里所有合伙人都是有限责任。

有限合伙制度源于英美法系，它是指由普通合伙人和有限合伙人共同组成的合伙组织，在经济活动中发挥着灵活高效的作用。我国在发展高新科技企业、风险投资领域的发展急需引入类似制度。

3. 有限责任合伙（特殊的普通合伙）

有限责任合伙不是一种独立的合伙企业形式，而是普通合伙的一种特殊形式。与普通合伙相比，有限责任合伙最明显的优势就是对合伙人的责任限制。这种责任限制与有限责任公司股东的责任限制并不完全相同,实际上包含了两个方面的内容:一是合伙人无需为其他合伙人行为导致的合伙债务承担无限连带责任,二是合伙人仍需为自身行为引起的合伙债务承担无限责任。

有限责任合伙的意义在于,它规定各合伙人仍对合伙债务承担无限责任,但仅对本人负责的业务或过错所导致的合伙债务承担无限责任,对因其他合伙人过错造成的债务不负无限连带责任。

有限合伙主要适用于风险投资,由具有良好投资意识的专业管理机构或个人作为普通合伙人,承担无限连带责任,负责企业的经营管理;作为资金投入者的有限合伙人享受合伙收益,对企业债务只承担有限责任。

在对外责任承担的问题上,普通合伙和有限合伙的普通合伙人都承担了无限连带责任,而有限责任合伙的直接相关合伙人(们)应当对其不法行为造成的巨大债务承担无限连带责任。所以,对于合伙企业的债权人而言,他的债权一旦超出合伙企业的注册资金的范围时,总是有合伙人按照法律规定或合伙章程的规定来无限承担其余的债务。从这一点来说,合伙企业依然保持了它的无限责任的特征。

合伙企业名称可以叫公司。

(二)合伙人分类

合伙人按承担责任的形式,可以分为:

(1)普通合伙人——无限连带责任。

(2)特殊的普通合伙人——一个或数个合伙人在执业中因故意或者重大过失造成合伙企业债务的,应当承担无限责任或者无限连带责任,其他则以其在合伙企业的财产份额为限承担责任;当然,非因故意或重大过失造成的债务,全体合伙人承担无限连带责任。

(3) 有限合伙人——以其认缴的出资额为限对合伙企业的债务承担责任。

二、合伙人的范围与限制

（一）关于合伙人的范围

《合伙企业法》允许所有的市场主体参与设立合伙企业。第二条明确规定，本法所称合伙企业，是指自然人、法人和其他组织依照本法在我国境内设立的普通合伙企业和有限合伙企业。

《合伙企业法》规定，合伙企业中的合伙人分为两类：普通合伙人和有限合伙人，普通合伙人依法对合伙企业债务承担无限连带责任，有限合伙人依法对合伙企业债务以其认缴的出资额为限承担有限责任。

（二）关于对担任普通合伙人主体的限制

《合伙企业法》对一些特定市场主体成为普通合伙人作出了限制性规定，在第三条明确规定：国有独资公司、国有企业、上市公司以及公益性的事业单位、社会团体不得成为普通合伙人。

按照这一规定，上述组织只能参与设立有限合伙企业成为有限合伙人，而不得成为普通合伙人。但上述企业可以通过其设立的子公司参与合伙，成为普通合伙人。

三、关于合伙企业缴纳所得税问题

《合伙企业法》第六条明确规定，合伙企业的生产经营所得和其他所得，按照国家有关税收规定，由合伙人分别缴纳所得税。

《财政部国家税务总局关于合伙企业合伙人所得税问题的通知》（财税〔2008〕159号）文件对此明确如下：合伙企业以每一个合伙人为纳税义务人。合伙企业合伙人是自然人的，缴纳个人所得税。合伙人是法人和其他组织的，缴纳企业所得税。

该通知规定，合伙企业生产经营所得和其他所得采取"先分后税"的原则，应纳税所得额的计算，按照《关于个人独资企业和合伙企业投资者征收个人所得税的规定》及《财政部国家税务总局关于调整个体工商户个人独资企业和合伙企业个人所得税税前扣除标准有关问题的通知》的有关规定执行。

合伙企业的合伙人按照下列原则确定应纳税所得额：一是合伙企业的合伙人以合伙企业的生产经营所得和其他所得，按照合伙协议约定的分配比例确定应纳税所得额。二是合伙协议未约定或者约定不明确的，以全部生产经营所得和其他所得，按照合伙人协商决定的分配比例确定应纳税所得额。三是协商不成的，以全部生产经营所得和其他所得，按照合伙人实缴出资比例确定应纳税所得额。四是无法确定出资比例的，以全部生产经营所得和其他所得，按照合伙人数量平均计算每个合伙人的应纳税所得额。

四、合伙协议

（一）合伙协议重要性

合伙协议是申请登记提交的必备文件。《合伙企业法》第十八条规定了协议的内容。修改或补充合伙协议，应当经全体合伙人一致同意，但协议中有约定的除外。入伙、退伙必须签订协议。合伙企业法中，未规定合伙企业的章程，可见协议比章程更重要。

（二）合伙协议内容

为了避免经济纠纷，在合伙企业成立时，合伙人应首先订立合伙协议（又叫合伙契约，或叫合伙章程）其性质与公司章程相同，对所有合伙人均有法律效力，一般包括以下内容：①合伙企业名称（或字号）和所在地及地址；②合伙人姓名及其家庭地址；③合伙企业的经营以及设定的存续期限；④合伙企业的设立日期；⑤合伙人的权利和义务；⑥合伙人的投资形式及其计价方法；⑦合伙的退伙和入伙的规定；⑧损益分配的原则和比率；⑨付给合伙人贷款的利息；⑩付给合伙人的工资；⑪每个合伙人可以抽回的资本；⑫合伙人死亡的处理以及继承人权益的确定；⑬合伙企业结账日和利润分配日；⑭合伙企业终止以及合伙财产的分配方法；⑮其他需经全体合伙人同意的事项。

五、关于有限合伙企业

（一）有限合伙企业合伙人的责任形式

《合伙企业法》明确规定：有限合伙企业由普通合伙人和有限合伙人组成，普通合伙人对合伙企业债务承担无限连带责任，有限合伙人以其认缴的出资额为限承担责任。

（二）有限合伙企业合伙人的人数

《合伙企业法》规定：有限合伙企业由二个以上五十个以下合伙人设立，但是法律另有规定的除外。

（三）对有限合伙企业的公示要求

《合伙企业法》规定：有限合伙企业的名称中应当标明"有限合伙"字样，有限合伙企业登记事项中应当载明有限合伙人的姓名或者名称及认缴的出资数额。

（四）有限合伙人的权利

《合伙企业法》规定：有限合伙人不得以劳务对合伙企业出资；有限合伙人不执行合伙事务，不得对外代表有限合伙企业。

同时，《合伙企业法》对有限合伙人的权利也作出了规定："有限合伙人的下列行为，不视为执行合伙事务：（一）参与决定普通合伙人入伙、退伙；（二）对企业的经营管理提出建议；（三）参与选择承办有限合伙企业审计业务的会计师事务所；（四）获取经审计的有限合伙企业财务会计报告；（五）对涉及自身利益的情况，查阅有限合伙企业财务会计账簿等财务资料；（六）在有限合伙企业中的利益受到侵害时，向有责任的合伙人主张权利或者提起诉讼；（七）执行事务合伙人怠于行使权利时，督促其行使权利或者为了本企业的利益以自己的名义提起诉讼；（八）依法为本企业提供担保。"

（五）有限合伙人有限责任保护的免除

《合伙企业法》规定：第三人有理由相信有限合伙人为普通合伙人并与其交易的，该有限合伙人对该笔交易承担与普通合伙人同样的责任，即对该笔债务承担无限连带责任。

（六）有限合伙企业不同于普通合伙企业的其他规定

《合伙企业法》对有限合伙企业作出了一些不同于普通合伙企业的规定，主要包括：

（1）如果合伙协议有约定，有限合伙企业可以将全部利润分配给部分合伙人。

（2）除合伙协议另有约定外，有限合伙人可以同本有限合伙企业进行交易。

（3）除合伙协议另有约定外，有限合伙人可以自营或者同他人合作经营与本有限合伙企业相竞争的义务。

（4）除合伙协议另有约定外，有限合伙人可以将在有限合伙企业中的财产份额转让或者出质，而不必经全体合伙人一致同意。

（5）作为有限合伙人的自然人在有限合伙企业存续期间丧失民事行为能力的，其他合伙人不得因此要求其退伙。

（6）作为有限合伙人的自然人死亡、被依法宣告死亡或者作为有限合伙人的法人及其他组织终止时,其继承人或者权利承受人可以依法取得该有限合伙人在有限合伙人企业中的资格。

六、关于特殊的普通合伙

《合伙企业法》在普通合伙企业一章中以专节"特殊的普通合伙企业"对专业服务机构中合伙人的责任作出了特别规定。

(一)特殊的普通合伙企业的适用范围

《合伙企业法》规定,以专业知识和专门技能为客户提供有偿服务的专业服务机构,可以设立为特殊的普通合伙企业,适用本法关于特殊的普通合伙企业的责任规定。

《合伙企业法》在附则中专门作出规定,非企业专业服务机构依据有关法律采取合伙制的,其合伙人承担责任的形式可以适用本法关于特殊的普通合伙企业合伙人承担责任的规定。

(二)对特殊的普通合伙企业的公示要求

《合伙企业法》规定,特殊的普通合伙企业名称中应当标明"特殊普通合伙"字样。

(三)特殊的普通合伙企业合伙人的责任形式

这是特殊的普通合伙企业制度的最关键的内容,《合伙企业法》规定:特殊的普通合伙企业,一个合伙人或者数个合伙人在执业活动中因故意或者重大过失造成合伙企业债务的,应当承担无限责任或者无限连带责任,其他合伙人以其在合伙企业中财产份额为限承担责任。合伙人在执业活动中非因故意或者重大过失造成的合伙企业债务以及合伙企业的其他债务,由全体合伙人承担无限连带责任。

(四)对特殊的普通合伙企业债权人的保护

《合伙企业法》专门规定了对特殊的普通合伙企业债权人的

保护制度，即执业风险基金制度和职业保险制度：特殊的普通合伙企业应当建立执业风险基金、办理职业保险，执业风险基金用于偿付合伙人执业活动造成的债务，执业风险基金应当单独立户管理，执业风险基金的具体管理办法由国务院规定。

（五）特殊的普通合伙企业实质上仍然是普通合伙企业

《合伙企业法》规定，特殊的普通合伙企业，本法未作规定的，适用本法关于普通合伙企业的规定。

（六）故意或重大过失的判断标准

（1）判断标准来自监管部门和法院。

（2）专业机构的概念：国务院清理整顿经济鉴证类社会中介机构领导小组发布的《关于经济鉴证类社会中介机构与政府部门实行脱钩改制的意见》对经济鉴证类社会中介机构的定义是：利用专业知识和专门技能对经济组织或经营者的经济活动及有关资料进行鉴证，发表具有证明效力的意见，实行有偿服务并承担相应法律责任的机构或组织；利用专业知识和专门技能接受政府部门、司法机关的委托，出具鉴证报告或发表专业技术性意见，实行有偿服务并承担法律责任的机构或组织；利用专业知识和专门技能，为经济组织或经营者代理委托事项，出具证明材料，实行有偿服务并承担相应法律或其他责任的机构或组织。

（3）以下情况不能免责：合伙人本身的不当行为，参与雇员的不当行为，一般负债。

第四节　支持大学生创新创业的企业创设相关法律的完善

一、我国公司、企业立法的现状与不足

（一）《公司法》对创业公司股权激励的适用面临障碍

1. 《公司法》对人力资本出资的否定

人力资本作为特殊的非货币资本，是由人力资本所有者的专业技能、知识经验、人脉资源甚至健康水平等诸多因素组成的综合体。[①] 首先，人力资本具有专用性。随着社会分工的不断细化，某一领域的专业人才不断积累其专业的技术、才能或掌握特定信息，逐步形成针对特定领域的专用人力资本。其次，人力资本具有人身依赖性，与其所有者不可分割，只有其所有者才能使用和支配，难以通过转让方式取得，只有依靠实践和经验的积累。因此，人力资本所有权无法转让，只能转让其使用权。再次，人力资本是无形的，并且随着时间变化。人力资本是其所有者的知识、技能、经验等，这些都是无形的，没有固定形态。人力资本的价值随着其所有者年龄的增长、身体状况的变化和时间、实践的积累而变化。

《公司法》（2013）第二十七条规定股东以非货币财产出资的，应当是可以用货币估价并可以依法转让的。第二十八条规定

[①] 樊桂沅. 公司法修改背景下有限责任公司人力资本出资的法律问题研究[D]. 兰州：甘肃政法学院，2015.

股东以非货币财产出资的,应当依法办理其财产权的转移手续。由于《公司法》的上述规定,人力资本若作为非货币财产出资则存在评估、转让与缴付的障碍。《公司注册资本登记管理规定》(2014)第五条规定"股东不得以劳务作价出资",从而直接否定了人力资本作为股东出资在工商系统登记的可能性。

综合来看,无论是《公司法》还是《公司注册资本登记管理规定》都对人力资本出资持否定态度,导致创业公司实施股权激励时难以用人力资本代替现金出资,在激励对象缺乏足够资金认购获授股权的情况下,成为创业公司实施股权激励的一个障碍。

2.《公司法》对有限责任公司股权回购态度不明

股权回购是指股东与公司经协商一致,由公司支付相应价款,受让股东所持股权的行为。[①] 对于有限责任公司,我国《公司法》第七十四条规定针对异议股东的股权回购请求权,若发生该条规定三种情形之中的任一情况,股东可以请求公司回购其股权。但实践中常会出现第七十四条规定之外的情形,如前文所述创业公司股权激励对象即公司股东与公司签订股权回购协议,对此类回购条款公司法并未明确规定其是否有效

从理论上讲,《公司法》虽未明确支持有限责任公司股权回购行为,但也没有明确禁止其回购股权,理应根据意思自治原则,由公司与股东自行协商确定。然而,公司回购股权很可能导致资本变化,尤其是创业公司持续实施股权激励下,股权回购频繁,公司无法持有自身股权而频繁变更注册资本,此种情况下,在司法实践中易被认定为突破《公司法》资本三原则而被认定为无效。虽然《公司法》取消了最低注册资本规定,但纵观《公司法》通篇其余条款的规定,仍然可以看到其对资本确定、资本维

---

① 李洪伟. 股权回购案例分析——对京辰公司诉华商公司一案的分析[D]. 重庆:西南政法大学,2012.

持、资本不变三大原则的坚持。例如第三十条规定的"股东以货币资金以外的财产出资的,若实际价值低于章程约定,该股东需补足价差,其他股东承担连带责任",第三十五条规定的"股东完成出资缴付后不得抽逃出资",第一百十六条规定的"股东分配的利润属于公司弥补亏损和提取法定公积金之前的须返还";第九章规定的"公司合并、分立、减资时,须通知债权人并在报纸上公告"等。从上述公司法的态度来看,若完全放开有限责任公司股权回购,股权注销可能造成公司资本减少,进而突破资本三原则。

综合来看,《公司法》并未明确支持有限责任公司回购股权。股权回购协议效力不明导致创业公司实施股权激励时激励对象股权退出难以保障,从而降低了激励对象参与股权激励的积极性,创业公司通过股权激励稳定、激励团队的效果大打折扣。

3.《公司法》对法定资本制的坚持

授权资本制下,公司设立时只需在章程中载明资本总额,无需所有股东足额认缴,未认缴部分授权公司董事会根据公司发展需要后续发行。授权资本制的优点在于资金利用率高,只需认缴公司当下需要的资本,不会造成公司多余资本的闲置,而后续随着公司资本需求增加时,增资程序简便,满足了公司经营与市场经济对效率的要求。但授权资本制也容易导致债权人和交易方的不信任,尤其是在缺乏信用的环境下。

法定资本制是大陆法系国家普遍采用的资本制度,对欧洲及亚洲国家公司资本制度的选择具有重大影响。[①] 法定资本制下,公司设立时各股东必须认足公司所有资本额,公司设立后若需要增资或减资必须经股东会决议等法定程序,变更公司章程和工商

---

① 周友苏. 新公司法论 [M]. 北京:法律出版社,2006.

登记。法定资本制的核心是公司资本三大原则，即资本确定、资本维持和资本不变。资本确定要求公司设立时须在章程中明确公司资本额，资本维持要求公司存续中须市场维持公司财产与公司资本相当，资本不变要求公司变更资本须经过严格的法定程序。法定资本制的重点是突出公司资本的真实性，以保护债权人和公司交易的安全。但是法定资本的严格要求，尤其是增资程序烦琐，导致效率的降低是显而易见的。

我国 1993 年随着《公司法》的出台确定了沿用至今的法定资本制度。当时我国正处于改革开放不久，社会主义市场经济体制刚确立，对市场经济认识不足，带有较大的国家管制思想，加之信用环境恶劣，大量皮包公司出现导致经济混乱，因此公司法选择了重保护交易的严格的法定资本制。后来，随着经济社会的发展，我国公司法先后经历了 2005 年、2013 年两次大的修改。2013 年公司法修改后确定了实缴到认缴的改变，取消了股东两年内缴足的强制规定，取消了公司最低注册资本要求，出资比例也交由股东自行协商确定。

2013 年公司法的修正虽是对传统公司资本制度是一个巨大的突破，但其本质仍是法定资本制。新公司法只是改变了股东承担出资义务的期限，股东仍须足额认缴所有资本额，且须承担其认缴额的实缴义务。新的制度在一定程度上提高了效率，但其重心仍然是保护交易安全。新公司法没有授予董事会发行股份的权利，公司资本仍需在设立时一次性发行完毕，后续增资时仍需股东会决议通过并修改章程，变更工商登记，因而不存在授权资本下公司资本的放宽。

综合来看，2013 年修改后的公司法仍然坚持了法定资本制度。法定资本制下，创业公司实施股权激励需经过烦琐的内部股东会决议，修改公司章程，办理工商变更登记，而随着创业公司快速发展，需要频繁、持续实施股权激励的情况下，极大地增加了公司与股东的负担和成本。因此,法定资本制也成为创业公司实施股权激励的一个障碍。

(二) 我国《合伙企业法》关于转变企业组织形式的规定过于粗略

现行《合伙企业法》第四十八条第二款规定:合伙人被依法认定为无民事行为能力人或者限制民事行为能力人的,经其他合伙人一致同意,可以依法转为有限合伙人,普通合伙企业依法转为有限合伙企业。其他合伙人未能一致同意的,该无民事行为能力或者限制民事行为能力的合伙人退伙。第五十条第三款规定:合伙人的继承人为无民事行为能力人或者限制民事行为能力人的,经全体合伙人一致同意,可以依法成为有限合伙人,普通合伙企业依法转为有限合伙企业。全体合伙人未能一致同意的,合伙企业应当将被继承合伙人的财产份额退还该继承人。第七十五条规定:有限合伙企业仅剩有限合伙人的,应当解散;有限合伙企业仅剩普通合伙人的,转为普通合伙企业。由此可见,两种合伙企业在法定或约定的条件出现时,是可以实现相互的转化,而使合伙企业组织形式随经营管理的需要及时调整,以不同的责任形式适应变化了的生产经营方面的新的需求。

由以上法律、法规的规定,可以看出我国转变企业组织形式的立法现状:《合伙企业法》虽对两类合伙企业相互转变作出许可表示,但仅为授权性规定,内容显得过于简单。由我国转变企业组织形式的立法现状,可以得出相关法律规定的最大不足,即内容太过简单,缺乏预见性与可操作性,特别是不容许不同类别商事主体间相互转型惹人诟病。根据《合伙企业法》第七十五条的规定,仅剩有限合伙人的有限合伙企业应当解散,这就彻底堵塞了有限合伙企业向投资者承担有限责任的公司企业转型的通道。因为有限合伙企业通常只是风险投资机构以及创业者所愿意采用的企业组织形式,在企业形成一定经营规模或取得可观经济效益后,合伙人就会把发展眼光投向具有法人资质、资本和规模更大的公司企业。这时,转变企业组织形式远较重设新型企业更为可行。这是因为,如果合伙人愿意把有限合伙企业转化为有限责任公司或者股份有限公司,则可避免先清算合伙企业再设立新公司的烦琐清算程序。在有限合伙企业转化为有限责任公司或者股份有限公司的同时,有限合伙人和普通合伙人也摇身一变成为公司股东,从而行使公司股东的诸项权利,包括转让股份、回收投资的权利。如果日后公司能够上市,股东更可自由地在证券交易所买卖股票。对此,立法者当然无权予以禁止。① 实践中,有限合伙企业向公司企业转型的实例并不鲜见。例如,比尔·盖茨创立的微软,就是得益于内部有限合伙的架构、外部风险资本的支持,在完成早期的资本积累之后,演变为上市公司的。②

二、我国公司、企业立法的完善建议

(一)完善《公司法》对创业公司股权激励的措施

1.《公司法》适用人力资本出资的修改探讨

第一,应设定人力资本准入制度。人力资本可以为公司带来技术创新,从而为公司持续发展提供有力的支持,因此,设定人力资本出资比例限制,对避免营运资金不足,维持公司运作,尤其是储备资金普遍不足的创业公司,实属必要。限制人力资本出资的准入,可以在立法时预见从而一定程度控制人力资本出资可能导致的风险,避免人力资本出资制度对公司经营、行业稳定甚至经济发展产生重大冲击。

---

① 刘俊海. 论有限合伙制度 [M] //王保树. 非公司企业法制的当代发展. 北京: 社会科学文献出版社, 2009: 245-246.
② 陈历幸. 我国有限合伙立法若干问题探析 [J]. 政治与法律, 2006 (1): 138.

第二，应设定人力资本出资的评估制度。人力资本评估并不是单纯的技术问题，从法律意义上来说，还需解决人力资本出资评估的规范性和价值选择。要提高人力资本评估结果的通用性和可信性，需要制定统一的评估标准。评估标准应全面考虑人力资本出资者的专业水平、技能、知识、教育等因素，同时要考虑出资者对公司可能贡献的大小，以及健康、信誉等专业技能之外的因素，进而通过科学的技术量化评估结果。人力资本的最终评估结果还应充分考虑其使用者即出资公司的意思。人力资本评估应该尊重出资者和其他股东双方的意思自治。

第三，应设定人力资本出资的维持制度。资本维持原则要求公司在日常经营中，需时常保持其公司财产与公司资本额相当。① 对公司设定资本维持原则是为了避免出现公司随意减资、过度分配公司利润等行为从而导致公司资本长期、大幅、实质性的减少，以保护交易对手、债权人等外部利益相关者的利益，同时保证公司日常经营活动的顺利开展。为了维持公司资本以保护外部利益相关者的利益，同时保证对人力资本出资者的公平，需由公司与出资人约定一定的服务期限或服务绩效。若人力资本出资者希望提前享有完全的股权权利，可以向股东会申请以货币资金或其他允许的财产来替代人力资本的缴付义务，从而成为公司完全的股东。若人力资本出资人想要退出，则必须选择可替换的物力资本以充实公司的资本。对于出资人未履行的出资义务，应当由其自己或者股权受让人以其他资本形式补缴。当然，公司原股东愿意受让人力资本股权，在同等条件下享有优先权。

第四，应设定人力资本出资的登记制度。《公司法》第二十八条规定：实物出资，交付动产的，应移交实物；交付不动产的，应办理所有权或使用权转让的登记手续。《公司法》将股东

---

① 赵旭东. 公司法学 [M]. 4 版. 北京：高等教育出版社，2015.

出资缴付区分为货币资产和非货币资产。人力资本亦属于非货币资产，理应按照实物出资的规定，办理移交或转让登记。但人力资本完全由其所有者支配，所有权没法转移，只能转让使用权。因此，如不动产所有权与使用权转让登记制度，理应建立人力资本所有权及使用权的转让、出资的登记制度：以人力资本使用权出资的，应办理登记手续，办理登记的，视为人力资本完成认缴；待出资人按照约定完全履行，完毕出资义务即完成约定期限或绩效，则办理注销登记，公示其已完成实缴，清除其义务负担，允许自有转让。[①] 人力资本登记制度，对政府部门来说，有利于司法在裁判时能更清晰地确定权属问题，有助于工商行政管理部门公示人力资本出资情况，防止重复出资，虚假出资。对公司来说，人力资本使用权办理登记手续后，能有效证明公司享有该使用权，可作为公司主张对人力资本相关权利的基础。对外部利益相关者来说，人力资本登记制度及其公示有利于其了解公司资本构成，相关人力资本权属状况、出资程度等信息，从而为其交易提供有力参考。

第五，应设定人力资本出资的责任制度。与其他出资形式一样，人力资本出资认缴后需承担后续实缴义务。用于出资的人力资本经评估后即以等量的货币资金所表现，也就意味着经评估后的人力资本其出资效果与评估额等额的货币出资效果是相同的。因此，公司破产清算时未足额缴付的出资是能量化且可用货币资金替代的。适用《最高人民法院关于适用〈中华人民共和国公司法〉若干问题的规定（三）》第十三条第二款的规定，人力资本与其他出资形式一样，出资人负有未履行或者未全面履行缴付义务的补充清偿责任。虽然债权人或清算小组无法将人力资本变现

[①] 邹明慧. 资本制度改革背景下的人力资本出资问题研究[D]. 南京：南京大学，2015.

抵债，但可以要求出资股东以货币资金或其他财产替代人力资本，从而尽补充清偿责任。

随着我国经济社会的发展以及国家提倡产业转型升级，高新技术初创企业不断涌现，技术人才作为这些企业关键要素，不论是技术人才本身还是企业都希望能以其人力资本出资，从而实现双方利益一致，推进企业快速发展。借鉴域外立法经验及我国各地政府的实践经验，在完善相关配套制度的基础上可以有限度地放开人力资本出资，以应对不断积累的市场需求。

2. 《公司法》适用有限责任公司股权回购的修改探讨

首先，应设定股权回购的限制制度。①从适用条件上进行限制：德国《有限责任公司法》在资本维持原则的基础上全面放开股权回购的适用范围，体现了有限责任公司人合性的特征。以适应经济需求的角度，不宜为有限责任公司的股权回购设置过多限制，但也不可能毫无限制地完全放任。①借鉴德国立法，下述情形的股权回购理应被限制。在公司资不抵债或到期不能偿付债务时不能回购股权，该条规定是为了保证外部债权人的利益；对仍未完全出资实缴的股东，公司不能回购该股东股权，该条规定是为了保证其他完成实缴出资股东的利益，同时保证资本维持原则。②回购资金的限制：限制股权回购主要是担心公司资本损害导致第三人利益受损。所以公司回购股东股权时，应对公司用于股权回购的资金来源进行限制。此部分规则可以参考公司法针对股份有限公司的规定：股份公司回购股份的资金来源必须是公司的税后利润。因为公司的公积金属于其自有资本，是公司用来实现资本积累的，这也是公司法的强制性规定，属于资本维持原则

---

① 王雪飞. 我国有限责任公司股权回购制度研究 [D]. 北京：北京化工大学，2015.

的体现。如果公司实施股权回购使用公司公积金，则违背了公司法规定的公积金用途，违反了公司法强制性规定。公司资本应得到充足的保障，它是公司经营与交易的需要，也是保障公司股东利益的基础。① 所以公司回购股权的资金来源应仅限于税后利润，而不能使用自有资本的公积金。

其次，应明确股权回购的程序。①信息披露：有限责任公司股权回购涉及公司、股东与债权人的利益，若不完善信息披露可能引发潜在纠纷。信息披露制度对在公司信息获取能力中处于弱势的交易对手、债权人的利益保护上具有预防作用。② 对获取公司信息能力具有优势地位的主体设置一定程度的限制，将强势主体义务的承担与弱势群体利益的保护相结合，有利于平衡各方利益。因此，应将信息披露作为股权回购的必要程序，公司应该向其交易对手、债权人、其他股东等利益相关方公告以下信息：回购该股东股权的目的，回购价格及其计算依据，回购股权对公司、股东、债权人等各利益相关方可能造成的影响。②决策机关：有限责任公司注重人合性，公司章程是各股东（发起人）间的自治性规则，决定是否回购股权的机关理应由章程约定，公司章程可以约定是否回购股权由公司股东会决定，也可以约定由公司董事会决定。若章程未约定，由董事会决定，这样有助于降低股权回购行为的成本，提高效率，尤其是对创业公司来说，灵活和效率是其重要的诉求。③股权处理：股权回购后，若公司持有股权即同时拥有股东与公司的身份，导致身份混同，有违法律逻辑，因此公司完成股权回购后应及时办理股权转让或注销。按照公司回购股权目的的不同应有不同的处理规定。针对异议股东请求回购的股权或经公司与股东平等协商回购的股权，公司回购后应

---

① 刘俊海. 现代公司法 [M]. 北京：法律出版社，2011.
② 许开颜. 有限责任公司股东退出机制研究 [D]. 重庆：重庆大学，2014.

尽快办理注销,并作减资处理,或者将该股权转让给公司其他股东。注销并办理减资的应遵守公司法等法律法规对注销、减资程序的规定,保障债权人等利益相关者的利益。针对创业公司等有股权激励需求的,公司回购股权后可参照股份有限公司相关规定,在一年内将此部分股权奖励给公司员工。

3. 《公司法》引入授权资本制度的修改探讨

授权资本制在提供公司经营效率,激活市场活力上具有明显的优势,但我国当前的信用环境和法律环境暂还不适合立即引进授权资本制。为了更好地引进授权资本制还需进一步完善相关制度。

首先,应完善法人人格否认制度。股东有限责任与公司法人人格独立是对股东利益的保护,促进投资,但反过来可能会被股东利用[①],以公司的名义谋取自身利益,损害债权人等外部利益相关方的权益。授权资本制为了充分发挥公司效率价值,取消最低注册资本,允许股东延期实缴,分次发行,因此可能导致公司资本显著不足,出资不实等资本瑕疵。为了应对这些资本瑕疵,保护债权人利益,各国公司法都设立了法人人格否认制度,作为股东利用公司法人地位逃避债务损害债权人的救济手段。我国《公司法》(2013)第二十条设立了公司法人人格否认制度。但是该条文只是做了原则性的规定,未有具体的实施细则,不利于法人人格否认的具体适用,应明确具体的适用情形,把资本显著不足作为适用的标准之一。

公司法应列举适用公司法人人格否认的情形。如公司成立后未按章程约定缴纳出资导致资本不足或者公司成立后抽逃出资,侵害债权人利益的,应适用公司法人人格否认。同时应明确资本

---

① 董硕. 我国公司资本制度研究 [D]. 长春:吉林财经大学,2015.

不足的标准。如根据公司所在行业及公司规模对应的普遍经验判断其当前资本状况会引致经营风险的应被认定为资本不足。综合来说，公司法人人格否认制度可在公司资本显著不足导致债权人利益受损时发挥重要作用，一方面对股东起警示作用，预防出资不足，同时对违规股东进行惩罚，为受侵害的公司和债权人提供救济。因此，若要引入授权资本制，完善的法人人格否认制度为不可或缺。

其次，进一步完善信息公示制度。授权资本制下，债权人的保护由资本信用转为资产信用。因此，制定完善的公示制度以便于债权人了解公司真实经营状况与资产状况是授权资本所必需的。

我国2014年修改的《企业法人登记管理条例实施细则》对企业登记事项进行了详细规定，同年8月，国家工商总局开通了全国企业信用信息公示系统，提供在线查询各类市场主体的工商登记信息、资产抵质押情况、政府行政处罚、经营异常及严重违法信息。这是我国建立企业信息公示制度的一大步，但是该公示体系建立不久，仍有许多需完善的地方。目前来看，公示平台公示内容仅仅局限于企业在工商系统的基础信息，而对于债权人利益至关重要的财务信息、资产信息、纳税信息、担保信息、信用状况、司法信息等均未涉及。上述相关信息分散在工商、税务、人行、法院等政府部门，只需利用计算机网络技术进行数据归集即可满足债权人查询的需求。当然，出于保护公司隐私的目的，亦可探讨利用计算机软件技术，在公司授权的情况下向特定债权人公示。此外，可借鉴美国信用评级制度，在法律允许的范围内，利用大数据技术采集公司经营信息、财务资产信息及资信信息进行征信分析，并对征信结果进行监管、公示和查询，以便债权人或交易对手快速了解公司信用水平。当然，仅有信息公示制度是不够的，必须配合建立虚假信息惩戒制度。信息公示制度的前提是公示信息的真实性和完整性，但公司与股东作为市场参与主体，必然以其自身利益为出发点，故而难以保证公示信息的准确完整。应建立民事责任、行政责任与刑事责任相结合的惩戒制度，以防止虚假信息的报送。另外，实践中也可能出现登记管理部门的不作为甚至合谋虚假登记。若登记机关无故延迟登记或怠于公示，导致信息更新滞后，可能造成债权人重大利益损失。因此，对相关政府机关不作为或滥用职权造成债权人损失的建立惩罚和赔偿机制。

（二）完善《合伙企业法》关于转变企业组织形式的措施和建议

1. 现行《合伙企业法》应对合伙企业转变企业组织形式作出概要规定

根据现行《合伙企业法》第四十八条、第五十条和第七十五条的规定，普通合伙企业与有限合伙企业间可以相互转型。但是，对于普通合伙企业转为特殊的普通合伙企业或者个人独资企业，有限合伙企业转为有限责任公司、股份有限公司等情形，未能作出明确规定。同时，对于两类合伙企业间相互转型的条件及程序等问题，也都"视若无睹"。该法只对合伙企业转变企业组织形式作出了一些简单得不能再简单的规定，不利于法意理解和实务操作。比如，对于有限合伙企业仅剩的普通合伙人而言，若其只有一个，或者其虽为两个，但其中一人个人丧失偿债能力，或者依法被认定为无民事行为能力人或限制民事行为能力人，该有限合伙企业如何能转型为普通合伙企业？现行《合伙企业法》未能就此类问题作出积极回应。

考虑到我国尚无一部关于转变企业组织形式的专项法规，现行《合伙企业法》可以借鉴《公司法》的规定，只对合伙企业转变企业组织形式的路径、条件及合伙企业债的处理等事项作出概要规定即可,其他问题可在日后出台的专项法规中加以明确。这样一来,不仅是合伙企业,其他类型的企业也都可以依法转变其组织形式,使投资者在企业组织形式上享有更多的选择自由,这对优化资源配置,推进经济发展有着强烈的现实意义。

2. 合伙企业转变企业组织形式的条件要求及合伙企业债的处理

合伙企业转变企业组织形式是在不中断合伙企业营业的前提下,实现企业组织形式快捷转变的过程,实质上就是将合伙企业解散和创设新型企业两个独立的法律行为合二为一,不经解散、清算和重设环节,在维持企业永续性的同时,力促合伙企业转变企业组织形式的目标高效实现。有学者言:公司制企业与非公司制企业转换过程中可以通过原企业的解散、清算和注销程序进行,在此基础上再按投资者的意愿重新开办设立新的企业,即先行退出(注销),然后按拟定的企业类型设立登记。这种做法虽保障了交易安全,但制度成本过大,且不利于组织体的稳定。因此,理性的做法是在不违反法律规定,并能稳妥地解决投资者、经营者、债权人这些利益相关者利益的基础上,通过变更企业组织体达到维持企业组织体稳定之目的。① 其最大利处在于简化程序与降低成本,接近和达成博弈论中的帕累托最优,以最终实现社会资源的优化配置。

无论合伙企业转变为何种企业组织形式,都可以在一定程度上看作解散原企业创设新企业的过程。因此,合伙企业在转变企业组织形式时,应符合拟转变的企业组织形式的法定设立要件,否则,就会出现企业创设上的"差别待遇",这对初次设立该类企业的投资人是极不公平的。同时,合伙企业转变企业组织形

---

① 郑曙光. 中国企业组织法理论评析与制度构建 [M]. 北京:中国检察出版社,2008:34.

式,也可看作是在原合伙企业的基础上创建新的企业组织形式,这就意味着该合伙企业并未丧失其市场主体资格,它不过是以全新姿态存在于社会现实中而已,与原合伙企业有关的债权债务关系并不消灭,它将自然延续,由转变后的企业组织形式承受。

综上,现行《合伙企业法》可以在第一章《总则》中新设一条(共四款),对合伙企业转变企业组织形式作出规范,内容为:第××条合伙企业可以转变为其他企业组织形式。合伙企业转变为其他企业组织形式的具体情形有:①普通合伙企业、特殊的普通合伙企业和有限合伙企业间相互转变;②普通合伙企业或者有限合伙企业转变为个人独资企业;③普通合伙企业或者有限合伙企业转变为一人有限责任公司;④普通合伙企业或者有限合伙企业转变为有限责任公司;⑤普通合伙企业或者有限合伙企业转变为股份有限公司;⑥普通合伙企业或者有限合伙企业转变为其他企业组织形式。合伙企业转变为其他企业组织形式,应当符合拟转变的企业组织形式的法定设立条件。合伙企业转变为其他企业组织形式的,其转变前的债权、债务由转变后的企业组织形式承继。合伙企业转变为其他企业组织形式的条件和程序,除法律、法规有规定的外,可以由合伙协议约定。

第三章　支持大学生创新创业的企业融资相关法律

企业融资是指一个企业的资金筹集的行为与过程，也就是公司根据自身的生产经营状况、资金拥有的状况以及公司未来经营发展的需要，通过科学的预测和决策，采用一定的方式，从一定的渠道向公司的投资者和债权人去筹集资金，组织资金的供应，以保证公司正常生产需要的经营管理活动的理财行为。资金是企业体内的血液，是企业进行生产经营活动的必要条件，没有足够的资金，企业的生存和发展就没有了保障。

第一节　中小企业促进法

《中小企业促进法》于2002年6月29日第九届全国人民代表大会常务委员会第二十八次会议通过。2017年9月1日第十二届全国人民代表大会常务委员会第二十九次会议修订。新修订的《中小企业促进法》是中小企业主管部门依法促进中小企业发展的根本遵循，法律的顺利颁布对我国3000万中小企业和广大中小企业工作者而言是一个里程碑。

《中小企业促进法》的立法宗旨主要体现在以下几个方面：

第一，改善中小企业经营环境，保障中小企业公平参与市场竞争。

中小企业在经济生活中的作用很重要,但是在生产经营活动中却没有得到足够的尊重,权益时常受到侵害,受到不公平的待遇,有时还会受到来自大型企业的排挤,等等。因此,有必要从法律制度和政策上为中小企业营造好的市场经营环境。

新法注重从多个方面改善中小企业的经营环境,保障其公平参与竞争。如在总则中规定,国家将促进中小企业发展作为长期发展战略,坚持各类企业权利平等、机会平等、规则平等,为中小企业创立和发展创造有利的环境。在市场开拓一章中规定,国家完善市场体系,实行统一的市场准入和市场监管制度,反对垄断和不正当竞争,营造中小企业公平参与竞争的市场环境,等等。正因为中小企业的生存和发展需要良好的环境,营造良好的经营环境和保障中小企业公平参与竞争,也是促进中小企业发展的根本所在,因此,新法将改善中小企业经营环境,保障中小企业公平参与市场竞争作为首要的立法目的。

第二,维护中小企业合法权益。

实践中,许多中小企业反映自身权利得不到有效保护,面临负担重、维权难的问题。一是来自行政机关的各类检查、评比多,行政审批事项流程烦琐,存在乱收费、乱摊派现象,干扰了企业正常生产经营,增加了企业负担;二是一些大企业滥用市场支配地位,长期拖欠中小企业大量资金,导致中小企业销售回款难;三是缺乏正规有效的维权渠道维护自身的合法权益,维权成本过高。

新法针对这些问题作了有针对性的规定,并增加权益保护一章作专章规定。维护中小企业合法权益,是促进中小企业健康发展的重要方面。只有中小企业的合法权益得到了保护,才能使中小企业的作用得到更好的发挥。因此,新法将维护中小企业合法权益作为修法重点和指导思想,并在立法目的中增加了这一规定。

第三,支持中小企业创业创新。

中小企业是推动创新的生力军。近年来,我国70%以上的发明专利是由中小企业完成的。当前,中小企业创新活动更加活跃,创新领域更加广泛,不仅在原有的传统产业中保持着旺盛活力,而且在信息、生物、新材料等高新技术产业和信息咨询、工业设计、现代物流、电子商务等服务业中也成了新兴力量。目前,中小企业已占全国经济总量的半壁江山以上,要完成转变发展方式、提高发展质量的任务,就必须大力支持中小企业发展,充分调动中小企业在促进经济发展方式转变和实施创新发展战略中的重要作用。因此,新法将支持中小企业创业创新作为立法目的之一。

第四,促进中小企业健康发展,扩大城乡就业。

中小企业是改善民生和维系社会稳定的重要基础。中小企业量大面广,提供就业岗位多,吸纳就业人员多,这对缓解就业压力具有非常重要的作用。

目前,中小企业提供了80%以上的城镇就业岗位。国有企业下岗失业人员80%以上在中小企业实现了再就业,大量农民工主要在中小企业务工。近年来不少高校毕业生也把中小企业作为就业的重要选择,相当数量的军队退役人员在中小企业实现就业。随着自动化程度越来越高,大企业在提高生产效率和增加财政收入方面作用突出,但在解决就业方面的作用却逐渐减小。可以看出,缓解就业压力,解决就业难题,真正实现大众创业,中小企业功不可没。

因此,只有促进中小企业健康发展,才能很好地实现中小企业扩大城乡就业的功能。这是本法的立法目的之一。

第五,发挥中小企业在国民经济和社会发展中的重要作用。

中小企业是保持国民经济平稳较快发展的重要力量,在改革开放中的作用日益增强。中小企业是数量最大、最具活力的企业群体，是社会主义市场经济的重要组成部分，是我国实体经济的重要基础。同时，中小企业创造的最终产品和服务价值已占到国内生产总值的 60%，纳税额约为国家税收总额的 50%。中小企业所占 GDP 比重、纳税比例，充分说明在经济建设中不仅要重视发展"顶天立地"的大企业，更要重视发展"铺天盖地"的中小企业。

发展中小企业，使广大人民群众从发展中得到实惠，过上更加富裕的生活，有利于促进社会的和谐安定。因此，促进中小企业健康发展，发挥中小企业在国民经济和社会发展中的重要作用，是立法的最终目的。

一、中小企业的定义

《中小企业促进法》第二条规定：本法所称中小企业，是指在中华人民共和国境内依法设立的，人员规模、经营规模相对较小的企业，包括中型企业、小型企业和微型企业。中型企业、小型企业和微型企业划分标准由国务院负责中小企业促进工作综合管理的部门会同国务院有关部门，根据企业从业人员、营业收入、资产总额等指标，结合行业特点制定，报国务院批准。

世界不同国家、不同经济发展的阶段、不同行业对中小企业界定的标准不尽相同，且随着经济的发展而动态变化。各国一般从质和量两个方面对中小企业进行定义，质的指标主要包括企业的组织形式、融资方式及所处行业地位等，量的指标则主要包括雇员人数、实收资本、资产总值等。量的指标较质的指标更为直观，数据选取容易，因此，大多数国家都以量的标准进行划分。日本在 1963 年制定《中小企业基本法》，该法规定划分中小企业可依据雇员人数和资本金额两个指标，凡具备其中之一的就属于中小企业。如规定注册资本或出资总额在 3 亿日元以下的公司及平时雇佣的员工人数在 300 人以下的公司及个人，主要经营制造业、建筑业、运输业或其他行业业务的经营者为中小企业。在美国,只有大小企业之分。按照官方——美国小企业管理局(SBA)的定义,小企业是指雇员不超过 500 人的企业。为了区别制造业和服务业的不同情况,SBA 进一步把制造业的小企业的雇员人数定在 500 人以下,把服务业的小企业的雇员人数定在 100 人以下。

按照《中小企业促进法》第二条第一款的规定,中小企业,是指在中华人民共和国境内依法设立的,人员规模、经营规模相对较小的企业,包括中型企业、小型企业和微型企业。"中小企业"的称谓最早出现是在 19 世纪末,第二次工业革命完成后,建立起了资本主义的大工业体系和现代商业体系,大企业、大公司也开始在经济生活中占据主导地位,与大企业相对应,出现了小企业的概念。中小企业是一个相对的概念,它是指相对于大企业而言,其人员规模、资产规模与经营规模都比较小的经济单位。同时中小企业也是一个动态的概念,过去被称为大企业的,现在可能只是中等企业;而现在是小企业的,若干年后可能会发展成大企业。

在我国,中小企业也是一个比较复杂的概念,不同行业会有不同的标准。对于什么是中型企业、小型企业和微型企业,《中小企业促进法》第二条没有作出具体规定。在常委会审议过程中,有意见提出,应当对中型企业、小型企业和微型企业的标准作出具体规定。考虑到三种类型企业的具体标准是按行业划分的,不同行业的中小企业划分标准是不一样的,无法作出统一的规定,因此,具体标准授权国务院负责中小企业工作综合管理的部门会同国务院有关部门制定。在审议过程中,还有意见建议将个体工商户纳入本法的调整范围。个体工商户是从事工商业经营的自然人或家庭。考虑到个体工商户具有特殊性,目前个体工商户适用《个体工商户条例》的规定,按照《个体工商户条例》登记注册，不是企业。因此，本法的调整范围不包括个体工商户。

第二条第二款对中小企业的划分标准进行了规定。按照该条规定，中型企业、小型企业和微型企业划分标准由国务院负责中小企业促进工作综合管理的部门会同国务院有关部门制定，报国务院批准。

国务院负责中小企业促进工作综合管理的部门，指的是工业和信息化部，有关部门指国家统计局、国家发展和改革委员会、财政部。本法将中小企业的划分标准，授权给工业和信息化部会同上述部门制定，并报国务院批准。2011年6月，工业和信息化部、国家统计局、国家发展改革委、财政部已经联合制定了《中小企业划型标准规定》。与之前的标准相比，新的中小企业划型标准增加了微型企业标准，企业规模类型比较完善。参照一些国家将中小企业划分为中型、小型和微型的通行做法，现标准中在中型和小型企业类型基础上，增加了微型企业标准。同时，简化指标，避免"一刀切"，体现灵活性。现行标准在指标上结合行业特点，在"从业人员、营业收入、资产总额"指标中选择一个或两个指标，简化且符合行业实际，具有灵活性和可操作性。

第二条第二款对划分标准对应当考虑的指标也作了规定，包括三个方面：

一是从业人员，即在企业中领取劳动报酬的全部人员，这是衡量企业规模大小的因素之一。

二是营业收入，营业收入是指企业在从事销售商品、提供劳务和让渡资产使用权等日常经营业务过程中所形成的经济利益的总流入，分为主营业务收入和其他业务收入。主营业务收入指的是企业经常性的、主要业务所产生的基本收入，如制造业的销售产品、非成品和提供工业性劳务作业的收入，商品流通企业的销售商品收入，旅游服务业的门票收入、客户收入、餐饮收入等。其他业务收入是指企业除商品销售以外的其他的销售及其他业务所取得的收入。它包括材料销售、技术转让、代购代销、固定资产出租、包装物出租、运输等非工业性劳务收入。

三是资产总额，资产总额是指企业资产负债表的资产总计项即指企业拥有或控制的全部资产，这些资产包括流动资产、长期投资、固定资产、无形及递延资产、其他长期资产等。有的行业只考虑营业收入，有的行业考虑营业收入和从业人员，有的行业考虑资产总额和营业收入，各个行业考虑的指标不一样，各个行业都有各自的特点，因此，除了要考虑企业的从业人员、营业收入和资产总额以外，还要结合行业特点。

按照工业和信息化部、国家统计局、国家发展和改革委员会、财政部四部门制定的《中小企业划型标准规定》，中小企业划分为十六个行业，包括农、林、牧、渔业，工业（包括采矿业，制造业，电力、热力、燃气及水生产和供应业），建筑业，批发业，零售业，交通运输业（不含铁路运输企业），仓储业，邮政业，住宿业，餐饮业，信息传输业（包括电信、互联网和相关服务），软件和信息技术服务业，房地产开发经营，物业管理，租赁和商务服务业，其他未列明行业（包括科学研究和技术服务业，水利、环境和公共设施管理业，居民服务、修理和其他服务业，社会工作，文化、体育和娱乐业等），各个行业的划分标准都有自己的特点，划分以统计部门的数据为依据。

二、促进中小企业发展的战略、原则和方针

《中小企业促进法》第三条规定：国家将促进中小企业发展作为长期发展战略，坚持各类企业权利平等、机会平等、规则平等，对中小企业特别是其中的小型微型企业实行积极扶持、加强引导、完善服务、依法规范、保障权益的方针，为中小企业创立和发展创造有利的环境。

(一)国家将促进中小企业发展作为长期发展战略

"十三五"时期,国内外经济发展形势依然错综复杂。从国际看,世界经济深度调整、复苏乏力,外部环境的不稳定不确定因素增加,中小企业外贸形势依然严峻,出口增长放缓。从国内看,发展阶段的转变使经济发展进入新常态,经济增速从高速增长转向中高速增长,经济增长方式从规模速度型粗放增长转向质量效率型集约增长,经济增长动力从物质要素投入为主转向创新驱动为主。新常态对经济发展带来新挑战,中小企业遇到的困难和问题尤为突出。面对国际国内经济发展新环境,"十三五"时期,中小企业依然面临着较大的经营压力,资本、土地等要素成本持续维持高位,招工难、用工贵以及融资难、融资贵等问题仍有待进一步缓解,传统产业领域中的大多数中小企业处于产业链中低端,存在高耗低效、产能过剩、产品同质化严重等问题,盈利能力依然较弱,转方式、调结构任务十分艰巨。因此,促进中小企业发展是一项长期的任务,要将促进中小企业发展作为长期发展的战略。工业和信息化部已于2016年制定了《促进中小企业发展规划(2016—2020年)》,目的是推进供给侧结构性改革,优化发展环境,推动大众创业万众创新,促进中小企业实现持续健康发展。

(二)坚持平等原则

第三条规定了"三个平等",即坚持各类企业权利平等、机会平等、规则平等,要保障中小企业能够公平参与市场竞争,就必须要保障中小企业与其他企业享有平等的地位,享受平等的待遇。

党的十八届三中全会提出"三个平等"的理念,即权利平等、机会平等、规则平等。三中全会将这个理念推向制度建设,强调公有制经济和非公有制经济都是社会主义市场经济的重要组成部分，都是我国经济社会发展的重要基础，公有制经济财产权不可侵犯，非公有制经济财产权同样不可侵犯。第三条规定正是落实十八届三中全会精神在法律上的具体体现。

按照第三条的规定，要坚持三个方面的平等。

一是权利平等，包括政治平等、经济平等和社会平等。具体表现为中小企业与其他企业享有同等的财产权，享有同等的身份与尊严，享有同等的法律地位，民事权利受到平等的法律保护等。实践中，民营企业特别是中小企业和国有企业在行业准入、关键资源获取、融资贷款、财产安全保障等方面都或多或少地存在权利不平等的情况。在混合所有制经济中，民营的中小企业话语权的不平等也是权利不平等问题的一个突出表现。因此，强调权利平等是平等原则中的一个重要方面。

二是机会平等。机会平等是指在面对有利的时间情景下，每个人都有能力利用这种有利条件，并且在抓住这种条件的时候不存在先后和不受其他任何人为因素影响，机会平等又称机会均等，是一种理想状态。中小企业在发展中普遍处于"机会劣势"，除了规则和权利等方面的因素外，政策信息不对称、对国家政策掌握不及时也是影响中小企业机会把握能力的重要原因，因此，需要通过制度保障中小企业的机会平等。对此，本法也规定了一些具体措施，如第三十八条规定，国家完善市场体系，实行统一的市场准入和市场监管制度，反对垄断和不正当竞争，营造中小企业公平参与竞争的市场环境。

三是规则平等。规则是一个宽泛的概念，包括了所有的法律、政策、制度、规定等。一般而言，规则必定是经过慎重考虑，经过一定的程序产生的，经过实践的检验，用于规范人们的行为。法治社会的一个基本命题就是规则平等，规则对于任何人都是平等的，不能超越，更不能有例外。规则平等也称形式平等、市场平等，意即在规则面前人人平等，没有区别对待。制度是中小企业获得"又好又快"发展的规则基础,虽然政府在审批制度改革方面取得了很大的成果,但还有待进一步落地或改进,包括消除变相审批程序、进一步缩减审批事项范围等,真正实现规则平等。

（三）促进中小企业发展的方针

按照本条规定,国家对中小企业特别是其中的小型微型企业实行积极扶持、加强引导、完善服务、依法规范、保障权益的方针。

1. 积极扶持

中小企业在经济发展中的地位和作用日益突出,构建和完善政府支持体系是促进中小企业持续发展的制度保障。党中央、国务院高度重视促进中小企业发展。为了更好地促进中小企业发展,国务院相继出台了一系列的文件。2009年,国务院发布了《关于进一步促进中小企业发展的若干意见》(国发〔2009〕36号);2012年,国务院发布了《关于进一步支持小型微型于企业健康发展的意见》(国发〔2012〕14号);2014年,国务院发布了《关于扶持小型微型企业健康发展的意见》(国发〔2014〕52号)。

政府从各个方面加大对中小企业的扶持力度:一是加大对中小企业的财税扶持力度,加大财政资金支持力度,落实和完善税收优惠政策;二是加大对中小企业的融资支持力度,推进普惠金融体系建设;三是实行创业扶持;四是创新支持;五是推进职能转变,改进服务,转变政府职能,简政放权,放管结合,优化服务,进一步减轻中小企业社会负担。

2. 加强引导

对中小企业除了扶持,还要有针对地加强引导。实践中,除了外部的因素外,中小企业也存在自身的问题,如一些中小企业应加强正确的引导。对中小企业要注重加强有关的政策宣传，发挥财税政策的引导扶持作用。鼓励和引导中小企业向"专精特新"方向发展，即向专业化、精细化、特色化、新颖化发展，目的是提升中小企业的核心竞争力，促进转型升级。

3. 完善服务

政府要更多地为中小企业提供服务，要深化行政审批制度改革，减少政府对微观事务的管理，缩减政府审批范围。政府有关部门要简化程序、缩短时限、提高效率，为中小企业设立、生产经营提供便捷服务。推动建立健全权力清单、责任清单、负面清单管理模式，为企业松绑减负。推动商事制度改革，创新管理方式，激发市场活力。要大力推进服务体系建设，政府要提高中小企业服务体系的服务效率，丰富服务内容，完善服务功能。研究制定中小企业服务机构和平台的服务规范，加强小微企业创业创新基地、中小企业公共服务平台等载体能力建设，不断提高服务质量和水平。增强政策咨询、创业创新、知识产权、投资融资、管理诊断、检验检测、人才培养、市场开拓、财务指导、信息化服务等各种服务功能，重点为小型微型企业提供质优价惠的服务。

4. 依法规范

要完善有关中小企业的法律、法规建设，对中小企业的管理要依法进行，任何执法行为都要于法有据。本法也作出了明确的规定，如地方各级人民政府应当依法实施行政许可，依法开展管理工作，不得实施没有法律、法规依据的检查；任何单位不得违反法律、法规向中小企业收取费用，不得实施没有法律，法规依据的罚款，不得向中小企业摊派财物。

5. 保障权益

保障中小企业合法权益，是促进中小企业发展的重要方面。

实践中中小企业权益往往得不到保障，受到歧视，存在对中小企业乱收费、乱摊派的现象。修订的《中小企业促进法》也从不同方面强化了对中小企业权益的保障：一是规定国家保护中小企业及其出资人的财产权和其他合法权益。任何单位或者个人不得侵犯中小企业合法权益及其他合法收益。二是规定任何单位不得违反法律、法规向中小企业收取费用，不得实施没有法律、法规依据的罚款，不得向中小企业摊派财物。三是规定国家机关、事业单位和大型企业不得违约拖欠中小企业的货物、工程、服务款项。除此以外，还有一些保障权益的规定。除了法律规定以外，政府要推动建立中小企业维权机制。推动各地重视和发挥中小企业维权服务机构作用，支持中小企业服务机构帮助中小企业提高维权的意识和能力，规范市场主体交易行为，防止大企业违约拖欠中小企业货款。

以上五条方针应主要面对中小企业中的小型微型企业，由于小型微型企业是需要重点扶持的企业，因此，各项扶持政策应向小型微型企业倾斜。

对中小企业坚持三个平等原则、五个方针，政府通过不断改进服务方式，提高政府管理与公共服务能力，降低企业成本、减轻企业负担，使市场准入环境更加宽松，营造更加有利于中小企业的发展环境。《中小企业促进法》也明确规定，国家改善企业创业环境，优化审批流程，实现中小企业行政许可便捷，降低中小企业设立成本。以上这些措施都是为中小企业创立和发展创造有利的环境。

三、中小企业的守法及相关义务

《中小企业促进法》第四条规定：中小企业应依法经营，遵守国家劳动用工、安全生产、职业卫生、社会保障、资源环境、质量标准、知识产权、财政税收等方面的法律、法规，遵循诚信原则，规范内部管理，提高经营管理水平；不得损害劳动者合法权益，不得损害社会公共利益。

（一）依法经营

依法经营是每个企业应有的责任，是应履行的首要义务，是构建和谐企业的根本，是提升企业素质、提高竞争力的需要，也是企业自身持续发展的需要。

依法经营，就是要尊重法律，坚持法治思维，增强法治观念。在依法治国的新常态下，中小企业必须严格要求自己，克服急于求成、急功近利的心态，坚持用法治思维和方式从事生产经营活动、规范企业内部治理，守住企业依法经营底线。这里讲的依法，应当是大概念，包括法律、行政法规、地方性法规和规章。

依法经营，既要求企业内部生产经营活动应当依法进行，其外部的经营活动也要依法进行，要按照市场规则平等开展竞争，维护健康有序的市场秩序。除应遵守本条规定的相关法律、法规，还要遵守其他本条没有列举的有关法律、法规的规定。比如，应当遵守民法典的规定，民事主体从事民事活动，应当有利于节约资源、保护生态环境；应当遵守反不正当竞争法的规定，经营者在市场交易中，应当遵循自愿、平等、公平、诚实信用的原则，遵守公认的商业道德；经营者不得采用不正当手段从事市场交易，损害竞争对手；等等。

（二）遵守相关法律、法规的义务

企业从事生产经营活动过程中，应当遵守法律、法规的规定。这里讲的法规，包括行政法规和地方性法规。本法列举了一些企业生产经营活动中比较突出的特别要遵守的一些重要方面的法律、法规。一是关系职工人身安全、社会保障等劳动者的基本权利；二是涉及环境保护，关系到对企业外部环境以及对社会的影响；三是质量标准方面，这是关系消费者身体健康和人身安全的重要方面；四是知识产权和财政税收方面。

1. 劳动用工

其主要涉及劳动法、劳动合同法、就业促进法等法律、法规。劳动法，指调整劳动关系以及与劳动关系有密切联系的其他社会关系的法律，包括劳动者的主要权利和义务的规定，劳动就业方针政策及录用职工的规定，劳动合同的订立、变更与解除程序的规定，集体合同的签订与执行办法，工作时间与休息时间制度，劳动报酬制度，劳动卫生和安全技术规程等。劳动合同法，是具体规范劳动合同制度的法律，包括劳动合同的订立、履行、变更、解除和终止，集体合同，劳务派遣，非全日制用工等内容。除此以外，还要遵守《劳动合同法实施条例》的规定。

2. 安全生产

其主要指安全生产法、矿山安全法等。安全生产法是加强安全生产工作，防止和减少生产安全事故，保障人民群众生命和财产安全的一部法律。《安全生产法》于 2002 年 6 月制定，分别于 2009 年 8 月和 2014 年 8 月进行了修正，主要规定了生产经营单位的安全生产保障、从业人员的安全生产权利义务、安全生产的监督管理、安全生产事故的应急救援与调查处理及违反安全生产法的法律责任。企业还要遵守相关的行政法规。企业要严格按照法律、法规的规定，做好安全生产工作，防止生产安全事故的发生。

3. 职业卫生

其主要指职业病防治法。职业病防治法是 2001 年 10 月制定的，并分别于 2011 年和 2016 年进行了两次修正。职业病防治法主要规定了职业病的前期预防、劳动过程中的防护与管理、职业病诊断与职业病病人保障以及监督检查和法律责任。企业要按照法律、法规的规定,做好职业病预防,并保障职业病病人的合法权益。

4. 社会保障

其主要指社会保险法及《工伤保险条例》《住房公积金条例》等法律、法规。企业应当按照社会保险法及有关行政法规的规定,为职工缴纳养老保险、工伤保险、医疗保险、失业保险以及住房公积金等。

5. 资源环境

其主要指企业应当遵守环境保护法、海洋环境保护法、水污染防治法、大气污染防治法、固体废物污染防治法、环境噪声污染防治法、放射性污染防治法等环境保护方面的法律和水法、森林法、草原法等保护资源方面的法律以及相关的行政法规。企业应当按照法律的规定,保护资源环境,防治污染。

6. 质量标准

其主要指产品质量法、标准化法、药品管理法、农产品质量全法等。企业应当按照法律的规定,保证产品质量。

7. 知识产权

其主要指商标法、专利法、著作权法等。企业应当按照法律的规定保护自有知识产权,同时,也不得侵犯他人的知识产权。

8. 财政税收

其主要指个人所得税法、企业所得税法、车船税法、税收征收管理法等。企业应当按照法律规定,依法纳税。

市场经济是法治经济,也是诚信经济,法律素质是企业及其经营者、从业人员的基本素质。企业要做到诚信为本、守法经营,必须不遗余力地加强法治教育,增强企业主和经营管理人员、从业人员的法治观念,提高法律素质。

(三)遵循诚信原则

诚信原则，是指当事人在市场活动中应讲信用，恪守诺言，诚实不欺，在追求自己利益的同时不损害他人和社会利益，要求民事主体在民事活动中维持双方的利益以及当事人利益与社会利益的平衡。我国民法典规定，民事主体从事民事活动，应当遵循诚信原则，秉持诚实，恪守承诺。诚信是人们社会经济活动的基本道德准则。在商品经济条件下，常常发生双方利益及双方与社会一般公共利益的冲突，而诚信原则就在于谋求利益的平衡。实践中，一些中小企业不守信用，导致金融机构不愿意贷款给中小企业，这也是中小企业融资难的原因之一。因此，中小企业应当遵循诚信原则，以赢得尊重，赢得信任。

(四)规范内部管理，提高经营管理水平

企业要在激烈的市场竞争中持续发展，做大做强，归根结底还是要提高企业自身素质及其经营管理水平。现代企业的一个重要标志就是企业管理的规范化和制度化。实践中，一些中小企业管理不规范，制度不健全，没有竞争力，制约了中小企业的发展。因此，《中小企业促进法》要求企业要规范内部管理，提高经营管理水平。要推动中小企业建立现代企业制度，规范企业产权制度、治理结构和管理制度。引导中小企业树立现代企业经营管理理念，加强财务质量、安全、用工、风险等基础管理，强化精益管理、现场管理，鼓励中小企业利用信息化手段提高管理水平，降本增效。激发企业家精神，增强企业内在活力和创造力。推动中小企业管理创新。鼓励有条件的中小企业积极开展管理创新，及时总结经验，积极参加全国和地方企业管理现代化创新成果申报活动。加强管理创新实践和创新成果推广，鼓励和引导中小企业学习和借鉴国内外先进管理经验，提升管理水平。

（五）不得损害劳动者合法权益，不得损害社会公共利益

这是企业要遵守的一项义务。企业必须严格执行有关法律、法规，维护劳动者的合法权益。其主要体现为依法用工，依法签订劳动合同，安全生产，做好职业病的预防，依法为劳动者缴纳各种社会保险，同时也要维护社会公共利益。所谓社会公共利益，是指社会上大多数成员的利益，而不是哪一个单位、部门或者集团的利益，更不是某个个人的利益。社会公共利益具有广泛性和群众性。对社会公共利益的维护，将有利于公众的生活、生产、学习和工作，对社会公共利益的破坏将影响到广大群众的生产、生活与学习，给公众带来不便，等等。在我国，一般认为社会公共利益主要包括公共秩序与公共道德两个方面。具体到企业，主要要遵守有关安全生产、环境保护、产品质量等方面的法律、法规。这些同时也是企业要履行的社会责任。企业要提升依法经营的能力，增强以合法途径维护企业、员工合法权益的能力，履行法律规定的义务；要履行社会责任，积极承担社会责任有利于树立企业良好的社会形象，从而赢得信誉、赢得市场，最终实现更强更稳的发展。

四、中小企业发展的财税支持

（一）中小企业发展专项资金的设立

《中小企业促进法》第八条规定：中央财政应当在本级预算中设立中小企业科目，安排中小企业发展专项资金。县级以上地方各级人民政府应当根据实际情况，在本级财政预算中安排中小企业发展专项资金。

1. 中小企业发展专项资金的基本情况

2002年6月通过的《中小企业促进法》，确立了中小企业发

展专项资金的法律地位。根据《中小企业促进法》，2003 年中央财政预算增设中小企业科目，设立了中小企业发展专项资金。从 2004 年起，中央财政每年安排专项资金，支持中小企业技术进步、结构调整、专业化发展，改善中小企业服务环境等。2004 年至 2013 年，中央财政累计安排中小企业发展专项资金 87 亿元。

2014 年，财政部按照国务院规范中央对地方专项转移支付要求，会同有关部门将中小企业信用担保资金，地方特色产业中小企业发展资金，西藏及四川、云南、甘肃、青海四省藏区中小企业发展创业资金，科技型中小企业技术创新基金，科技型中小企业创业投资引导基金，中欧中小企业节能减排科研合作资金等统一整合，纳入中小企业发展专项资金，当年下达专项资金预算 116 亿元，用于支持中小企业科技创新、改善中小企业融资环境、完善中小企业服务体系、加强国际合作等。

2015 年，财政部在 2014 年相关资金整合基础上，对中小企业发展专项资金进行改革，改革财政资金使用方式，减少职能交叉造成的资金使用重叠现象，统筹归并分散于各部门的中小企业扶持资金，形成合力，加大对中小企业创业、创新、融资以及社会化服务的支持力度，修订印发了《中小企业发展专项资金管理暂行办法》（财建〔2015〕458 号），集中资金支持开展"小微企业创业创新基地城市示范"工作。

2015 年，中央财政安排专项资金 117 亿元，除按合同约定兑付收尾项目资金外，专项资金 70% 以上用于支持开展"双创示范"。国务院财政、工信科技、商务、工商五部门通过公开竞争选拔，将上海东新区等 15 个城市（区）纳入首批示范名单。为切实发挥示范带动作用，形成可复制、可推广的经验，15 个城市设立了绩效目标，以创业创新基地为载体，为小型微型企业提供创业创新空间，改进公共服务，对接创业担保贷款贴息等政策措施，推动商事制度改革等体制机制创新，为小型微型企业健康发展营造良好的政策环境和制度环境。目前，"双创示范"工作进展顺利，政策效果不断显现。

2016年，中央财政安排专项资金87亿元，加大对"双创示范"工作的支持力度，扩大示范政策效应。五部门通过公开竞争选拔，将北京昌平区、重庆九龙坡区等15个城市（区）纳入第二批示范名单。中央财政除了对首批"双创示范"城市继续予以支持外，还按既定标准安排专项资金50多亿元用于支持第二批示范城市推进各项工作，让更多的小型微型企业享受到国家政策扶持，更好地促进创业和创新。总的来看，中央财政安排专项资金有效地推动了中小企业创新发展和结构调整，缓解了部分中小企业融资难等问题，成效较为显著。2016年12月30日，财政部修订印发了新的《中小企业发展专项资金管理办法》，对中小企业发展专项资金的管理使用进一步作出规范。

2. 中央一级中小企业发展专项资金

中央一级的中小企业发展专项资金，是指中央财政预算安排用于优化中小企业发展环境、引导地方扶持中小企业发展的资金。中央一级中小企业发展专项资金旨在引领带动地方积极探索政府扶持中小企业的有效途径，支持改善中小企业发展环境，加大对薄弱环节的投入，突破制约中小企业发展的短板与瓶颈，建立扶持中小企业发展的长效机制。

3. 地方中小企业发展专项资金

实际中，各地方特别是省一级的地方政府，基本上都结合本地区实际情况，在财政预算中安排不同规模的中小企业发展专项资金。如2014年5月23日出台的《天津市促进中小企业发展条例》明确规定，市人民政府应当每年在财政预算中安排一定比例的资金，作为中小企业发展专项资金，重点用于中小企业服务体系、公共服务平台、信用担保体系建设和信息咨询、管理培训以及促进中小企业结构调整等事项。地方中小企业发展专项资金的设立、管理和使用,由各地方人民政府根据本地实际情况,在遵循财政资金基本管理要求的情况下,自主安排资金规模、确定支持范围等。地方设立的中小企业发展专项资金,也要体现政策导向,增强针对性、连续性和可操作性,突出资金使用重点,加大对中小微企业孵化园、科技孵化器、商贸企业集聚区等建设的支持力度。

实践中需要注意的是,除了中小企业发展专项资金外,各级人民政府财政安排的专项资金还有其他形式,比如节能专项资金、就业专项资金、可再生能源发展专项资金等。如果中小企业及相关单位、机构符合申请这些资金的相应条件,也可以按规定享受相关的专项资金支持。

(二) 中小企业发展专项资金的使用

《中小企业促进法》第九条规定:中小企业发展专项资金通过资助、购买服务、奖励等方式,重点用于支持中小企业公共服务体系和融资服务体系建设。中小企业发展专项资金向小型微型企业倾斜,资金管理使用坚持公开、透明的原则,实行预算绩效管理。

1. 中小企业发展专项资金的支持方式

中小企业发展专项资金的支持对象,按照政府机构、事业单位和企业等分类;根据支持内容的不同视情况采取不同的支持方式,主要包括资助、购买服务、奖励等形式。

(1) 资助。专项资金资助,是中央财政资金下拨的具有专门指定用途的资金,要求进行单独核算,专款专用,不能挪作他用。资助具有无偿性,政府并不因此享有受助机构的所有权,受助机构将来也不需要偿还,是受助机构直接取得的资产。但资助附有一定的条件，要求受助机构将资金用于政府指定用途，如用于服务机构为中小企业经营管理人员提供培训服务、支持中小企业技术改造、提升企业研发能力、"专精特新"发展等，但不被用于可追溯的产品成本补贴，体现了专项资金的政策导向作用，受助机构经法定程序申请取得资助后，应当按照政府规定的用途使用该项资金。

（2）购买服务。以购买公共服务的方式支持中小企业，主要是指通过发挥市场机制作用，把政府直接提供的一部分公共服务事项以及政府履职所需的服务事项，按照一定的方式和程序，交由具备条件的社会力量和事业单位承担，并由政府根据合同约定向其支付费用。在购买服务过程中，实行政府采购、合同管理、绩效评价、信息公开。随着服务型政府的加快建设和公共财政体系的不断健全，政府购买公共服务将成为政府为中小企业提供公共服务的重要方式。

（3）奖励。关于专项资金以奖励方式促进中小企业发展，近年来比较普遍实行的是"以奖代补"，即将中小企业专项资金中的一部分和奖励经费统筹管理，以奖励的方式进行分配的一种办法。具体做法是，中小企业发展专项资金不再直接补贴到具体的企业和单位，而是对符合相关产业政策的中小企业相关项目以及中小企业促进工作业绩突出的单位、机构进行奖励，以点带面，突出政策引导，激发企业创新动力和有关单位开展中小企业促进工作的积极性，最大限度地发挥专项资金使用效能。

2. 中小企业发展专项资金的支持重点

中小企业发展专项资金的支持重点，是公共服务体系和融资体系建设。根据改革要求，财政部门逐步取消竞争性领域专项资金投入，中小企业发展专项资金应重点用于公共服务体系和融资服务体系建设，为中小企业创造良好的发展环境。

（1）公共服务体系。《中小企业促进法》第四章、第五章、

第七章等对有关中小企业公共服务作出规定,其中包括国家建立健全社会化的中小企业公共服务体系,建立和完善中小企业公共服务机构和服务平台,鼓励建设和创办小型微型企业创业基地、孵化基地,推动建立和发展各类创新服务组织,鼓励包括社会机构在内的各类服务机构为中小企业提供各种服务。公共服务体系建设是中小企业发展专项资金的支持重点。各级财政应统筹安排各类服务于中小企业发展的资金,创新资金投入方式,对中小企业公共服务体系等薄弱环节予以支持。

(2)融资服务体系。支持中小企业融资服务体系建设,主要包括鼓励各类金融机构开发和提供适合中小企业特点的金融产品和服务,引导银行业金融机构向县域和乡镇等小型微型企业金融服务薄弱地区延伸网点和业务,健全多层次资本市场体系,促进中小企业利用多种方式直接融资,完善担保融资制度,支持建立中小企业政策性信用担保体系,鼓励发展针对中小企业融资的征信产品和服务等方面工作。

3. 中小企业发展专项资金的管理使用

(1)向小型微型企业倾斜。修订《中小企业促进法》的一个重要方向就是加强对小型微型企业的积极扶持。中小企业发展专项资金作为财政支持的重要手段,应当在实际使用过程中重点向小型微型企业倾斜。在这一原则要求下,各级财政部门和具体管理使用专项资金的部门、机构应当在确定支持范围、评审发放等环节体现对小型微型企业的倾斜。

(2)公开、透明原则。所有使用财政资金的部门,原则上都要公开预决算。中小企业发展专项资金的管理应当遵循公开透明、公平公正、突出重点、加强监督的原则,实行专款专项管理,确保资金使用规范、安全和高效。专项资金项目的确定要积极征求利益相关群体的意见,实行联合会审、专家评审等制度,建立科学的决策和筛选机制。除了遵守财政管理的有关要求外,还要定期向社会公开情况，确保专项资金的管理使用在阳光下运行。

（3）关于预算绩效管理。要根据预算确定的绩效目标，将中小企业发展专项资金的审批、分配、监督检查与绩效评价紧密结合，建立科学化、精细化的监管制度，提高财政专项资金的经济效益和社会效益。在中央层面，由财政部负责专项资金的预算管理和资金拨付，并对专项资金的管理情况和实施效果等开展预算监管和绩效管理。财政部会同相关部门建立定期评价和退出机制，根据实际工作需要组织开展绩效评价，并加强绩效评价结果的应用。财政部会同相关部门加强预算监管，对监管发现的问题及时督促整改，对违反规定截留、挤占、挪用专项资金的行为，依照《财政违法行为处罚处分条例》规定处理。地方财政部门应会同同级相关部门制定专项资金管理实施细则，对预算监管和绩效管理作出规定。

（三）设立中小企业发展基金

《中小企业促进法》第十条规定：国家设立中小企业发展基金。国家中小企业发展基金应当遵循政策性导向和市场化运作原则，主要用于引导和带动社会资金支持初创期中小企业，促进创业创新。县级以上地方各级人民政府可以设立中小企业发展基金。中小企业发展基金的设立和使用管理办法由国务院规定。

1. 国家中小企业发展基金的基本情况

2002年6月通过的中小企业促进法，对国家设立中小企业发展基金以及基金的组成、用途等事项作出规定。此后，国务院和有关部门陆续发布文件，对国家中小企业发展基金的设立和基金用途提出要求。如《国务院关于进一步促进中小企业发展的若干意见》（国发〔2009〕36号）提出，加快设立国家中小企业发展基金，发挥财政资金的引导作用，带动社会资金支持中小企业发展。《国务院关于进一步支持小型微型企业健康发展的意见》（国发〔2012〕14号）对国家中小企业发展基金的来源、规模等作出规定。

2015年9月1日，国务院第104次常务会议决定设立总规模为600亿元的国家中小企业发展基金。其中，中央财政出资150亿元，通过发挥杠杆作用和乘数效应，吸引民营和国有企业、金融机构、地方政府等共同参与，用市场化的办法，重点支持种子期、初创期成长型中小企业发展。2015年9月11日，国务院印发《国务院关于国家中小企业发展基金设立方案的批复》（国函〔2015〕142号）。根据这一批复，国家中小企业发展基金正式设立。

2015年12月2日，国家中小企业发展基金理事会召开成立大会暨第一次会议，成立了基金理事会。会议表决产生了基金理事会理事长、副理事长及理事会秘书人选，审议通过了基金理事会及理事会办公室工作规则，原则通过了首期基金设立方案。12月3日，财政部、工业和信息化部联合召开了国家中小企业发展基金工作会议，按照基金工作会议和理事会第一次会议要求，基金理事会启动了地方首支实体基金设立工作。经过各省市申报推荐、专家评审和答辩等环节，选定深圳市创新投资集团有限公司组建专职基金管理团队，负责首支实体基金的设立、募资、管理等事项。2015年12月25日，国家中小企业发展基金首支实体基金"中小企业发展基金（深圳有限合伙）"在广东深圳完成注册设立。

2016年1月29日，财政部与工业和信息化部在深圳联合召开了中小企业发展基金（深圳有限合伙）成立会，签署了基金实体合伙协议及首批投资项目协议，首支实体基金正式启动运营。目前，财政部、工业和信息化部、科技部、国家发展改革委、工商行政管理总局等五部门正在加紧推进后续子基金的设立工作，争取尽快推进相关基金的设立工作，积极发挥基金对中小企业的支持作用。

2. 国家中小企业发展基金的运作原则

国家中小企业发展基金的运作方式，按照"落实国家战略、构建多元架构、实行市场运作、扩大惠及范围"的原则，实行所有权、管理权和托管权相分离，基金的发起设立、投资管理、到期退出均按照市场化原则操作。基金设立理事会，主要负责引导和监督，不干预基金的市场化运作。

（1）政策性导向。为落实国家战略，在国家中小企业发展基金的管理运作过程中，中央财政出资不以利润最大化为目的，通过适当让利等机制广泛吸引社会资本共同支持中小企业创业创新、不断做大做强，促进经济增长和扩大就业，落实党中央、国务院关于促进中小企业发展的决策部署。

（2）市场化运作。中小企业发展基金实行市场化运作，基金的发起设立、投资管理、到期退出均按商业化原则操作，实行所有权、管理权、托管权分离，设立理事会进行引导和监督，通过公开招标选择若干具备专业能力的基金管理机构负责运行管理。中小企业发展基金实体也实行市场化运作，根据基金合伙人协议合法经营，按规定向出资人报告基金运作情况，维护出资人权益，实现约定目标。基金重大投资事项必须通过协议约定的机制进行决策，确保实现国家政策目标；一般投资事项由基金实体内设的投资决策委员会决策。

3. 国家中小企业发展基金的来源及主要用途

（1）基金来源。根据国家中小企业发展基金的设立方案，目前中央财政通过整合资金出资150亿元，通过制定优惠政策吸引社会资本共同出资组建若干基金实体，使基金总规模达到600亿元。单只基金实体国家出资比例不高于35%。基金不断创新机制,通过多次放大,最终达到8~10倍以上的乘数效应。根据基金运行情况和实际需要,在风险可控的前提下,可整合部门资金适当增加中央财政投入。为实现国家战略意图和市场机制相统一,基金主要吸引的社会出资人包括:一是有实力的民营企业,二是符合相关法律和法规规定、有出资意愿的金融机构,三是地方政府,四是国有企业等单位。

(2)主要用途。国家中小企业发展基金主要用于引导和带动社会资金,支持初创期中小企业,促进创业创新。基金不断扩大惠及范围,投向工业、农业、科技、教育、文化等各行业领域的种子期、初创期成长型中小企业。基金通过创新机制、加强沟通,使各类中小企业享受到国家政策,充分调动全社会创业创新的积极性。

4. 关于地方中小企业发展基金

近年来,有的地方根据中小企业促进法和国务院有关文件精神,结合本地实际需要,探索设立本地的中小企业发展基金。2013年12月27日通过的《北京市促进中小企业发展条例》,以地方性法规的形式对北京市中小企业发展基金作出规定。根据条例规定,北京市的中小企业发展基金由下列资金组成:市级财政预算安排的资金、基金收益、捐赠和其他社会资金。北京市中小企业发展基金用于下列扶持中小企业的事项:初创期、成长期小型微型企业的股权投资,中小企业短期债权融资,建立中小企业信用担保体系,中小企业融资风险补偿,基金管理办法确定的其他事项。

此外,江苏、湖北、重庆等省(市),福建宁德、山东潍坊、河南开封等设区的市也先后对设立本地区的中小企业发展基金提出要求,并探索实践。此次修改中小企业促进法,对地方设立中小企业发展基金的实践予以肯定,并在法律上作出授权,具有积极的意义。地方可以结合本地区中小企业发展的实际,根据需要设立中小企业发展基金。

5. 关于中小企业发展基金的设立和使用管理办法

修订后的《中小企业促进法》根据当前中小企业发展基金的实际,删除了原法关于基金来源和用途的规定。中小企业发展基金的设立和使用管理是一项长期、长远的工作,系统性、专业性比较强,需要制定完善的制度予以保障,增强相关行为的合法性和有关部门执行政策的协调性。要通过制定设立和管理办法,统筹基金的运转方式,规定基金的来源、使用范围、管理、申请资格和程序、法律责任、争议解决等方面的具体内容,增强相关制度的可操作性和规范性,保证基金的保值增值,更好发挥其促进中小企业发展的作用。

目前,国家中小企业发展基金设立和使用管理的依据主要是国务院和有关部门发布的文件,其中最重要的依据是 2015 年 9 月 11 日国务院印发的《关于国家中小企业发展基金设立方案的批复》(国函〔2015〕142 号)。下一步,国务院及有关部门要按照法律的要求,不断完善中小企业发展基金的设立和使用管理相关规定,对中小企业发展基金涉及的相关法律关系和活动进行规范,使中小企业发展基金的具体运作有法可依。

实践中需要注意的是,根据本法规定,地方设立中小企业发展基金不是强制性要求。地方如果根据实际需要设立中小企业发展基金,要明确基金架构和组织形式、基金投资决策机制、后续监督机制、社会资本参与和退出方式、母子基金的运行和投资方式等基金运行的基本原则。地方没有设立本地区中小企业发展基金的,可以按照有关政策规定,申请国家或者上一级人民政府设立的中小企业发展基金的支持。

修改后的《中小企业促进法》总结近年来国家设立中小企业发展专项资金和中小企业发展基金的实践经验,进一步规范了专项资金的管理和使用,明确专项资金的使用方式,并明确专项资金重点用于支持中小企业公共服务体系和融资服务体系建设；专项资金向小型微型企业倾斜，资金管理使用坚持公开、透明的原则，实行预算绩效管理。结合 2015 年 9 月国务院发布的设立国家中小企业发展基金的决定，在法律中明确基金的性质，规定国家中小企业发展基金应当遵循政策性导向和市场化运作原则，主要用于引导和带动社会资金支持初创期中小企业，促进创业创新。同时，规定县级以上地方人民政府可以设立中小企业发展基金，为各地设立中小企业发展基金提供法律上的依据。

（四）对小型微型企业的税收优惠和行政事业性收费优惠

《中小企业促进法》第十一条规定：国家实行有利于小型微型企业发展的税收政策，对符合条件的小型微型企业按照规定实行缓征、减征、免征企业所得税、增值税等措施，简化税收征管程序，减轻小型微型企业税收负担。

1. 国家有关小型微型企业的税收优惠政策

近年来，国务院及有关部门根据企业所得税法等有关法律、行政法规的规定，在鼓励小型微型企业创新、促进小型微型企业融资、降低小型微型企业负担等方面出台了一系列税收优惠政策。

政策主要包括：小型微利企业减半收企业所得税政策，研究开发费用加计扣除政策，创新型企业固定资产加速折旧政策，重点就业群体创办中小企业的税收优惠政策，中小企业安置残疾人等群体的税收优惠政策，投资国家鼓励项目免征进口关税政策，创业投资企业和个人投资者所得税优惠政策，小规模纳税人增值税减免，城镇土地税减免及延期缴纳政策，贷款损失准备金税前扣除，借款合同免征印花税政策，等等。有的税收优惠政策涉及创业、创新的，在本法相关章节中作出规定，比如重点就业群体创办小型微型企业、创业投资企业和个人投资者可以享受的相关税收优惠政策，在创业扶持一章中作出规定。研究开发费用加计扣除政策和创新型企业固定资产加速折旧政策在创新支持一章中作出规定。2017年，国家税务总局对具体的税收优惠政策进行梳理，在其官方网站发布了"大众创业，万众创新"税收优惠政策指引，方便广大中小企业了解和掌握。

2. 税收优惠的具体方式和主要税种

第十一条规定税收优惠的主要对象是小型微型企业。税收优惠的具体方式，主要有缓征、减征或免征相关税收。考虑到企业所得税和增值税是当前企业需要缴纳的主要税种，第十一条明确说明在这两个税种方面对企业实行优惠。比如，根据企业所得税法和国务院的相关政策，对小型微利企业实行减半征收所得税，对小规模纳税人实行增值税减免。实际中，还可以采取缓征相关税收的做法，阶段性减轻小型微型企业的税收负担。

（1）小型微利企业减半征收企业所得税政策。通常情况下，企业所得税的税率为25%。企业所得税法规定，符合条件的小型微利企业，减按20%的税率征收企业所得税。符合条件的小型微利企业，是指从事国家非限制和禁止行业，并符合下列条件的企业：一是工业企业，年度应纳税所得额不超过30万元，从业人数不超过100人，资产总额不超过3000万元；二是其他企业，年度应纳税所得额不超过30万元，从业人数不超过80人，资产总额不超过1000万元。

2017年国务院的政府工作报告提出，扩大小型微型企业享受减半征收所得税优惠的范围，年应纳税所得额上限由30万元提高到50万元。2017年4月19日召开的国务院常务会议将这一优惠政策的实施期限明确为2017年1月1日至2019年12月31日。

（2）增值税减免。财政部2014年提出，自2014年10月1

日起至 2015 年 12 月 31 日，对月销售额 2 万元（含本数）至 3 万元的增值税小规模纳税人，免征增值税；对月营业额 2 万元至 3 万元的营业税纳税人，免征营业税。

2015 年，财政部提出将该政策继续执行至 2017 年 12 月 31 日。

此外，国家还对符合条件的中小企业在关税等方面的优惠作出规定。如国务院 2009 年提出，中小企业投资国家鼓励类项目，除《国内投资项目不予免税的进口商品目录》所列商品外，所需的进口自用设备以及按照合同随设备进口的技术及配套件、备件，免征进口关税。国务院 2014 年提出，小型微型企业从事国家鼓励发展的投资项目，进口项目自用且国内不能生产的先进设备，按照有关规定免征关税。

3. 关于简化税收征管程序

在我国税收征管制度形成的历史上，出于严格管理的考虑，有关部门出台了一些制度、规定和办法，对确保税收及时、规范征收曾经起到了重要作用。但随着信息化的发展和小型微型企业的发展，如果继续沿用原来规定，会导致审批手续烦琐、流经环节多、资料重复报送、实地调查多次进行，由此产生工作效率低、办事速度慢、办税成本高等问题，增加了小型微型企业的纳税成本。

近年来，随着行政审批制度改革的不断深入，国务院有关部门积极推动税收征管改革，地方在简化税收征管程序方面也进行了积极探索。比如，积极推进后台审批业务前移，探索涉税事项集中审批，搭建数据应用平台，提升涉税信息质量。实行集中办理，由办税服务厅统一受理，限时办结。只要具备所需的材料，一次办结，避免拖延。对于不符合行政许可法规定的行政审批事项、审批程序和时限的征管程序，加以清理纠正。对流于形式、没有实际意义的程序环节，予以摒弃，避免多头重复审核以及不必要的实地调查等程序环节。明确审批权限，落实审批责任，真正做到谁受理、谁审核，谁审批、谁负责，在审批人员权责一致的前提下，减少审批环节。对审批条件明确、不涉及税款退免以及重大责任追究的项目，下放审批层级，提高审批效率。对业务处理简单，审批条件明确，能够当场办结的事项，可由纳税服务窗口人员直接审批办理。充分发挥信息支撑作用，对数据库中能够查询或已经报送电子信息的，可简化或免于报送相关资料。

实践中需要注意的是，《中小企业促进法》规定的税收优惠措施比较原则，具体的操作性规定，由相关税法、国务院及有关部门的文件作出规定。本法关于税收优惠对象小型微型企业的范围，与具体税收政策中"小型微利企业""小规模纳税人"的关系问题，要根据实际情况予以认定在具体税收措施的适用对象上，要执行国务院及财政部等部门出台规定的适用范围，确定相关的小型微型企业是否符合相应的税收优惠条件。同时，国家根据实际情况，逐步扩大税收优惠政策的覆盖面，加大税收优惠力度，提高政策透明度，并根据经济发展适时调整，保证税收优惠政策的公平性与实效性。

《中小企业促进法》第十二条规定：国家对小型微型企业行政事业性收费实行减免等优惠政策，减轻小型微型企业负担。

1. 行政事业性收费

行政事业性收费，是指依照法律法规等有关规定，按照国务院规定程序批准，在实施社会公共管理，以及在向公民、法人或者其他组织提供特定公共服务过程中，向特定对象收取并纳入财政管理的费用。历史上形成的某些收费项目虽然合法合规，但不尽合理。近年来，根据国务院的改革，凡未按规定权限和程序批准的行政事业性收费项目，均一律取消。按照这一要求，已取消了一大批行政事业性收费。根据2017年4月1日公布的全国性及中央部门和单位行政事业性收费目录清单，目前在国家层面保留的行政事业性收费主要涉及 26 个明确列举的部门和单位，50 个收费项目；另有 1 项考试考务费，涉及多个相关部门。

2. 对小型微型企业行政事业性收费的优惠措施

对确需保留的行政事业性收费，国家根据促进小型微型企业发展工作的实际需要，实行减免等优惠政策，减轻小型微型企业负担。如对于高校毕业生自主创办小型微型企业的，在一定时间内，免收管理类、登记类和证照类等有关行政事业性收费。有的地方根据本地实际，出台了更大力度的行政事业性收费优惠政策。如陕西西咸新区 2015 年规定，对个体商户、小型微型企业，自首次注册登记之日起 3 年内免收各类行政事业性收费。

五、中小企业融资促进

"融资难"依旧是制约中小企业发展的主要因素之一。能够获得融资的中小企业，也存在融资成本过高的问题。新修订的《中小企业促进法》关于"融资促进"的规定是此次法律修订的一大亮点，不仅增设了专章，而且制定了 11 条具体条款，使其成为条款数量最多的一章，明确要求金融机构应当发挥服务实体经济功能，高效公平地服务中小企业。从货币政策工具运用和差异化监管、推进普惠金融体系和专业化经营机构建设、创新金融服务和担保方式、发展多层次资本市场、建立中小企业政策性信用担保体系、完善中小企业信用体系等方面作出一系列具体规定，加强对中小企业特别是小微企业的融资支持。这既是对中小企业诉求和呼声的积极回应，也是对近年来党中央、国务院采取的一系列缓解融资难融资贵有效措施的凝练和升华。

（一）加强货币政策工具运用和差异化监管

新修订《中小企业促进法》第十四规定：我国人民银行应当综合运用货币政策工具，鼓励和引导金融机构加大对小型微型企业的信贷支持，改善小型微型企业融资环境。第十五条规定：国务院银行业监督管理机构对金融机构开展小型微型企业金融服务应当制定差异化监管政策，采取合理提高小型微型企业不良贷款容忍度等措施，引导金融机构增加小型微型企业融资规模和比重，提高金融服务水平。

这两条规定强调了金融管理部门应当通过货币政策工具运用和差异化监管政策等，引导金融机构增加小微企业融资规模和比重，在原法的基础上进一步明确了部门职责，要求更具体。在宏观调控层面，特别强调我国人民银行对货币政策工具的综合运用，同时突出对小型微型企业的信贷支持。金融机构应当发挥服务实体经济的功能，高效、公平地服务中小企业。在金融监管层面，进一步提出国务院银行业监督管理机构对金融机构开展小型微型企业金融服务应当制定差异化监管政策，采取合理提高小型微型企业不良贷款容忍度等措施，引导金融机构增加小型微型企业融资规模和比重。

（二）推进普惠金融体系和专业化经营机构建设

《中小企业促进法》第十七条规定：国家推进和支持普惠金融体系建设，推动中小银行、非存款类放贷机构和互联网金融有序健康发展，引导银行业金融机构向县域和乡镇等小型微型企业金融服务薄弱地区延伸网点和业务。国有大型商业银行应当设立普惠金融机构，为小型微型企业提供金融服务。国家推动其他银行业金融机构设立小型微型企业金融服务专营机构。地区性中小银行应当积极为其所在地的小型微型企业提供金融服务，促进实体经济发展。

1. 国家推进和支持普惠金融体系建设

普惠金融是指通过较低的运营成本，以小型微型企业、农民、城镇低收入人群等弱势群体为重点服务对象，为有金融服务需求的社会各阶层和群体提供适当、有效的金融服务。普惠金融的概念由联合国在 2005 年提出，普惠金融重视消除贫困、实现社会公平。普惠金融不是慈善和救助，而是为了帮助受益群体提升造血功能，要坚持商业可持续原则和市场化原则，坚持市场化和政策扶持相结合，建立健全激励约束机制，既要满足更多群体的需求，也要让供给方合理受益，确保发展可持续。

在我国当前情况下，普惠金融事关发展和公平，有利于促进创业创新和就业。相关部门积极推进普惠金融体系建设，要完善税收优惠、风险补偿差异化监管等措施，并与促进创业创新等政策相衔接，发挥财政担保体系对发展普惠金融的支持作用，对普惠金融业务中符合条件的金融机构可在货币信贷政策方面给予一定激励，支持商业银行完善服务网络。通过各项措施协同发力，用普惠便捷的金融服务促进就业扩大、经济升级和民生改善。

2. 国家推动中小银行等有序健康发展

《中小企业促进法》规定，国家推动中小银行、非存款类放贷机构和互联网金融有序健康发展。我国的中小银行是指除工、农、中、建、交行五大商业银行以外的全国性商业银行、区域性股份制商业银行与城市商业银行（含城市信用社和农村信用社）。非存款类放贷机构是指经营放贷业务但不吸收公众存款的机构。互联网金融是指传统金融机构与互联网企业利用互联网技术和信息通信技术实现资金融通、支付、投资和信息中介服务的新型金融业务模式。中小银行、非存款类放贷机构和互联网金融具有经营机制较为灵活、经营理念比较开放、服务对象以中小企业为主的特点，能够为中小企业提供更为方便快捷的金融服务。根据当前我国金融市场发展的实际，国家逐步推进金融市场有序放开，营造金融机构充分的竞争环境，大力发展适应中小企业特别是小型微型企业需求的多层次金融机构体系。通过建立完善与中小银行、非存款类放贷机构和互联网金融相适应的监管制度，支持民间资本发起设立银行等。金融机构,大力发展中小金融机构及普惠金融,推动互联网金融规范有序发展,降低专门服务小型微型企业的信贷机构的准入门槛,为中小企业融资提供更多的市场渠道。

3. 国家引导银行业金融机构延伸网点和业务

由于我国各地区经济发展不平衡,一些地区县域、乡镇金融机构仍处于空白状态,尤其是中西部地区金融机构发展不足的问题更为突出,大量小型微型企业难以获得相应的金融服务。近年来,国家积极采取措施,引导金融机构向县域和乡镇等小型微型企业金融服务薄弱地区延伸网点和业务,强化商业金融对"三农"和县域小型微型企业的服务能力。国务院 2012 年提出,国家支持和鼓励符合条件的银行业金融机构重点到中西部设立村镇银行,引导小金融机构增加服务网点,向县域和乡镇延伸,符合条件的小额贷款公司可根据有关规定改为村镇银行。在具体措施上,主要是引导银行业金融机构在延伸网点和业务的同时,通过扩大县域分支机构业务授权,不断提高存贷比和涉农贷款比例,将涉农信贷投放情况纳入信贷政策导向效果评估和综合考评体系。

4. 关于中小企业金融服务专营机构

(1) 普惠金融机构。根据第十七条规定,国有大型商业银行应当设立普惠金机构,为小型微型企业提供金融服务。早在 2009 年,国务院就明确提出,国有商业银行和股份制银行都要建立小企业金融服务专营机构。2017 年 5 月 3 日,国务院常务会议部署推动大中型商业银行设立普惠金融事业部,要求大型商业银行年内要完成普惠金融事业部的设立,聚焦服务小型微型企业、"三农"等,成为发展普惠金融的骨干力量。目前,根据国务院的要求,中、农、工、建、交五大国有商业银行均已设立普惠金融事业部。小型微型企业为国有大型商业银行普惠金融机构的重点服务对象，按照商业可持续原则，普惠金融机构采取专门的信贷评审、风险管理、资源保障、绩效考核等机制，下放信贷审批权限，实行专业化经营管理，严格落实小型微型企业贷款增速不低于各项贷款平均增速、户数和审贷获得率不低于上年同期水平的要求。

（2）中小企业金融服务专营机构。根据第十七条规定，国家推动其他银行及金融机构设立小型微型企业金融服务专营机构。近年来，国家鼓励银行充分利用机构和网点优势，加大小型微型企业金融服务专营机构建设力度。据了解在国家政策的推动下，目前许多银行都建立了中小企业金融服务专营机构或小型微型企业金融服务专营机构，有的地方还成立了中小企业专营支行，专门为中小企业提供金融服务。

小型微型企业金融服务专营机构是银行业金融机构根据战略事业部模式建立，主要为小型微型企业提供授信服务的专业化机构。银行业金融机构在设立小型微型企业金融服务专营机构时，可申请单独颁发金融许可证和营业执照。

设立小型微型企业专营服务机构，应当在风险管理、设定合理的风险容忍度方面作出安排，建立单独的小型微型企业贷款风险分类和损失拨备制度制定专项的不良贷款处置政策，建立合理的快速核销机制，在国家政策允许范围内简化不良贷款核销流程，以降低不良贷款率，提高业务人员开展小企业金融服务的积极性，要注重开发、使用适应小企业金融服务的专业化技术以推动小企业金融产品与服务的创新。

5. 对地区性中小银行的要求

地区性中小银行由于资金规模相对较小，服务对象往往不会是资金需求规模大的大企业。地区性中小银行对所在地的中小企业的经营状况、企业家的经营能力和信用等信息的了解具有先天的优势。国家发展地区性中小银行的初衷，是为当地的中小企业获得融资便利提供有效的制度安排。近年来地区性中小银行跨市、跨省发展现象比较普遍，有的市外、省外业务量已经过半；有的地区性中小银行不遵守营业范围要求，盲目到大城市异地扩张业务，参与房地产等投资，不为当地的实体经济服务。这些现象与国家发展地区性中小银行的初衷相背离，也一定程度上影响了进驻区域的金融市场秩序。因此，第十七条规定，地区性中小银行应当积极为其所在地的小型微型企业提供金融服务，促进实体经济发展。这样规定的目的是适当限制地区性中小银行跨区域发展，引导其立足当地，扩大对其所在地小型微型企业的金融服务。监管部门和机构要根据法律的要求，认真履行监管职责，对中小企业违规跨区域经营的行为予以查处。需要说明的是，对地区性中小银行的这些限制符合规范银行业金融机构的要求，与金融市场化改革并不冲突。

（三）创新金融服务和担保方式

（1）《中小企业促进法》第十三条规定：金融机构应当发挥服务实体经济的功能，高效、公平地服务中小企业。

①金融机构服务实体经济的功能。

近年来，金融服务实体经济的能力稳中有进，但实际中也存在"脱实向虚""资金空转"等乱象，使得实体经济投资回报低，金融等虚拟经济相对于实体经济出现了过度发展，资源配置出现错位，给实体经济发展带来负面影响，并直接导致了中小企业融资难、融资贵等问题。金融结构亟待调整，需改善融资结构，推动银行战略转型，实现金融供给的互补。

金融安全是国家安全的重要组成部分，是经济平稳健康发展的重要基础；维护金融安全，是关系我国经济社会发展全局的一件带有战略性、根本性的大事，防止发生系统性金融风险是金融工作的永恒主题。金融机构要回归服务实体经济和社会发展的本源，强化监管以防控金融风险，深化金融改革以优化金融结构，发挥市场在金融资源配置中决定性的导向作用。同时，要完善金融市场体系，促进金融结构的调整。加强金融支持政策体系建设，发展普惠金融，规范互联网金融。继续推进金融市场改革，以改革来促进金融反哺实体经济效率的提升。

②关于金融机构高效、公平地服务中小企业。

在调研中，很多中小企业反映，有的银行贷款管理制度不适应中小企业贷款需求特点，服务主动性差、贷款门槛高、手续烦琐、贷款期限短。大多数小型微型企业缺乏银行认可的房产、土地等抵押品，很难拿到贷款；即便能够获得贷款，也程序繁杂、耗时数月，最终只能拿到最多1年期的贷款，贷款到期续借又需"先还后贷"，再经历初次贷款同样的手续。融资成本高，包括贷款利率上浮、担保费、抵押登记评估费、融资顾问费等，贷款综合成本往往超过10%。因此，第十三条规定要求金融机构高效、公平地服务中小、企业。金融机构应当在增加中小企业客户数量、简化流程方面采取措施，提高为中小企业提供服务的效率，最大限度地覆盖中小企业的融资需求，确保中小企业能公平享受金融服务。

（2）《中小企业促进法》十六条规定：国家鼓励各类金融机构开发和提供适合中小企业特点的金融产品和服务。国家政策性金融机构应当在其业务经营范围内，采取多种形式，为中小企业提供金融服务。

①对各类金融机构的原则要求。

中小企业由于自身特点，在融资需求方面与大企业有所不同。近年来各类金融机构根据中小企业的特点，积极开发和提供适合中小企业特点的产品和服务。比如，开发和提供"抵押贷、联保贷、租权贷、循环贷、物流贷"和"商户通、市场通、园区通、商会通、贸易通"等金融服务产品；开发和提供服务中小企业的贸易融资、保函、财务咨询、应收账款买断、应收账款质押等金融服务，受到广大中小企业的欢迎。随着科技创新型中小企业的不断发展，中小企业的融资需求还将继续呈现出新的特点，国家将积极采取措施，鼓励金融机构开发和提供适合中小企业特点的金融产品和服务。

②对国家政策性金融机构的要求。

A. 政策性金融机构。

政策性金融机构是指由政府或政府机构发起、出资创立、参股或保证的不以利润最大化为经营目的，在特定的业务领域内从事政策性融资活动，以贯彻和配合政府的社会经济政策或意图的金融机构。目前，我国的政策性金融机构主要包括三大政策性银行，即我国国家开发银行、我国进出口银行、我国农业发展银行。此外，还有我国进出口信用保险公司等政策性金融机构，提供政策性信用保险业务等其他政策性金融服务。

B. 政策性金融机构为中小企业提供金融服务的形式。

一般来说，政策性银行贷款利率较低、期限较长，有特定的服务对象，其放贷支持的主要是商业性银行在初始阶段不愿意进入或涉及不到的领域。

例如，国家开发银行服务于国国民经济发展的能源、交通等"瓶颈"行业和国家需要优先扶持领域，包括西部大开发、振兴东北老工业基地等，这些领域的贷款量占其总量的90%以上。政策性金融机构可以依托地方商业银行等中小金融机构和担保机构，开展以中小企业为主要服务对象的转贷款、担保贷款等业务，降低中小企业贷款成本。

需要注意的是，本法鼓励政策性金融机构采取多种形式为中小企业提供金融服务，但应当按照国家有关政策要求，在业务范围内按照商业化原则自主决策，为中小企业提供金融服务也应满足其业务范围的要求。

(3)《中小企业促进法》十九条规定：国家完善担保融资制度，支持金融机构为中小企业提供以应收账款、知识产权、存货、机器设备等为担保品的担保融资。

①我国有关担保融资的法律制度。

担保是促进资金融通和商品流通，保障债权实现的重要方式。1995年6月，我国就出台了担保法，明确抵押人可以用其所有或者依法可以处分的机器、交通运输工具和其他财产设定抵押权融资；依法可以转让的商标专用权，专利权、著作权中的财产权也可以设定质权融资。2007年3月颁布的物权法在担保法的基础上，对担保制度进行了完善，规定企业可将现有的或者将有的生产设备、原材料、半成品、产品进行抵押，债务人不履行到期债务或者发生当事人约定的实现抵押权的情形，债权人有权就实现抵押权时的动产优先受偿。同时，在权利质押中增加了应收账款的内容，明确债务人可以用应收账款设定质权。2007年9月，中国人民银行出台的《应收账款质押登记办法》对应收账款作出了界定，明确应收账款是指权利人因提供约定的货物、服务或设施而获得的要求义务人付款的权利，包括现有的和未来的金钱债权以及产生的收益，但不包括因票据或其他有价证券而产生的付款请求权。由于中小企业很少有自己所有的不动产，因此采用应收账款，企业拥有的专利权、商标权以及著作权，以及存货、机器设备等进行担保融资的情况更为普遍。第十九条根据担保法、物权法的有关规定，明确国家健全完善的担保融资制度建设，支持金融机构为中小企业提供以应收账款、知识产权、存货、机器设备等担保物进行融资。因此，应当在现行法律的基础上，根据中小企业的特点，进一步完善相关的法律及规定，使中小企业通过应收账款、知识产权、存货、机器设备等融资更为便捷、高效。

②动产抵押权和以应收账款、知识产权设立质权的登记。

不论是以机器设备等动产设定抵押权融资，还是以应收账款、知识产权设定质权融资，办理相关的权利登记都具有重要的法律意义。A. 动产抵押权的登记。根据物权法的规定，企业以动产抵押的，应当向抵押人住所地的工商行政管理部门办理登记。抵押权自抵押合同生效时设立；未经登记，不得对抗善意第三人。所谓"不得对抗善意第三人"有两方面的含义：一是抵押合同签订后，如果中小企业将抵押财产转让，对于善意取得该财产的第三人，贷款的银行无权追偿，只能要求中小企业重新提供新的担保或者要求及时还贷。二是抵押合同签订后，如果中小企业以机器设备等又设定了新的抵押权，而后设定的抵押权进行了登记，那么，实现抵押权时，后设立的抵押权可以优于前位未办理抵押登记的抵押人受偿。因此，实践中银行为了保障有己的债权，一般要求中小企业以动产抵押的要办理抵押登记。B. 应收账款质权登记。根据物权法的规定，以应收账款融资的，当事人应当订立书面合同。应收账款质权自信贷征信机构办理出质登记时设立，即不办理登记，质权不生效。C. 知识产权质权登记。以依法可以转让的商标专用权、专利权、著作权中的财产权出质的，出质人与质权人应当订立书面合同，并向其管理部门办理出质登记。质押合同自登记之日起生效。根据商标法、专利法和著作权法的规定，国务院工商行政管理部门商标局是注册商标的主管部门；国务院专利行政部门和省、自治区、直辖市人民政府管理专利工作的部门是专利权的主管部门；国务院著作权行政管理部门和各省、自治区直辖市人民政府的著作权行政管理部门是著作权的主管部门，因此，以专利权、商标权和著作权设立质权的，应当分别向以上主管部门进行登记。

③动产登记平台和应收账款登记平台。

2007年10月，国家工商行政管理总局颁布了《动产抵押登记办法》，并于2016年7月对该办法进行了修订。该办法根据担保法、物权法等法律规定，明确企业以动产抵押的，应当向抵押人住所地的县级工商行政管理部门办理登记。抵押权自抵押合同生效时设立；未经登记，不得对抗善意第三人。目前工商行政管理部门正在积极推动动产抵押登记信息化建设工作，通过建立互联网动产抵押登记系统、设立动产抵押登记电子档案等方式，为当事人提供便利条件。

（4）《中小企业促进法》二十条规定：中小企业以应收账款申请担保融资时，其应收账款的付款方，应当及时确认债权债务关系，支持中小企业融资。国家鼓励中小企业及付款方通过应收账款融资服务平台确认债权债务关系，提高融资效率，降低融资成本。

应收账款是指权利人因提供一定的货物、服务或设施而获得的要求义务人付款的权利，包括现有的和未来的金钱债权以及产生的收益，但不包括因票据或其他有价证券而产生的付款请求权。近些年来，我国十分重视发挥应收账款在中小企业融资中的作用。为了加大金融对中小企业的支持力度，推动开展中小企业应收账款融资。

2013年12月，我国人民银行征信中心建立的应收账款融资服务平台试点运行。该平台通过使用数字证书、电子签名、设定并公示回款账户，帮助金融机构防范信贷风险，有效拓宽了中小企业融资渠道，为资金供需双方提供迅速、便捷、有效的应收账款融资信息合作服务，促成融资交易的达成，解决了中小企业与资金提供方信息沟通成本高、发送通知难、异地融资调查难等问题。

（四）大力发展多层次资本市场

《中小企业促进法》第十八条规定：国家健全多层次资本市场体系，多渠道推动股权融资，发展并规范债券市场，促进中小企业利用多种方式直接融资。对原法第十六条的内容进行了丰富和拓展，突出了多层次资本市场体系的作用，规定股权融资和债券市场的内容，进一步明确了中小企业直接融资的途径。

1. 中小企业直接融资

中小企业直接融资，是指在一定时期内，资金盈余单位通过直接与中小企业签订协议，或在金融市场上购买小企业所发行的有价证券，将货币资金提供给中小企业使用，从而完成资金融通的过程。直接融资是与间接融资相对应的概念，是指没有金融中介机构介入的资金融通方式。商业信用、企业发行股票和债券，以及企业之间、个人之间的直接借贷，均属于直接融资。直接融资与间接融资相比，投融资双方都有较多的选择自由，直接融资是缓解中小企业融资难的有效途径之一。

中小企业直接融资的基本特点是，拥有暂时闲置资金的单位与中小企业直接进行资金融通，不经过任何中介环节，有利于降低中小企业融资成本。作为多渠道解决中小企业融资难问题的重要制度设计，本条旨在推进多层次资本市场体系建设，加强对社会资本的政策引导力度，逐步提高直接融资比重，鼓励、推动服务中小企业的直接融资的发展，提高融资效率，引导和帮助中小企业通过直接融资，解决发展资金不足问题。

2. 国家健全多层次资本市场体系

在资本市场上，不同的投资者与融资者都有不同的规模大小与主体特征，存在着对资本市场金融服务的不同需求。投资者与融资者对投融资金融服务的多样化需求决定了资本市场应该是一个多层次的市场体系。从整个金融市场体系协调和发展来看，多层次资本市场是坚实的基础。

从20世纪90年代初期上海证券交易所和深圳证券交易所成立至今，经过多年的改革和发展，我国已经形成了以债券和股票为主体的多种证券形式并存，包括证券交易所、市场中介机构和监管机构的初步健全的全国性资本市场体系,有关交易规则和监管办法也正在日益完善。资本市场在改革投融资体制,促进产业结构调整,优化资源配置,完善企业法人治理结构,提高金融市场效率,维护金融安全等方面发挥了非常重要的作用。

3. 多渠道推动股权融资

股权融资是指通过主板、中小企业板、创业板、场外交易市场、各类产权交易市场等多层次资本市场,以及私募股权投资和创业(风险)投资等进行融资。

2004年以来,国家推出中小企业板和创业板,推动中小企业上市融资。国家支持符合条件的创业企业上市或发行票据融资,并鼓励创业企业通过债券市场筹集资金。积极推动尚未盈利的互联网和高新技术企业到创业板发行上市制度,推动在上海证券交易所建立战略新兴产业板。国家充分发挥股权众筹作为传统股权融资方式有益补充的作用,增强金融服务小型微型企业和创业创新者的能力。国家支持运营规范、发展成熟的股权市场跨区域开展业务,破除地方政府的过度行政保护,更好发挥股权市场为中小企业多渠道股权融资功能,促进支持中小企业发展;同时,为股权市场发展创造更加市场化的竞争发展环境,充分发挥市场机制作用,跨区域优化金融资源配置,通过良性竞争,持续改善面向中小企业的市场服务,最大限度地激发股权市场活力,服务和促进中小企业的发展。

2019年3月2日凌晨,证监会发布了《科创板首次公开发行股票注册管理办法(试行)》(以下简称《注册管理办法》)和《科创板上市公司持续监管办法(试行)》(以下简称《持续监管办法》),并自公布之日起实施。

科创板作为上交所新设立的独立板块,与现行的A股市场相比,有几大重要突破:第一,允许尚未盈利的公司上市;第二,允许不同投票权架构的公司上市;第三,允许红筹和VIE

架构企业上市。更重要的是,对科技创新企业具有更高的包容度,将优先支持符合国家战略、拥有关键核心技术、科技创新能力突出、具有较强成长性的企业。

4. 发展并规范债券市场

债券市场是发行和买卖债券的场所,是我国金融体系中不可或缺的部分。中小企业通过债券市场进行直接债务融资,是指通过中小企业集合债、中小企业集合信托、中小企业集合票据、公司债、短期融资券、中小企业私募债等金融工具进行融资。

(五)建立中小企业政策性信用担保体系

新《中小企业促进法》第二十一条明确提出"县级以上人民政府应当建立中小企业政策性信用担保体系,鼓励各类担保机构为中个企业融资提供信用担保",是结合新的形势对原法第十九条至二十一条内容的创新和深化。

新《中小企业促进法》进一步提出建立中小企业政策性信用担保体系,通过政策支持引导鼓励各类担保机构为中小企业服务。目前,我国对中小企业信用担保机构施行免征3年增值税和有关准备金税前扣除政策,引导担保机构扩大低收费担保业务规模,增强抗风险能力。工业和信息化部还会同财政部在北京、安徽等六省(市)开展中小企业信用担保代偿补偿试点工作。

同时,新《中小企业促进法》第二十二条新增了推动开展中小企业贷款保证保险和信用保险业务的内容,规定国家推动保险机构开展中小企业贷款保证保险和信用保险业务,开发适应中小企业分散风险、补偿损失需求的保险产品。

根据第二十二条规定,国家推动保险机构开展与中小企业贷款有关的保险业务主要有两部分:一是保证保险。该保险是为了满足中小企业生产经营活动的融资需求,由中小企业向保险公司投保,以贷款银行为被保险人的保险。贷款银行以此保险作为主要担保方式向中小企业发放信用贷款,在中小企业未按贷款合同约定履行还贷义务时,由保险公司按照保险合同约定赔偿银行的贷款损失。投保人和被保险人就是贷款合同的借款方和贷款方,保险人是依据保险法取得经营保证保险业务的保险公司。保证保险的性质属于保险,而不是担保法中的保证。二是信用保险。该保险是债权人向保险人投保,当债务人不能履行其义务时,由保险人承担赔偿责任。作为债权人的中小企业投保了信用保险以后,就可以将保单作为一种保证手段抵押给贷款银行,通过向贷款银行转让保险赔款,保证银行能收回贷款。

(六)推进中小企业信用体系建设

新《中小企业促进法》第二十三条在原法第十八条的基础上,对推进中小企业信用制度建设、建立社会化的信用信息征集与评价体系作出了进一步明确规定:国家支持征信机构发展针对中小企业融资的征信产品和服务,依法向政府有关部门、公用事业单位和商业机构采集信息。国家鼓励第三方评级机构开展中小企业评级服务。

近年来,人民银行持续推进中小企业信用体系建设,以中小企业信用信息征集、信用评价与应用为主线,以信用培育、政策支持为辅助,开展中小企业信用评价。在挖掘中小企业信用价值的基础上,构建信用正向激励机制,提升中小企业融资可获得性、便利性。当前,中小企业正处于发展的政策机遇期,相信随着法律颁布实施,一系列行之有效的含金量高的政策措施以法律的形式固化下来,将进一步改善中小企业融资环境,让中小企业有实实在在的获得感。

六、中小企业创业创新和市场开拓

许多地方和企业反映,原法在支持中小企业创业创新和市场开拓方面规定得比较原则，建议补充细化有关扶持规定，加大支持力度。

新《中小企业促进法》明确，中小企业以新技术、新产业、新业态、新模式为核心，以知识、技术、信息、数据等新生产要素为支撑，加强协同创新和融合创新。

（1）新《中小企业促进法》进一步拓展了中小企业创新的内涵。

第三十二条规定，国家鼓励中小企业按照市场需求，推进技术、产品、管理模式、商业模式等创新。该条在原法鼓励中小企业技术和产品创新的基础上，增加了管理模式和商业模式创新等，使创新的内涵更加丰富。

李克强总理在达沃斯论坛上表示，创新不单是技术创新，更包括体制机制创新、管理创新、模式创新。《国家创新驱动发展战略纲要》明确提出，孵化培育创新型小微企业，适应小型化、智能化、专业化的产业组织新特征，推动分布式、网络化的创新，鼓励企业开展商业模式创新，引导社会资本参与建设面向小微企业的社会化技术创新公共服务平台，推动小微企业向"专精特新"发展，让大批创新活力旺盛的小微企业不断涌现。贯彻新《中小企业促进法》，就要通过结构性改革、体制机制创新，消除不利于创业创新发展的各种制度束缚和桎梏，支持各类市场主体不断开办新企业、开发新产品、开拓新市场，培育新兴产业，形成小企业"铺天盖地"、大企业"顶天立地"的发展格局，实现创新驱动发展，打造新引擎形成新动力。

（2）新《中小企业促进法》进一步降低中小企业技术创新成本。

第三十二条规定，中小企业的固定资产由于技术进步等原因，确需加速折旧的，可以依法缩短折旧年限或者采取加速折旧方法。国家完善中小企业研究开发费用加计扣除政策，支持中小企业技术创新。目前我国固定资产加速折旧税收优惠政策有面向所有行业、所有规模企业的，也有专门面向重点行业和小微企业的，与此同时，研发费用加计扣除政策是促进企业加大研发投入，提高自主创新能力，加快产业结构调整的重要优惠政策。按照《中华人民共和国企业所得税法》及实施条例，该政策针对所有企业为开发新技术、新产品、新工艺发生的研发费用给予50%税前加计扣除，但由于操作中往往要求企业提供政府科技部门的鉴定意见，造成事实上只有科技型企业才能真正享受到该政策。为使更多的中小企业平等享受到政策优惠，提高对企业技术创新投入的回报，打通政策实施"开始一公里"到"最后一公里"，国家明确将中小企业固定资产折旧政策和中小企业研究开发费用加计扣除政策纳入新《中小企业促进法》，营造普惠的创新法律环境，支持中小企业技术创新。

（3）新《中小企业促进法》进一步突出了新一代信息技术在中小企业创新发展中的重要作用。

第三十三条规定，国家支持中小企业在研发设计、生产制造、运营管理等环节应用互联网、云计算、大数据、人工智能等现代技术手段，创新生产方式，提高生产经营效率。中小企业在实体经济发展中扮演着重要的角色，是新兴产业的重要推动力量和应用新技术的主力军。利用互联网和信息通信技术的优势，提高中小企业信息化应用水平，是提高中小企业全要素生产率、管理水平和市场竞争力的重要手段。

（4）新《中小企业促进法》进一步鼓励中小企业参与共性技术研发。

第三十四条规定，国家鼓励中小企业参与产业关键共性技术研究开发和利用财政资金设立的科研项目实施。国家推动军民融合深度发展，支持中小企业参与国防科研和生产活动。国家支持中小企业及中小企业的有关行业组织参与标准的制定。近年来，随着改革不断深化、制度环境不断改善以及中小企业发展水平提升,中小企业在科研项目实施、军民融合和标准制定等活动中的参与意识和参与度不断提高。

(5)新《中小企业促进法》进一步强调了知识产权对中小企业创新的重要作用。

第三十五条规定,国家鼓励中小企业研究开发拥有自主知识产权的技术和产品,规范内部知识产权管理,提升保护和运用知识产权的能力;鼓励中小企业投保知识产权保险,减轻中小企业申请和维持知识产权的费用等负担。中小企业提供了全国大约70%的发明专利,已成为我国创新的主体。很多创新型中小企业规模虽小,但发展潜力大、活力强。同时不少中小企业也面临知识产权意识淡薄、侵权行为时有发生、维权难等问题,迫切需要采取切实有效的知识产权帮扶措施来促进中小企业健康持续发展。

(6)新《中小企业促进法》进一步鼓励各类创新服务机构提供服务。

第三十六条规定,县级以上人民政府有关部门应当在规划、用地、财政等方面提供支持,推动建立和发展各类创新服务机构。国家鼓励各类创新服务机构为中小企业提供技术信息、研发设计与应用、质量标准、实验试验、检验检测、技术转让、技术培训等服务,促进科技成果转化,推动企业技术、产品升级。

与大企业相比,中小企业面临缺信息、缺人才、缺资源难题,导致其在创新过程中困难重重;同时,互联网、物联网、云计算、大数据等信息技术的广泛应用也使创新的形态和特征不断演化,技术迭代更新频繁,创新周期缩短,开放协同、跨界融合的创新活动增多,对企业整合外部资源的能力提出更高要求。鼓励发展各类创新服务机构、鼓励各类创新服务机构为中小企业提供多层次、多样化的创新服务,是帮助中小企业快速导入外部创新资源、降低创新成本、提升创新能力和水平的有效途径。

（7）新《中小企业促进法》进一步鼓励产学研合作促进中小企业创新发展。

第三十七条规定，县级以上人民政府有关部门应当拓宽渠道，采取补贴、培训等措施，引导高等学校毕业生到中小企业就业，帮助中小企业引进创新人才。国家鼓励科研机构、高等学校和大型企业等创造条件向中小企业开放试验设施，开展技术研发与合作，帮助中小企业开发新产品，培养专业人才。国家鼓励科研机构、高等学校支持本单位的科技人员以兼职、挂职、参与项目合作等形式到中小企业从事产学研合作和科技成果转化活动，并按照国家有关规定取得相应报酬。

中小企业技术创新、转型升级、管理提升等都离不开高素质人才的支撑，中小企业对高校毕业生需求旺盛。因此，新《中小企业促进法》规定要求各级人民政府有关部门要加强协调，采取措施，引导毕业生到中小企业就业。一是落实国家和地方政府出台的鼓励高校毕业生到小微企业就业的社保补贴、培训补贴等扶持政策。二是针对中小企业特点，主动组织中小企业集中招聘高校毕业生。近年来，科研设施与仪器规模持续增长，技术水平明显提升，但部分科研设施与仪器存在闲置浪费现象，利用率和共享水平不高，对科技创新的服务和支撑作用没有得到充分发挥。同时大量中小企业缺少科研设施资源，制约了其新技术、新产品研发和产业化过程。新《中小企业促进法》明确要求，加快推进科研设施与仪器向社会开放，进一步提高科技资源利用效率，为科技成果转移转化提供服务支撑。同时，新《中小企业促进法》规定了鼓励科技人员到中小企业从事科技成果转化活动，目前相关制度不断完善，随着新《中小企业促进法》的实施，将有助于加速科技成果向中小企业转移转化。

七、完善公共服务体系措施

中小企业普遍反映政府公共服务和社会化服务体系和机制不健全,专业服务机构发展滞后,缺乏为中小企业提供人才培训、创业辅导、管理咨询、市场营销、技术开发和法律援助等服务的各类优质专业机构,支持服务体系建设的政策措施不完善,不能满足中小企业快速发展的需要,希望增加政府公共服务供给,同时注重发挥市场的作用,建立完善社会化服务体系,为中小企业提供服务保障。

中小企业公共服务体系一般是指所有向中小企业提供服务的机构的总和,是以服务社会各类中小企业为宗旨,以营造良好的发展环境为目的,为中小企业的创业创新和发展提供多层次、多渠道、多功能、全方位服务的社会化公共服务网络,既包括基础设施等硬件,也包括机构平台运营和各类服务活动。国家从上到下推动建立社会化的中小企业公共服务体系是各国促进中小企业发展的重要举措。

新《中小企业促进法》将"社会服务"章节修改为"服务措施",并且在"财税支持"等章节对服务体系建设也有所涉及,对建立健全社会化的中小企业公共服务体系、加强中小企业公共服务体系建设资金支持、建立和完善中小企业服务机构、建立政策信息互联网发布平台、开展中小企业经营管理人员培训等诸多方面都进行了修订,针对性和可操作性更强,为中小企业公共服务体系建设提供了更为有力的法律依据。

(一)进一步加强对服务体系建设的资金支持力度

新《中小企业促进法》第九条规定,中小企业发展专项资金通过资助、购买服务、奖励等方式,重点用于支持中小企业公共服务体系和融资服务体系建设。

（二）进一步发挥社会化力量作用

新《中小企业促进法》第四十三条规定，国家建立健全社会化的中小企业公共服务体系，为中小企业提供服务。第三十条规定，国家鼓励互联网平台向中小企业开放技术、开发、营销、推广等资源，加强资源共享与合作，为中小企业创业提供服务。

面对铺天盖地的中小企业，光靠政府的力量是不够的，必须发挥社会力量的作用，新《中小企业促进法》在原法的基础上增加了"社会化"的表述，进一步突出了服务体系的社会化属性，体现了国家建立完善中小企业公共服务体系并调动社会各界力量支持中小企业的宗旨，同时鼓励互联网平台为中小企业提供服务。

（三）进一步完善政策信息互联网发布平台

中小企业普遍反映，各级各类政府部门服务信息零散、庞杂，不好找、不好用，信息化服务水平不高。

新《中小企业促进法》第四十五条规定，县级以上人民政府负责中小企业促进工作综合管理的部门应当建立跨部门的政策信息互联网发布平台，及时汇集涉及中小企业的法律法规、创业、创新、金融、市场、权益保护等各类政府服务信息，为中小企业提供便捷无偿服务。该条款是在现有各地建立政策信息发布平台的基础上，提出建立"跨部门"的政策信息平台，更有利于广大中小企业及时掌握各级政府的相关政策信息，对进一步激发中小企业活力具有重要意义。

（四）进一步加强中小企业经营管理人员培训

新《中小企业促进法》第四十七条规定，县级以上人民政府负责中小企业促进工作综合管理的部门应当安排资金，有计划地组织实施中小企业经营管理人员培训。该条款结合当前中小企业发展形势和人才培训、管理能力提升的需要，对政府支持开展中小企业经营管理人员培训有关工作在法律层面进一步明确。

（五）进一步加强小微企业创业创新基地建设和培育

新《中小企业促进法》第二十八条规定，国家鼓励建设和创办小型微型企业创业基地、孵化基地，为小型微型企业提供生产经营场地和服务。基地在为中小企业提供载体的同时，也为中小企业发展提供便捷服务。

1. 创业基地、孵化基地发展情况

缺场地是创业难的一个重要制约因素，需要政府给予支持。近年来国家鼓励建设和创办小型微型企业创业基地、孵化基地等，为创业企业提供生产经营场地和服务，不仅降低了企业创业成本，这些基地还通过集聚投资、辅导、培训、咨询等服务资源为创业企业提供优质的、全面的创业服务，提高了创业成功率。要抓住新技术革命和产业变革的重要机遇，适应创业创新主体大众化趋势，总结推广创业基地、孵化基地、创客空间等创业载体模式，加快发展市场化、专业化、集成化，网络化的众创空间，实现创业与创新、线上与线下、孵化与投资相结合，为创业者提供低成本、便利化、全要素、开放式的综合服务平台和发展空间。

《国务院关大力推进大众创业万众创新若干政策措施的意见》（国发〔2015〕32号）强调：加快发展创业孵化服务。大力发展创新工场、车库咖啡等新型孵化器，做大做强众创空间，完善创业孵化服务。《国务院办公厅关于发展众创空间推进大众创新创业的指导意见》（国办发〔2015〕9号）提出：总结推广创客空间、创业咖啡、创新工场等新型孵化模式，充分利用国家自主创新示范区、国家高新技术产业开发区、科技企业孵化器、小企业创业基地、大学科技园和高校、科研院所的有利条件，发挥行业领军企业、创业投资机构、社会组织等社会力量的主力军作用，构建一批低成本、便利化、全要素、开放式的众创空间。有条件的地方政府可对众创空间等新型孵化机构的房租、宽带接入费用和用于创业服务的公共软件、开发工具给予适当财政补贴，鼓励众创空间为创业者提供免费高速互联网接入服务。《国务院办公厅关于加快众创空间发展服务实体经济转型升级的指导意见》（国办发〔2016〕7号）提出：有条件的地方要综合运用无偿资助、业务奖励等方式，对众创空间的办公用房、用水、用能、网络等软硬件设施给予补助。支持国家科技基础条件平台为符合条件的众创空间提供服务。符合条件的众创空间可以申报承担国家科技计划项目。《国务院关于做好当前和今后一段时期就业创业工作的意见》（国发〔2017〕28号）强调：加快创业孵化基地、众创空间等建设，试点推动老旧商业设施、仓储设施、闲置楼宇、过剩商业地产转为创业孵化基地。《国务院关于强化实施创新驱动发展战略进一步推进大众创业万众创新深入发展的意见》（国发〔2017〕37号）提出：探索将创投孵化器等新型孵化器纳入科技企业孵化器管理服务体系，并享受相应扶持政策。《国务院办公厅关于建设大众创业万众创新示范基地的实施意见》（国办发〔2016〕35号）和《国务院办公厅关于建设大众创业万众创新示范基地的实施意见》（国办发〔2016〕35号）和《国务院办公厅关于建设第二批大众创业万众创新示范基地的实施意见》（国办发〔2017〕54号）公布了两批共120个双创示范基地名单，其中包括62个区域示范基地、30个高校和科研院所示范基地、28个企业示范基地。

2. 对孵化器等的税收优惠政策

国家对科技企业孵化器、大学科技园等实施税收优惠政策，即对符合条件的孵化器、科技园自用以及无偿或通过出租等方式提供给孵化企业使用的房产、土地，免征房产税和城镇土地使用税；对其向孵化企业出租场地、房屋以及提供孵化服务的收入，免征增值税。符合非营利组织条件的孵化器、科技园的收入，按照企业所得税法及其实施条例和有关税收政策规定享受企业所得税优惠政策。《国务院办公厅关于加快众创空间发展服务实体经济转型升级的指导意见》（国办发〔2016〕7号）提出，对符合条件的众创空间等新型孵化机构适用科技企业孵化器税收优惠政策。

八、加强监管明确责任追究

新法对保护中小企业合法权益、改进政府的服务等作了规定，并明确了责任追究。

一是县级以上人民政府定期组织对中小企业促进工作情况的监督检查；对违反本法的行为及时予以纠正，并对直接负责的主管人员和其他直接责任人员依法给予处分。

二是国务院负责中小企业促进工作综合管理的部门应当委托第三方机构定期开展中小企业发展环境评估，并向社会公布。

三是规定县级以上人民政府有关部门在各自职责范围内，对中小企业发展专项资金、中小企业发展基金的管理和使用情况进行监督，对有关违法行为依法进行查处。

四是县级以上地方各级人民政府有关部门在各自职责范围内，对侵犯中小企业合法权益的行为进行查处，并对直接负责的主管人员和其他直接责任人员依法给予处分，等等。

第二节 证券法

证券法，是指有关调整证券的发行、买卖和其他交易行为的法律规范的总称。对有价证券的发行、交易、清理等各方面活动进行规范，提供法律保证和限制的行为规范。它以证券交易法为主,同时包括公司法、破产法等法规中有关证券的相关条款。

《证券法》是新中国成立以来第一部按国际惯例、由国家最高立法机构组织而非由政府某个部门组织起草的经济法,1998年12月29日由第九届全国人民代表大会常务委员会第六次会议通过,根据2004年8月28日第十届全国人民代表大会常务委员会第十一次会议《关于修改〈中华人民共和国证券法〉的决定》第一次修正,2005年10月27日第十届全国人民代表大会常务委员会第十八次会议修订,根据2013年6月29日第十二届全国人民代表大会常务委员会第三次会议《关于修改〈中华人民共和国文物保护法〉等十二部法律的决定》第二次修正,根据2014年8月31日第十二届全国人民代表大会常务委员会第十次会议《关于修改〈中华人民共和国保险法〉等五部法律的决定》第三次修正。

我国证券法的立法宗旨为:规范证券发行和交易行为,保护投资者的合法权益,维护社会经济秩序和社会公共利益,促进社会主义市场经济的发展。

我国证券法的基本原则有以下几个方面:

第一,保护投资者合法权益原则。

投资者是证券市场的核心元素,投资者的资金是证券市场的源泉,是证券市场赖以生存和发展的基础,投资者投资于证券市场的前提是其合法权益能得到充分保护。

第二,公开、公平、公正原则。

公开原则又称信息披露原则,其核心是实现证券市场信息的公开化,要求证券发行人于证券的发行与流通诸环节中,依法将与其证券有关的、可能影响投资者做出理性投资决策的所有信息真实、准确、完整、及时地向社会公开,不得有虚假记载、误导性陈述或重大遗漏。

第三章 支持大学生创新创业的企业融资相关法律

一、证券发行

现行《证券法》将原《公司法》有关证券发行的规定全部移至《证券法》中，并对证券发行的规定作出重大修订，完善了证券发行的条件与程序，设置了保荐人制度，将证券的发行分为公开发行与非公开发行，并对公开发行作出了定义。

《证券法》第十条规定："公开发行证券，必须符合法律、行政法规规定的条件，并依法报经国务院证券监督管理机构或者国务院授权的部门核准；未经依法核准，任何单位和个人不得公开发行证券。""有下列情形之一的，为公开发行：（一）向不特定对象发行证券；（二）向累计超过 200 人的特定对象发行证券；（三）法律、行政法规规定的其他发行行为非公开发行证券，不得采用广告、公开劝诱和变相公开方式。"

发行人申请公开发行股票、可转换为股票的公司债券，依法采取承销方式的，或者公开发行法律、行政法规规定实行保荐制度的其他证券的，应当聘请具有保荐资格的机构担任保荐人。保荐人应当遵守业务规则和行业规范，诚实守信，勤勉尽责，对发行人的申请文件和信息披露资料进行审慎核查，督导发行人规范运作。

《证券法》主要对股票、公司债券的发行作出规定。

（一）首次公开股票

《首次公开发行股票并上市管理办法》于 2006 年 5 月 17 日由我国证券监督管理委员会第 180 次主席办公会议审议通过，2015 年 12 月 30 日我国证券监督管理委员会根据《关于修改〈首次公开发行股票并上市管理办法〉的决定》进行了第一次修正，2018 年 6 月 6 日我国证券监督管理委员会根据《关于修改〈首次公开发行股票并上市管理办法〉的决定》进行了第二次修正。

1. 首次公开发行股票并上市的条件

（1）主体资格。A股发行主体应是依法设立且合法存续的股份有限公司；经国务院批准，有限责任公司在依法变更为股份有限公司时，可以公开发行股票。

（2）公司治理发行人已经依法建立健全股东大会、董事会、监事会、独立董事、董事会秘书制度，相关机构和人员能够依法履行职责；发行人董事、监事和高级管理人员符合法律、行政法规和规章规定的任职资格；发行人的董事、监事和高级管理人员已经了解与股票发行上市有关的法律法规，知悉上市公司及其董事、监事和高级管理人员的法定义务和责任；内部控制制度健全且被有效执行，能够合理保证财务报告的可靠性、生产经营的合法性、营运的效率与效果。

（3）独立性应具有完整的业务体系和直接面向市场独立经营的能力，资产应当完整，人员、财务、机构以及业务必须独立。

（4）同业竞争与控股股东、实际控制人及其控制的其他企业间不得有同业竞争；募集资金投资项目实施后，也不会产生同业竞争。

（5）关联交易与控股股东、实际控制人及其控制的其他企业间不得有显失公平的关联交易；应完整披露关联方关系并按重要性原则恰当披露关联交易，关联交易价格公允，不存在通过关联交易操纵利润的情形。

（6）财务要求发行前3年的累计净利润超过人民币3000万元，发行前3年累计净经营性现金流超过人民币5000万元或累计营业收入超过人民币3亿元，无形资产与净资产比例不超过20%，过去3年的财务报告中无虚假记载。

（7）股本及公众持股发行前不少于3000万股；上市股份公司股本总额不低于人民币5000万元；公众持股至少为25%；如

果发行时股份总数超过 4 亿股,发行比例可以降低,但不得低于 10%;发行人的股权清晰,控股股东和受控股股东、实际控制人支配的股东持有的发行人股份不存在重大权属纠纷。

(8) 其他要求发行人最近 3 年内主营业务和董事、高级管理人员没有发生重大变化,实际控制人没有发生变更;发行人的注册资本已足额缴纳,发起人或者股东用作出资的资产的财产权转移手续已办理完毕,发行人的主要资产不存在重大权属纠纷;发行人的生产经营符合法律、行政法规和公司章程的规定,符合国家产业政策;最近 3 年内不得有重大违法行为。

2. 首次公开发行股票的程序

(1) 发行人董事会应当依法就本次股票发行的具体方案、本次募集资金使用的可行性及其他必须明确的事项作出决议,并提请股东大会批准。

(2) 发行人应当按照我国证监会的有关规定制作申请文件,由保荐人保荐并向我国证监会申报。特定行业的发行人应当提供管理部门的相关意见。依照《证券法》规定聘请保荐人的,应当报送保荐人出具的发行保荐书。

(3) 我国证监会收到申请文件后,应在 5 个工作日内作出是否受理的决定。

(4) 股票发行申请经核准后,发行人应自我国证监会核准发行之日起 6 个月内发行股票;超过 6 个月未发行的,核准文件失效,须重新经我国证监会核准后方可发行。股票发行申请未获核准的,自我国证监会作出不予核准决定之日起 6 个月后,发行人可再次提出股票发行申请。

(5) 发行申请核准后、股票发行结束前,发行人发生重大事项的,应当暂缓或者暂停发行,并及时报告我国证监会,同时履行信息披露义务。影响发行条件的,应当重新履行核准程序。

(6) 我国证监会或者国务院授权的部门对已作出的核准证券

发行的决定,发现不符合法定条件或者法定程序:①尚未发行证券的,应当予以撤销,停止发行。②已经发行尚未上市的,撤销发行核准决定,发行人应当按照发行价并加算银行同期存款利息返还证券持有人;保荐人应当与发行人承担连带责任,但是能够证明自己没有过错的除外;发行人的控股股东、实际控制人有过错的,应当与发行人承担连带责任。

3. 首次公开发行股票的信息披露

为进一步强化首次公开发行股票并上市公司(以下简称发行人)信息披露的真实、准确、完整和及时,依据《首次公开发行股票并上市管理办法》《首次公开发行股票并在创业板上市管理暂行办法》等规定,2013年12月6日证监会发布了《关于首次公开发行股票并上市公司招股说明书中与盈利能力相关的信息披露指引》。

《证券法》第四十条规定:发行人应当按照我国证监会的有关规定编制和披露招股说明书。第四十一条规定:招股说明书内容与格式准则是信息披露的最低要求。不论准则是否有明确规定,凡是对投资者作出投资决策有重大影响的信息,均应当予以披露。

按照2013年证监会发布的指引的规定,发行人在披露与盈利能力相关的信息时,除应遵守招股说明书准则的一般规定外,应结合自身情况,有针对性地分析和披露盈利能力。相关中介机构应结合发行人所处的行业、经营模式等,制定符合发行人业务特点的尽职调查方案,尽职调查的内容、程序、过程及结论应在各自工作底稿中予以反映,保荐机构还应在保荐工作报告中说明其尽职调查情况及结论。

(1) 收入方面。

①发行人应在招股说明书中披露下列对其收入有重大影响的信息,包括但不限于:

按产品或服务类别标准的合理性。

报告期各期发行人对主要客户的销售金额、占比及变化情况，主要客户中新增客户的销售金额及占比情况。报告期各期末发行人应收账款中主要客户的应收账款金额、占比及变化情况，新增主要客户的应收账款金额及占比情况。

②保荐机构和会计师事务所应核查发行人收入的真实性和准确性，包括但不限于：

发行人收入构成及变化情况是否符合行业和市场同期的变化情况。发行人产品或服务价格、销量及变动趋势与市场上相同或相近产品或服务的信息及其走势相比是否存在显著异常。

发行人属于强周期性行业的，发行人收入变化情况与该行业是否保持一致。发行人营业收入季节性波动显著的，季节性因素对发行人各季度收入的影响是否合理。

不同销售模式对发行人收入核算的影响，经销商或加盟商销售占比较高的，经销或加盟商最终销售的大致去向。发行人收入确认标准是否符合会计准则的规定，是否与行业惯例存在显著差异及原因。发行人合同收入确认时点的恰当性，是否存在提前或延迟确认收入的情况。

发行人主要客户及变化情况，与新增和异常客户交易的合理性及持续性，会计期末是否存在突击确认销售以及期后是否存在大量销售退回的情况。发行人主要合同的签订及履行情况，发行人各期主要客户的销售金额与销售合同金额之间是否匹配。报告期发行人应收账款主要客户与发行人主要客户是否匹配，新增客户的应收账款金额与其营业收入是否匹配。大额应收款项是否能够按期收回以及期末收到的销售款项是否存在期后不正常流出的情况。

发行人是否利用与关联方或其他利益相关方的交易实现报告期收入的增长。报告期关联销售金额及占比大幅下降的原因及合理性,是否存在隐匿关联交易或关联交易非关联化的情形。

(2)成本方面。

①发行人应在招股说明书中披露下列对其成本有重大影响的信息,包括但不限于:

结合报告期各期营业成本的主要构成情况,主要原材料和能源的采购数量及采购价格等,披露报告期各期发行人营业成本增减变化情况及原因。

报告期各期发行人对主要供应商的采购金额、占比及变化情况,对主要供应商中新增供应商的采购金额及占比情况。

报告期各期发行人存货的主要构成及变化情况。如发行人期末存货余额较大,周转率较低,应结合其业务模式、市场竞争情况和行业发展趋势等因素披露原因,同时分析并披露发行人的存货减值风险。

②保荐机构和会计师事务所应核查发行人成本的准确性和完整性,包括但不限于:

发行人主要原材料和能源的价格及其变动趋势与市场上相同或相近原材料和能源的价格及其走势相比是否存在显著异常。报告期各期发行人主要原材料及单位能源耗用与产能、产量、销量之间是否匹配。报告期发行人料、工、费的波动情况及其合理性。

发行人成本核算方法是否符合实际经营情况和会计准则的要求,报告期成本核算的方法是否保持一贯性。

发行人主要供应商变动的原因及合理性,是否存在与原有主要供应商交易额大幅减少或合作关系取消的情况。发行人主要采购合同的签订及实际履行情况。是否存在主要供应商中的外协或外包方占比较高的情况,外协或外包生产方式对发行人营业成本的影响。

发行人存货的真实性,是否存在将本应计入当期成本费用的支出混入存货项目以达到少计当期成本费用的情况。发行人存货盘点制度的建立和报告期实际执行情况，异地存放、盘点过程存在特殊困难或由第三方保管或控制的存货的盘存方法以及履行的替代盘点程序。

（3）期间费用方面。

①发行人应在招股说明书中披露下列对其期间费用有重大影响的信息，包括但不限于：

报告期各期发行人销售费用、管理费用和财务费用的构成及变化情况。

报告期各期发行人的销售费用率，如果与同行业上市公司的销售费用率存在显著差异，应披露差异情况，并结合发行人的销售模式和业务特点，披露存在差异的原因。

报告期各期发行人管理费用、财务费用占销售收入的比重，如报告期内存在异常波动，应披露原因。

②保荐机构和会计师事务所应核查发行人期间费用的准确性和完整性，包括但不限于：

发行人销售费用、管理费用和财务费用构成项目是否存在异常或变动幅度较大的情况及其合理性。

发行人销售费用率与同行业上市公司销售费用率相比，是否合理。发行人销售费用的变动趋势与营业收入的变动趋势的一致性，销售费用的项目和金额与当期发行人与销售相关的行为是否匹配，是否存在相关支出由其他利益相关方支付的情况。

发行人报告期管理人员薪酬是否合理，研发费用的规模与列支与发行人当期的研发行为及工艺进展是否匹配。

发行人报告期是否足额计提各项贷款利息支出，是否根据贷款实际使用情况恰当进行利息资本化，发行人占用相关方资金或资金被相关方占用是否支付或收取资金占用费，费用是否合理。

报告期各期发行人员工工资总额、平均工资及变动趋势与发行人所在地区平均水平或同行业上市公司平均水平之间是否存在显著差异及差异的合理性。

（4）净利润方面。

①发行人应在招股说明书中披露下列对其净利润有重大影响的信息，包括但不限于：

报告期各期发行人的营业利润、利润总额和净利润金额，分析发行人净利润的主要来源以及净利润增减变化情况及原因。

报告期各期发行人的综合毛利率、分产品或服务的毛利率，同行业上市公司中与发行人相同或相近产品或服务的毛利率对比情况。如存在显著差异，应结合发行人经营模式、产品销售价格和产品成本等，披露原因及对发行人净利润的影响。

报告期内发行人的各项会计估计，如坏账准备计提比例、固定资产折旧年限等与同行业上市公司同类资产相比存在显著差异的，应披露原因及对发行人净利润的累计影响。

根据《公开发行证券的公司信息披露解释性公告第 2 号——财务报表附注中政府补助相关信息的披露》的相关规定，应在报表附注中作完整披露；政府补助金额较大的项目，应在招股说明书中披露主要信息。

报告期内税收政策的变化及对发行人的影响，是否面临即将实施的重大税收政策调整及对发行人可能存在的影响。

②保荐机构和会计师事务所应核查影响发行人净利润的项目，包括但不限于：

发行人政府补助项目的会计处理合规性。其中按应收金额确认的政府补助，是否满足确认标准，以及确认标准的一致性；与资产相关和与收益相关政府补助的划分标准是否恰当，政府补助相关递延收益分配期限确定方式是否合理等。

发行人是否符合所享受的税收优惠的条件，相关会计处理的合规性，如果存在补缴或退回的可能，是否已充分提示相关风险。

二、上市公司增发股票

(一) 上市公司增发股票的条件

1. 上市公司增发股票的一般条件

上市公司增发股票的一般条件是指上市公司采用不同增发股票方式都应当具备的条件,该条件有:

(1) 组织机构健全,运行良好。上市公司的公司章程合法有效,股东大会、董事会、监事会和独立董事制度健全,能够依法有效履行职责;公司内部控制制度健全,能够有效保证公司运行的效率、合法合规性和财务报告的可靠性;内部控制制度的完整性、合理性、有效性不存在重大缺陷;现任董事、监事和高级管理人员具备任职资格,能够忠实和勤勉地履行职务,不存在违反《公司法》第一百四十八条、第一百四十九条规定的行为,且最近36个月内未受到过我国证监会的行政处罚、最近12个月内未受到过证券交易所的公开谴责;上市公司与控股股东或实际控制人的人员、资产、财务分开,机构、业务独立,能够自主经营管理;最近12个月内不存在违规对外提供担保的行为。

(2) 盈利能力应具有可持续性。上市公司最近三个会计年度连续盈利。扣除非经常性损益后的净利润与扣除前的净利润相比,以低者作为计算依据;业务和盈利相对稳定,不存在严重依赖于控股股东、实际控制人的情形;现有主营业务或投资方向能够可持续发展,经营模式和投资计划稳健,主要产品或服务的市场前景良好,行业经营环境和市场需求不存在现实或可预见的重大不利变化;高级管理人员和核心技术人员稳定,最近12个月内未发生重大不利变化;公司重要资产、核心技术或其他重大权益的取得合法,能够持续使用,不存在现实或可预见的重大不利变化；不存在可能严重影响公司持续经营的担保、诉讼、仲裁或其他重大事项；最近 24 个月内曾公开发行证券的，不存在发行当年营业利润比上年下降 50% 以上的情形。

（3）财务状况良好。上市公司的会计基础工作规范，严格遵循国家统一会计制度的规定；最近三年及一期财务报表未被注册会计师出具保留意见、否定意见或无法表示意见的审计报告；被注册会计师出具带强调事项段的无保留意见审计报告的，所涉及的事项对发行人无重大不利影响或者在发行前重大不利影响已经消除；资产质量良好。不良资产不足以对公司财务状况造成重大不利影响；经营成果真实，现金流量正常。营业收入和成本费用的确认严格遵循国家有关企业会计准则的规定，最近三年资产减值准备计提充分合理，不存在操纵经营业绩的情形；最近三年以现金分配的利润不少于最近三年实现的年均可分配利润的 30%，上市公司可以进行中期现金分红。

（4）财务会计文件无虚假记载。上市公司不存在违反证券法律、行政法规或规章，受到我国证监会的行政处罚，或者受到刑事处罚的行为；不存在违反工商、税收、土地、环保、海关法律、行政法规或规章，受到行政处罚且情节严重，或者受到刑事处罚的行为；不存在违反国家其他法律、行政法规且情节严重的行为。

（5）募集资金的数额和使用符合规定。上市公司募集资金数额不超过项目需要量；募集资金用途符合国家产业政策和有关环境保护、土地管理等法律和行政法规的规定；除金融类企业外，本次募集资金使用项目不得为持有交易性金融资产和可供出售的金融资产、借予他人、委托理财等财务性投资，不得直接或间接投资于以买卖有价证券为主要业务的公司。投资项目实施后，不会与控股股东或实际控制人产生同业竞争或影响公司生产经营的独立性；建立募集资金专项存储制度，募集资金必须存放于公司董事会决定的专项账户。

（6）上市公司不存在下列行为：①本次发行申请文件有虚假记载、误导性陈述或重大遗漏；②擅自改变前次公开发行证券募集资金的用途而未作纠正；③上市公司最近 12 个月内受到过证券交易所的公开谴责；④上市公司及其控股股东或实际控制人最近 12 个月内存在未履行向投资者作出的公开承诺的行为；⑤上市公司或其现任董事、高级管理人员因涉嫌犯罪被司法机关立案侦查或涉嫌违法违规被我国证监会立案调查；⑥严重损害投资者的合法权益和社会公共利益的其他情形

2. 上市公司配股的条件

配股除了应当符合前述一般条件之外，还应当符合以下条件：①拟配售股份数量不超过本次配售股份前股本总额的 30%；②控股股东应当在股东大会召开前公开承诺认配股份的数量；③采用证券法规定的代销方式发行。控股股东不履行认配股份的承诺，或者代销期限届满，原股东认购股票的数量未达到拟配售数量 70% 的，发行人应当按照发行价并加算银行同期存款利息返还已经认购的股东。

3. 上市公司增发的条件

增发除了符合前述一般条件之外，还应当符合下列条件：①最近三个会计年度加权平均净资产收益率平均不低于 6%。扣除非经常性损益后的净利润与扣除前的净利润相比，以低者作为加权平均净资产收益率的计算依据；②除金融类企业外，最近一期期末不存在持有金额较大的交易性金融资产和可供出售的金融资产、借予他人款项、委托理财等财务性投资的情形；③发行价格应不低于公告招股意向书前 20 个交易日公司股票均价或前一个交易日的均价。

4. 上市公司非公开发行股票的条件

所谓非公开发行股票，是指上市公司采用非公开方式，向特定对象发行股票的行为。

（1）发行对象和认购条件。

非公开发行股票的特定对象应当符合股东大会决议规定的条件，其发行对象不超过 10 名。这里的发行对象不超过 10 名是指认购并获得本次非公开发行股票的法人、自然人或者其他合法投资组织不超过 10 名。其中：证券投资基金管理公司以其管理的 2 只以上基金认购的，视为一个发行对象；信托公司作为发行对象，只能以自有资金认购；发行对象为境外战略投资者的，应当经国务院相关部门事先批准。

发行对象属于下列情形之一的，具体发行对象及其认购价格或者定价原则应当由上市公司董事会的非公开发行股票决议确定，并经股东大会批准；认购的股份自发行结束之日起 36 个月内不得转让：①上市公司的控股股东、实际控制人或其控制的关联人；②通过认购本次发行的股份取得上市公司实际控制权的投资者；③董事会拟引入的境内外战略投资者。

除上之外的发行对象，上市公司应当在取得发行核准批文后，按照有关规定以竞价方式确定发行价格和发行对象。发行对象认购的股份自发行结束之日起 12 个月内不得转让。

发行对象认购本次非公开发行股票的发行价格不低于定价基准日前 20 个交易日公司股票均价的 90%。这里所称"定价基准日"，是指计算发行底价的基准日。定价基准日可以为关于本次非公开发行股票的董事会决议公告日、股东大会决议公告日，也可以为发行期的首日。上市公司应按不低于该发行底价的价格发行股票。这里所称"定价基准日前 20 个交易日股票交易均价"的计算公式为：定价基准日前 20 个交易日股票交易均价＝定价基准日前 20 个交易日股票交易总额/定价基准日前 20 个交易日股票交易总量。

同时,非公开发行认购的募集资金使用符合有关规定。如果本次发行导致上市公司控制权发生变化的,还应当符合我国证监会的其他规定。

(2) 上市公司存在下列情形之一的,不得非公开发行股票:①本次发行申请文件有虚假记载、误导性陈述或重大遗漏。②上市公司的权益被控股股东或实际控制人严重损害且尚未消除。③上市公司及其附属公司违规对外提供担保且尚未解除。④现任董事、高级管理人员最近36个月内受到过我国证监会的行政处罚,或者最近12个月内受到过证券交易所公开谴责。⑤上市公司或其现任董事、高级管理人员因涉嫌犯罪正被司法机关立案侦查或涉嫌违法违规正被我国证监会立案调查。⑥最近一年及一期财务报表被注册会计师出具保留意见、否定意见或无法表示意见的审计报告。保留意见、否定意见或无法表示意见所涉及事项的重大影响已经消除或者本次发行涉及重大重组的除外。⑦严重损害投资者合法权益和社会公共利益的其他情形。

三、发行程序

按照《证券法》的规定,发行人应当按照我国证监会的有关规定制作申请文件,由保荐人保荐并向我国证监会申报。特定行业的发行人应当提供管理部门的相关意见。我国证监会收到申请文件后,在5个工作日内作出是否受理的决定。我国证监会受理申请文件后,由相关职能部门对发行人的申请文件进行初审,并由发行审核委员会审核。我国证监会在初审过程中,将征求发行人注册地省级人民政府是否同意发行人发行股票的意见。我国证监会依照法定条件对发行人的发行申请作出予以核准或者不予核准的决定,并出具相关文件。自我国证监会核准发行之日起,发行人应在6个月内发行股票;超过6个月未发行的,核准文件失效,须重新经我国证监会核准后方可发行。发行申请核准后、股票发行结束前,发行人发生重大事项的,应当暂缓或者暂停发行,并及时报告我国证监会,同时履行信息披露义务。影响发行条件的,应当重新履行核准程序。股票发行申请未获核准的,自我国证监会作出不予核准决定之日起6个月后,发行人可再次提出股票发行申请。

四、对违规行为的处罚

新《证券法》对违反证券法行为的法律责任进行了全面的修订,使之更加系统化,更具有可操作性。

（一）法律责任主体

《证券法》规定的法律责任涉及的主体主要有：证券发行人,发行人的控股股东、实际控制人,保荐人,信息披露义务人,证券登记结算机构及其从业人员,内幕知情人员,禁止参与股票交易的人员,有证券从业资格的会计师事务所、资产评估机构,律师事务所、证券交易所、证券公司、证券登记结算机构、证券服务机构及其从业人员,证券监督管理机构的工作人员,证券业协会的工作人员,其他国家工作人员,等等。

（二）证券违法行为

《证券法》规定应当承担法律责任的证券违法行为与创新创业相关的主要有以下几种：

（1）未经法定机关核准,擅自公开或者变相公开发行证券的,责令停止发行,退还所募资金并加算银行同期存款利息,处以非法所募资金金额1%以上5%以下的罚款；对擅自公开或者变相公开发行证券设立的公司,由依法履行监督管理职责的机构或者部门会同县级以上地方人民政府取缔。对直接负责的主管人员和其他直接责任人员给予警告,并处以3万元以上30万元以下的罚款。

（2）发行人不符合发行条件，以欺骗手段骗取发行核准，尚未发行证券的，处以30万元以上60万元以下的罚款；已经发行证券的，处以非法所募资金金额1%以上5%以下的罚款。对直接负责的主管人员和其他直接责任人员处以3万元以上30万元以下的罚款。

发行人的控股股东、实际控制人指使从事前款违法行为的，依照前款的规定处罚。

（3）发行人、上市公司或者其他信息披露义务人未按照规定披露信息，或者所披露的信息有虚假记载、误导性陈述或者重大遗漏的，责令改正，给予警告，并处以30万元以上60万元以下的罚款。对直接负责的主管人员和其他直接责任人员给予警告，并处以3万元以上30万元以下的罚款。

（4）发行人、上市公司或者其他信息披露义务人未按照规定报送有关报告，或者报送的报告有虚假记载、误导性陈述或者重大遗漏的，责令改正，给予警告，并处以30万元以上60万元以下的罚款。对直接负责的主管人员和其他直接责任人员给予警告，并处以3万元以上30万元以下的罚款。

发行人、上市公司或者其他信息披露义务人的控股股东、实际控制人指使从事前两款违法行为的，依照前两款的规定处罚。

（5）上市公司的董事、监事、高级管理人员、持有上市公司股份5%以上的股东，违反《证券法》第四十七条的规定买卖本公司股票的，给予警告，可以并处3万元以上10万元以下的罚款。发行人、上市公司擅自改变公开发行证券所募集资金的用途的，责令改正，对直接负责的主管人员和其他直接责任人员给予警告，并处以3万元以上30万元以下的罚款。

发行人、上市公司的控股股东、实际控制人指使从事前款违法行为的，给予警告，并处30万元以上60万元以下的罚款。对直接负责的主管人员和其他责任人员依照前款的规定处罚。

（6）证券交易内幕信息的知情人或者非法获取内幕信息的人，在涉及证券的发行、交易或者其他对证券的价格有重大影响的信息公开前买卖该证券。或者泄露该信息，或者建议他人买卖该证券的，责令依法处理非法持有的证券，没收违法所得，并处以违法所得 1 倍以上 5 倍以下的罚款；没有违法所得或者违法所得不足 3 万元的，处以 3 万元以上 60 万元以下的罚款。单位从事内幕交易的，还应当对直接负责的主管人员和其他直接责任人员给予警告，并处以 3 万元以上 30 万元以下的罚款。证券监督管理机构工作人员进行内幕交易的，从重处罚。

（7）违反证券法的规定，操纵证券市场的，责令依法处理非法持有的证券，没收违法所得，并处以违法所得 1 倍以上 5 倍以下的罚款；没有违法所得或者违法所得不足 30 万元的，处以 30 万元以上 300 万元以下的罚款。单位操纵证券市场的，还应当对直接负责的主管人员和其他直接责任人员给予警告，并处以 10 万元以上 60 万元以下的罚款。

（8）违反证券法的规定，在限制转让期限内买卖证券的，责令改正，给予警告，并处以买卖证券等值以下的罚款。对直接负责的主管人员和其他直接责任人员给予警告，并处以 3 万元以上 30 万元以下的罚款。

（9）上市公司、证券公司、证券交易所、证券登记结算机构、证券服务机构，未按照有关规定保存有关文件和资料的，责令改正，给予警告，并处以 3 万元以上 30 万元以下的罚款；隐匿、伪造、篡改或者毁损有关文件和资料的，给予警告，并处以 30 万元以上 60 万元以下的罚款。

（三）法律责任形式

《证券法》规定承担法律责任的形式主要有：责令停止，责令改正，责令依法处理，责令关闭，退还资金，依法赔偿，取缔，撤销证券任职或从业资格，暂停或撤销相关业务许可，暂停或撤销自营业务许可，撤销证券业务许可，吊销公司营业执照，警告，罚款，依治安处罚条例处罚，没收，行政处分，刑事处分，等等。其中，罚款有的是在一定标准内按一定比例罚款，最高达20%；有的按一定标准的倍数罚款，最高达5倍；有的按金额罚款，最高达人民币60万元；有的则是按其非法买卖的证券等值以下罚款；等等。

违反法律、行政法规或者国务院证券监督管理机构的有关规定，情节严重的，国务院证券监督管理机构可以对有关责任人员采取证券市场禁入的措施。所谓证券市场禁入，是指在一定期限内直至终身不得从事证券业务或者不得担任上市公司董事、监事、高级管理人员的制度。

违反《证券法》的规定，应承担民事赔偿责任和缴纳罚款、罚金，其财产不足以同时支付时，先承担民事赔偿责任。依法收缴的罚款和没收的违法所得应全部上缴国库。

当事人对证券监督管理机构或者国务院授权部门的处罚决定不服的，可以依法申请行政复议，或者依法直接向人民法院提起诉讼。

第三节　支持大学生创新创业的企业融资相关法律的完善

一、中小企业融资难的法律困境

（一）股权融资的法律困境

由于我国股票市场的发展还不成熟，自20世纪70年代以来，我国实施的改革开放政策，使我国出现了一大批中小型企业上市融资，而股票市场的繁荣，还没有促进我国相关立法的跟进，法律制度上的设计和漏洞依然存在。根据我国《证券法》的规定，上市公司的股本总额应当不低于3000万元，而且其生产经营必须要符合我国制定的国家政策，严控企业的生产以及商品的流通。在2004年开创的中小企业板，虽然是为了鼓励我国中小企业上市融资，却规定了非常苛刻的条件，如规定净资产以及净利润必须要达到2000万元以上，这样的规定导致我国不少中小企业上市融资的梦想破灭。直到2009年，我国股市增设创业板，可以说有效拓宽了中小企业的融资渠道，但是由于制度仍不够健全，中小企业在该板块融资仍然困难，难以满足其生产经营发展的资金需求。①

（二）债券融资的法律困境

企业债券是一种信用凭证，是一种长期的债务证书，企业债券为企业筹集长期资本，企业要在规定日期选择一次或分次偿还全部本金和利息。②

1987年我国颁布的《企业债券管理暂行条例》是专门管理我国企业债券的法律条文。1993年对该项法律进行了修正，修正后颁布了《企业债券管理条例》，该条例一直沿用至今。近十年来我国经济快速发展，由于这项法案颁布的时间比较早，并且没有及时得到修改和完善，因此不再适应现有的经济情况，不能很好地与现在的企业需求匹配，这就在一定程度上阻碍了企业的债券融资，也给企业的健康成长带来了限制。比如《企业债券管理条例》的第二条规定：本条例适用于在我国设立的拥有独立的

---

① 门义超. 赵迎斌. 我国创业板市场的制度缺陷 [J]. 合作经济与科技，2012 (1)：78-79.

② 吴敏. 我国企业债券信用增进研究 [D]. 长沙：湖南大学，2013.

法人资格的企业在我国境内发行的债券。但是，外币债券和金融债券不适用此条例。除了条款中规定的这些企业之外，任何个人和任何单位都不能发行企业债券。这样就在很大程度上限制了合伙企业和个人独资企业在内的不具有法人资格的企业的进入，而这些企业大多数是中小企业，因此这项条款减少了很大一部分中小企业的债券融资机会。

除此之外，《证券法》等一系列规定中都对中小企业通过债券方式进行融资进行了限制和制约。这些制约包括要求股份有限公司拥有不低于人民币3000万元的净资产，有限责任公司拥有不低于人民币6000万元的资产，公司最近三年的平均可分配利润应该足够支付一年的公司债券利息。通常情况下，只有一些大规模的企业能够符合这些规定的要求，但这些大规模的企业往往不缺少资金支持。相反的，那些更需要资金支持的中小型企业不能够得到债券融资的通道和资格。从客观角度看，这些条件有利于确保债券市场的安全性，因此，怎样才能既考虑到债券市场的安全又惠及中小企业的融资需求，就还需要我们进行深入的探讨。

（三）间接融资的法律困境

从我国现阶段的各个融资渠道来看，间接融资特别是从商业银行贷款，在所有融资金额中所占融资比例最大，也是许多企业最主要的融资手段。

虽然我们国家已经意识到间接融资对发展中的中小企业的重要性，也配套出台了相关的法律规范，目的是促进和鼓励商业银行向中小企业贷款，但是基本上难以在短时期内改变中小企业融资困难的现状。

首先，银行贷款审批难。在贷款方面，银行为了规避风险，在接受企业的贷款申请之前，必须要对企业进行严格的审核。《商业银行法》第三十五条规定：商业银行的贷款，应当对借款人的还款方式、借款用途、偿还能力等情况进行严格审查。商业银行贷款应实施审贷分离制度。

近几年，现实情况是各大商业银行为了降低贷款风险，不断严格信贷审批权限，回收基层网点审批权，特别是在一些欠发达的农村地区，这一现象更加明显。同时我国乡镇中的中小企业数量大，这就锐减了这些地区的中小企业获得贷款的机会，即使这些企业需要的贷款数额相对较小，而且是基层银行就能够审核的也要严格执行。除此之外，银行没有机会和途径充分地深入基层企业，从而无法准确地对企业的近况进行直接深入的分析，造成信息上的不对称和信息缺失，再加上银行在发放贷款过程中为了将自身风险降到最低，理所当然会提高贷款审批门槛，也就增加了中小企业融资的难度。

其次，担保制度不完善。我国担保制度不够完善是导致中小企业融资难的另一原因。企业要贷款必须拥有可抵押的资产。但现实是很多中小企业的规模较小，运行成本高，所以资产也是量小力微。银行要求担保所需的土地、资本金、厂房等又恰是中小企业最缺乏的，因此中小企业很难在这样的背景下获得融资。《商业银行法》第三十六条有所规定：借款人向银行提交贷款申请，同时也应提供担保。商业银行也应严格审查保证人是否具备偿还能力，质物的权属和价值等。企业想要从银行获取贷款，提供抵押或担保物品成为必要的条件。法条后面提到的信用贷款，其实对企业的要求相对很高，贷款额度数量也极少，必须是银行进行综合评估后认为企业有资金流动正常且经营状况良好、无债务、诚信度高等这些条件才可以获取有限的贷款。因此中小企业在担保制度上处处受制约，也就不能顺利获得贷款。

再次，信誉评级不健全。我国现有的企业信誉评估制度一般不针对中小企业，主要都是针对大型企业，比如国有企业和央企。由于中小企业的整体实力较弱，固定资产少、规模小、营业收益不理想及中小企业对自身信誉的重视程度不够，这些条件都不利于中小企业融资。在目前的信誉评估制度中，毫不夸张地说中小企业处于受歧视的地位，这是在制度上的不公平。①

随着改革开放的不断深入，信誉在市场经济中的地位越来越重要，因此国家也制定了相应的法律法规来健全我国的信用体系。但是总体而言，我国在此方面现有的条款相对零散，不够集中，未能形成一个完整的体系，所以建立一个良好的信用体系还有很长的路要走。比如美国已有多部信誉体系方面的法律，例如2006年《信用评级机构改革法案》、2010年《多德弗兰克法案》，其中《信用评级机构改革法案》主要对 SEC 授予绝对的监管权力，有权制定具体规则，并就特别事项如评级流程和方法、评级表现等规定工作要点。我国中小企业融资的相关法律不完善，同时现行的司法制度对失信赖账的惩罚力度不够，曝光力度也不大，执法过程中甚至还有腐败现象存在。这些都使得企业在违约行为发生后付出的代价相对较小，也就是说企业违约行为所得到的收益远远大于其所受惩罚的成本。只有当企业良好的信用能够为其带来长久的利益，并且这一收益大于进行一次性的欺骗所获得的收益，企业才会更加重视自身的信用问题。

二、国外先进经验的启示

经济学界许多专家认为第二次世界大战后，许多发达国家能够快速从战争颓废的经济中恢复过来，关键就是中小企业的繁荣发展吸纳了大量的就业人员。许多发达国家的政府根据本国中小企业发展的实际状况，制定了切实有效的法律以及促进政策。下面通过对美国、日本、德国等发达国家解决中小企业融资问题的

---

① 彭十一. 经济转型期我国中小企业融资问题研究 [M]. 北京：中国农业出版社，2008：45—46.

研究，找出可供我国参考借鉴的依据。

(一) 美国保护中小企业融资的措施

美国非常注重本国中小企业在经济中的作用。

1. 制定完善的法律法规

美国支持本国中小企业的融资，通过立法途径来保障中小企业的合法利益。为了促进中小企业的发展，先后制定了《中小企业法》《小企业经济政策法》《小企业投资奖励法》《反托拉斯法》《小企业创新开发法》《公正平等法》等，这些立法成果涉及了中小企业发展的方方面面，在许多具体措施上都有所规定，以创造和保障中小企业参与市场的机会，给小企业一个公平竞争的机会。[①]

2. 设立专门的管理机构

按照美国《中小企业法》的相关规定：国家设立中小企业管理局（SBA），主要是为中小企业提供担保服务，以帮助其获得相应的政府贷款、采购合同及技术管理等方面的支持。美国在1953年设立中小企业管理局，负责大多数中小企业扶持政策，主要方式就是以担保形式帮助中小企业向银行贷款。其主要职责为：通过提供贷款担保、奉献资金、帮助其推销产品、颁布有利的税务计划、划拨研究经费等为中小企业提供资金扶持，帮助其创业获得贷款。同时尽可能多地为中小企业提供采购合同，促进中小企业的进出口贸易，帮助中小企业扩大出口。

(二) 日本对中小企业融资体系的完善

与美国相比，日本是真正的小企业之国。第二次世界大战后，为了快速发展本国经济，日本采取了大力扶持中小企业发展

---

① 樊春良，马小亮. 美国科技政策科学的发展及其对中国的启示 [J]. 中国软科学，2013 (10)：168－181.

的政策，在中小企业融资方面形成了一套完备的体系。

1. 法律法规的制定

日本关于扶持中小企业发展的法律法规体系较为完善，其实际操作性更强。1963年，日本颁布了《中小企业基本法》，之后围绕这部纲领性法规出台了一系列法律，如《中小企业指导法》《防止中小企业倒闭破产法》《中小企业现代化促进法》《中小企业振兴事业团法》等。到20世纪末，日本关于促进和保护中小企业融资的法律有50多部，其内容涉及税收、金融支持、公平竞争、破产防范等各个方面，建立起了完备的法律保障制度。

2. 专门管理机构的设置

与美国一样，日本也设立了专门管理机构。日本设立的金融管理机构较多，如国民金融公库、商工组合金库、中小企业金融公库等，以及信用保护协会等。为了增强中小企业的活力、促进本国中小企业的国际发展、振兴传统工艺产品等，提供资金和贷款，创立了面向中小企业的特别贷款制度。为了帮助中小企业顺利融资，设立了小规模事业金融公社。以名古屋为例，小规模事业金融公社是官民共建的服务性组织，通过与市政府和经济局的紧密联系，扶持中小企业发展，帮助其审批获得贷款。

同时，日本政府还会倡导组建中小企业事业团、中小企业协会、商工会、信用协同组合、商店街振兴组合等，为中小企业提供服务。

（三）德国扶持中小企业融资的措施

1. 制定完善的法律法规

为了支持和鼓励中小企业的发展，保障其切身利益，德国将中小企业的保护性规定上升到了法律高度。1978年，德国颁布实施了《中小企业研究和发展工作设想》，1997年又制定了《联邦政府中小企业研究与技术政策方案》，后来又制定并颁布了

《关于提高中小企业效率的行动计划》，减少中小企业的税费负担。针对大企业的排挤，为了维护中小企业在市场上的公平竞争环境，还先后颁布了《反对垄断法》《反对限制竞争法》和《关于提高中小企业的新行动纲领》等法律，并允许中小企业签订联合竞争协议，以增强中小企业的竞争力。各州也从本州实际情况出发执行相应法规。

2. 设立专门服务机构

为了促进中小企业发展，德国设立相对应的中介组织。这些中介组织主要业务是提供融资信息服务。德国政府在各州专门设立中小企业局，负责研究和制订对中小企业发展帮扶计划，培训小企业主和管理人员，同时也帮助其提高质量标准，监督相关政策和法律的落实等。

3. 设立中小企业银行和信用担保银行

为了帮扶中小企业融资，德国设立了中小企业银行，主要以国有银行和储蓄银行合作方式开展。为中小企业提供低息贷款是这些银行的主要业务。1948年，德国在各州设立担保银行，即德国复兴信贷银行，这种银行不盈利、不吸收储蓄、不放贷，不与商业银行竞争，不缴纳所得税，以解决无能力提供担保的企业和个人的贷款问题。随后，德国制定了与之相应的《德国复兴信贷银行法》，为这种担保能够长期有效地运行赋予法律强制力。[1]

（四）对我国的借鉴意义

美国、日本、德国为促进中小企业发展，改善中小企业融资环境，解决中小企业融资难而积极采取的各种措施，都能为解决我国中小企业融资的法律问题提供宝贵的经验。

---

[1] 冯果. 现代公司资本制度比较研究 [M]. 武汉：武汉大学出版社，2000：175.

一是健全相关法律法规。美、日、德三国都是运用法律手段为中小企业的发展创造良好的法律环境。通过立法来明确中小企业的法律地位，表明国家对中小企业的支持态度，切实维护中小企业的合法权益，促进中小企业的发展，这是发达国家的一种通行做法。

二是设立专门机构进行支持和管理。通过设立专门机构对中小企业的融资与发展进行支持与管理，为中小企业发展提供全方位服务，是发达国家促进中小企业发展的重要手段。如针对中小企业贷款设立中小型银行、设立专门监督机构以保证政策的实施等，都是较为有效的手段。在这一点上必须结合本国的实际情况，与本国现行的经济体制相适应。

三是完善本国的担保体系。建立一个符合我国国情的信用担保体系，才能有效促进中小企业发展。担保体系的完善程度标志着一个国家融资体系是否趋向成熟。一个国家的信用担保体系应符合本国金融市场的运行规律，确保合理的匹配性，才能起到作用。以上经验对于我国在解决中小企业融资方面具有重要的借鉴意义，为我国解决中小企业融资难的问题提供了许多解决思路。

三、完善中小企业融资法律制度的建议

（一）直接融资法律方面的完善

金融业的发展是现代经济发展不可缺少的一个部分，健康完善的金融市场对于企业的发展有重要的作用。良好的金融秩序需要配套的法律法规来支撑，新中国成立以来，与西方发达国家相比，我国在金融领域的法律法规建设相对不健全、不完善。我们应该多多借鉴国外的经验和教训，逐步消除我国在该方面存在的种种缺陷与不足，完善我国有关中小企业融资的法律制度，切实保障融资方面的合法权利，进而实现我国金融市场的健康快速

发展。

1. 科学设计资本市场

我国为方便经济发展而建立了相应的资本市场，我国资本市场上股票发行的程序相对烦琐，且发行成本较高。中小企业因其规模限制，难以承受较高的融资成本，要使我国中小企业健康发展，就必须将烦琐的股票发行程序简化，改革股票发行的审核制，实行股票发行注册制，使金融市场向全面多层次的模式发展。要在我国相关法律法规的框架下，健全我国中小企业金融市场，让其成为中小企业直接融资的主阵地。

2004年，国家为了方便那些不能够在主板上市融资的中小企业，设立了中小企业板。到目前为止，深交所已有数百家企业通过中小企业板块进行融资而获得资金。国务院于2013年12月14日颁布实施了《关于全国中小企业股份转让系统有关问题的决定》，挂牌的股份转让公司也可以自由转板到证券交易所上市，新三板的扩容问题终于得到了有效解决。新三板主要是为中小企业服务的，被称为我国的纳斯达克，该政策的发布对挂牌的标准进行了下调，使有融资需要的企业尽量都能获得融资机会，使我国为数众多的中小企业得以进入资本市场。中小企业板拓宽了企业进行融资的渠道，使企业的资本实力得到增强，同时对于我国企业的现代化改革起到了很大的推动作用，对企业的产权结构进行明晰的界定，根据企业的实际情况制订长期发展计划，避免企业只顾短期利益的不理性行为，起到保护企业所有者合法权益的作用。[①] 中小企业板虽是为中小企业服务的，但对企业的资格审查同样存在一定的标准，这就要求中小企业进行相应的企业制度改革，对企业的经营管理模式进行合理的完善，使企业获得更强

---

① 杨怡. 民营中小企业融资问题研究：以北京市为例[J]. 经济学家，2011(10)：25—26.

的盈利能力,从而赢取投资者对企业发展前景的信心,同时这也为中小企业的健康发展创造了良好的条件。

上海证券交易所"设立科创板并试点注册制"相关业务规则和配套指引于 2019 年 3 月 1 日正式亮相。设立科创板是落实创新驱动和科技强国战略、推动高质量发展、支持上海国际金融中心和科技创新中心建设的重大改革举措,是完善资本市场基础制度、激发市场活力和保护投资者合法权益的重要安排。

2. 改革证券方面相关制度

债券和股票是西方发达国家普遍采用的直接融资渠道,其优点在于可以很好地分散金融风险。债券的本质是一种债券凭证,它是由具备相关资质的国家政府、金融机构或企业向债券承接者发放的,并且支付一定利息的债权凭证,从而实现筹措资金的目的。债券作为融资工具的优点在于,它可以很好地保证利息费用的可知性,并且大大降低企业的融资成本。

改革开放以来,我国加大了对大型企业股份制改革的重视程度,因此当企业需要进行融资时,往往会选择进行股权融资,这是因为发行股票有以下两点优势:一是能够较方便地以低成本筹措到企业需要的资金;二是企业融资在发展过程中,还同时实现了国家的改革目标。发行国债主要有以下两个优势:一是有利于减少财政赤字;二是对于国家大型项目的建设,以及社会福利的工程建设起到了筹措资金的重要作用。发行企业债券方面,我国最早可以追溯到 1987 年。但是企业发行债券进行融资会导致国家的收益比缩小,所以企业在进行融资活动时常常遭受冷遇。令人费解的是,我国曾多次下调利率,理论上说这势必会刺激企业债券的发行,但事实却相反。由此可见,对于企业债券发行的相关理念与制度的设计,必须要使其能够很好地适应市场需求的变化。因此,要想使中小企业十分便利地进行债券融资活动,对我国当前实行的《企业债券管理条例》进行修订和完善是很有必要的。第一，应该扩充企业债券的种类，这样可以为投资者提供多元化的选择，从而提高投资者的积极性。第二，简化中小企业在一级市场上市的手续，同时降低上市的门槛，从而降低投资者的投资成本，提高企业债券市场的活跃度。

在我国当前的国情下，中小企业具有其特殊性。第一，应该对债券额度限制进行放宽，并逐步将其取消。第二，丰富我国金融交易市场的生态构成，对相关信息的披露制度进一步完善，并且根据中小企业所具有的特点专门制定相关的发行标准。第三，债券的发行应该进行多元化的改革，使中小企业成为债券发行的主体。第四，应该对公司债券的审批制度进行改革，取消政府对企业债券进行审批的权力，只有这样才能保证市场上发行债券数既是公司拟发行的数量，同时又可以保证企业债券本息偿付的顺利实现，增强政府的信用，培养投资者对市场的敏锐观察力。

(二) 间接融资法律方面的完善

为了解决中小企业进行间接融资难的问题，我国实施的《中小企业促进法》中有这样的规定：政府应该为提高对中小企业的信贷支持创造良好的环境，从经济环境上着手解决中小企业的融资难问题，同时从央行到地方商业银行都应该提高对中小企业在融资方面的支持。为达到这个目的，目前我国的商业银行都已经针对中小企业的特点专门建立了相关的中小企业信贷部门。但是要从根本上解决中小企业融资难的问题，必须制定并实施系统的专门法律法规，而不是仅仅靠《中小企业促进法》就能完成的。

1. 建立发展政策性银行

在我国目前的经济环境下，中小企业相对于国企以及其他大型企业往往处于弱势，如果任由中小企业完全依靠自身发展，则很难实现健康的成长。所以在融资及其他政策方面，政府都应对中小企业有所照顾与倾斜，可以通过设立专门的政策性银行，扶持我国中小企业稳定发展。政府应该主导制定关于政策性银行专门的相关法律法规,从而可以避免在建立政策性银行时可能面临的法律尴尬。我国在多年前就已经成立了政策性银行,但却只是下发了少量的通知、决定等零散的政策指导,没有出台系统的专门性法律法规,市场经济的快速发展与立法的相对滞后,要求尽快制定实施与政策性银行相关的法律,并配套成立相关机构。政府应该尽量多在基层铺设相关网点,并且给予一定的自主性,使企业与银行之间可以经常进行面对面的交流,增进彼此之间的信任感,最终解决中小企业贷款难的问题。在资金的来源方面,我们应该积极利用各方面可利用资金,拓宽融资渠道,鼓励地方政府与民间资本积极参与,并给予一定的政策优惠。

2. 完善信用担保的法律制度

中小企业在日常的经营管理过程中需要向银行进行借贷,且企业信用不足时则需要一种专门的信用机构为企业的信用进行担保,这种服务就是信用担保,企业利用担保服务并支付相应的担保费用。

有关我国企业借贷的相关规定有《中小企业信用担保体系试点》《中小企业融资担保机构风险管理暂行办法》和《中小企业促进法》等。健全有关信用担保的法律制度,可以有效地为银行规避资金风险提供保障,进而达到解决中小企业融资难的问题。笔者认为,完善信用制度可以从下面几方面着手:

第一,加大在信用方面的立法力度,建立有关的法律体系。应该从以下几个方面着手:一是明确信用担保的概念,制定合理的担保范围,提出基本的担保原则;二是明确规定相应的法律程序以及资质条件,并确定担保业务的范围种类;三是对企业通过信用担保获得的资金做出一定的规定,并且还应从法律上对其资金使用进行相关的规定,使法律的覆盖面更广、体系更完善,使资金的安全性更高。

第二，在法律范围内建立信用担保机构。在解决企业融资难的问题上，担保机构可发挥重要的作用。这样的担保机构一般分为两类：一种是由政府直接出资建立，其性质是低收费或非营利的，并且业务具有单一性，即成立目的是帮助企业进行融资，仅仅提供贷款担保的相关业务；另外一种是由社会其他资本出资成立商业性担保机构。信用担保的性质及其在经济发展中的重要作用，决定了其具有长期性的特点。

第四章　支持大学生创新创业的企业财税相关法律

第一节　企业所得税法

企业所得税的征税对象是纳税人取得的所得，包括销售货物所得、提供劳务所得、转让财产所得、股息红利所得、利息所得、租金所得、特许权使用费所得、接受捐赠所得和其他所得。

作为企业所得税纳税人，应依照《企业所得税法》缴纳企业所得税。但个人独资企业及合伙企业除外。

《企业所得税法》是为了使我国境内企业和其他取得收入的组织缴纳企业所得税制定的法律，由中华人民共和国第十届全国人民代表大会第五次会议于 2007 年 3 月 16 日通过。当前版本是 2018 年 12 月 29 日第十三届全国人民代表大会常务委员会第七次会议通过第十三届全国人民代表大会常务委员会第七次会议决定修改的。

一、纳税人

《企业所得税法》第一条规定，在中华人民共和国境内，企业和其他取得收入的组织（以下统称企业）为企业所得税的纳税人，即所有实行独立经济核算的中华人民共和国境内的内资企业或其他组织，包括以下 6 类：国有企业、集体企业、私营企业、联营企业、股份制企业、有生产经营所得和其他所得的其他组织。

企业是指按国家规定注册、登记的企业。有生产经营所得和其他所得的其他组织，是指经国家有关部门批准，依法注册、登记的，有生产经营所得和其他所得的事业单位、社会团体等组织。独立经济核算是指同时具备在银行开设结算账户；独立建立账簿，编制财务会计报表；独立计算盈亏等条件。

《企业所得税法》规定，企业所得税纳税人按照国际惯例一般分为居民企业和非居民企业，这是确定纳税人是否负有全面纳税义务的基础。居民企业是指依照一国法律、法规在该国境内成立，或者实际管理机构、总机构在该国境内的企业。《企业所得税法》所称的居民企业是指依照我国法律、法规在我国境内成立，或者实际管理机构在我国境内的企业。例如，在我国注册成立的沃尔玛（中国）公司、通用汽车（中国）公司，就是我国的居民企业；在英国、百慕大群岛等国家和地区注册的公司，但实际管理机构在我国境内，也是我国的居民企业。非居民企业是指依照外国（地区）法律、法规成立且实际管理机构不在我国境内，但在我国境内设立机构、场所的，或者在我国境内未设立机构、场所，但有来源于我国境内所得的企业。例如，在我国设立的代表处及其他分支机构等外国企业。个人独资企业、合伙企业不使用本法，这两类企业征收个人所得税即可，避免重复征税。

二、征税对象

企业所得税的征税对象是纳税人取得的所得，包括销售货物所得、提供劳务所得、转让财产所得、股息红利所得、利息所得、租金所得、特许权使用费所得、接受捐赠所得和其他所得。

《企业所得税法》规定，居民企业应当就其来源于我国境内、境外的所得缴纳企业所得税。非居民企业在我国境内设立机构、场所的，应当就其所设机构、场所取得的来源于我国境内的所得，以及发生在我国境外但与其所设机构、场所有实际联系的所得，缴纳企业所得税。非居民企业在我国境内未设立机构、场所的，或者虽设立机构、场所但取得的所得与其所设机构、场所没有实际联系的，应当就其来源于我国境内的所得缴纳企业所得税。

三、应纳税所得额

应纳税所得额是企业所得税的计税依据，按照企业所得税法的规定，应纳税所得额为企业每一个纳税年度的收入总额，减除不征税收入、免税收入、各项扣除以及允许弥补的以前年度亏损后的余额。应纳税所得额的正确计算直接关系到国家财政收入和企业的税收负担，并且同成本、费用核算关系密切。

应纳税所得额有两种计算方法，一是直接法，二是间接法。

（一）直接计算法

应纳税所得额＝收入总额－不征税收入－免税收入－各项扣除金额－弥补亏损

（二）间接计算法

应纳税所得额＝会计利润总额±纳税调整项目金额

利润总额＝营业利润＋投资净收益＋营业外收入－营业外支出

营业利润＝主营业务利润＋其他业务利润

主营业务利润＝主营业务收入－主营业务成本－期间费用－营业税金

其他业务利润＝其他业务收入－其他业务成本－营业税金

1. 纳税调增项目

（1）职工福利费、工会经费、职工教育经费。企业发生的职工福利费支出,不超过工资、薪金总额14%的部分准予扣除,超过的部分不得扣除;企业拨缴的工会经费,不超过工资、薪金总额2%的部分准予扣除,超过的部分不得扣除;企业发生的职工教育经费支出,不超过工资、薪金总额2.5%的部分准予扣除,超过的部分准予结转以后纳税年度扣除(必须实际发生)。

(2) 保险费。企业依照国务院有关主管部门或者省级人民政府规定的范围和标准为职工缴纳的"五险一金",准予扣除;企业为投资者或者职工支付的补充养老保险费、补充医疗保险费,在国务院财政、税务主管部门规定的范围和标准内,5%准予扣除;企业参加财产保险,按照规定缴纳的保险费,准予扣除。企业为投资者或者职工支付的商业保险费,不得扣除。

(3) 借款费用。向非金融机构借款费用支出,在不高于按照金融机构同类、同期贷款利率计算的数额以内的部分可扣除,超过部分不得扣除;企业从其关联方接受的债权性投资与其权益性投资比例超过规定标准而发生的利息支出,不得扣除。

(4) 业务招待费。企业发生的与生产经营活动有关的业务招待费支出,按照发生额的60%扣除,但最高不得超过销售收入5‰,超过规定比例的部分不得扣除。

(5) 广告费和业务宣传费。企业发生的符合条件的广告费和业务宣传费支出,除国务院财政、税务主管部门另有规定外,不超过当年销售收入15%的部分,准予扣除;超过部分,准予在以后纳税年度结转扣除。

(6) 公益、救济性捐赠。企业发生的公益捐赠支出,不超过年度利润总额12%的部分,准予扣除。

(7) 企业之间各种支出。企业之间支付的管理费、企业内营业机构之间支付的租金和特许权使用费,以及非银行企业内营业机构之间支付的利息,不得扣除。

(8) 特别纳税调整。对关联企业作出特别纳税调整的,应当对补征的税款，自税款所属纳税年度的次年 6 月 1 日起至补缴税款之日止的期间，按日加收利息，所加收的利息不得扣除。

（9）罚款、罚金、滞纳金。企业因违反法律、行政法规而交付的罚款、罚金、滞纳金，不得扣除。

（10）非公益、救济性捐赠。企业的非公益、救济性捐赠不得扣除。

（11）赞助支出。企业发生的与生产经营活动无关的非广告性质支出，不得扣除。

（12）准备金。除税法规定可提取的准备金之外，其他任何形式的准备金，不得扣除。

2. 纳税调减项目

（1）权益性投资所得。符合条件的居民企业之间的股息、红利等权益性投资收益所得免征所得税；在我国境内设立机构场所的非居民企业从居民企业取得与该机构、场所有实际联系的股息、红利等权益投资收益。上述投资收益均不包括连续持有居民企业公开发行并上市流通的股票不足 12 个月取得的投资收益。

（2）技术转让所得。在一个纳税年度内，居民企业技术转让所得不超过 500 万元的部分，免征企业所得税；超过 500 万元的部分减半征收企业所得税。

（3）国债利息收入。企业因购买国债所得的利息收入，免征企业所得税。

（4）亏损弥补。企业发生亏损，可用下一年度的所得弥补，下一年度的所得不足以弥补的，可以逐年延续弥补，但最长不得超过 5 年。

（5）从事农、林、牧、渔业项目所得。除从事花卉、茶以及其他饮料作物和香料作物的种植、海水养殖、内陆养殖减半征收企业所得税外，企业从事其他农、林、牧、渔业项目所得，免征企业所得税。

(6) 从事国家重点扶持的公共基础设施项目投资经营的所得。自项目取得第一笔生产经营收入所属年度起，第一年至第三年免征企业所得税，第四年至第六年减半征收企业所得税。

(7) 从事符合条件的环保、节能节水项目的所得。自项目取得第一笔生产经营收入所属纳税年度起，第一年至第三年免征所得税，第四年至第六年减半征收所得税。

(8) 加计扣除。企业为开发新技术、新产品、新工艺发生的研发费，未形成无形资产计入当期损益的，在按照规定据实扣除的基础上，按照研发费的50%加计扣除；形成无形资产的，按照无形资产成本的150%摊销。企业安置残疾人员的，在按照支付给残疾职工工资据实扣除的基础上，按照支付给残疾职工工资的100%扣除。

(9) 创投企业。创投企业采取股权投资方式投资于未上市的中小高新技术企业2年以上的，可以按照其投资额的70%在股权持有满2年的当年抵扣该创业投资企业的应纳税所得额；当年不足抵扣的，可在以后纳税年度结转抵扣。

(10) 资源综合利用。企业以《资源综合利用企业所得税优惠目录》规定的资源作为主要原材料，生产国家非限制和禁止并符合国家和行业相关标准的产品取得的收入，减按90%计入收入总额。

(11) 购置节能减排设备。企业购置按国家规定的环境保护、节能节水、安全生产等专用设备的，该专用设备的投资额的10%可从企业当年的应纳税额中抵免；当年不足抵免的，可以在以后5个纳税年度结转抵免。

(12) 不征税收入。一是财政拨款，二是依法收取并纳入财政管理的行政事业性收费、政府性基金，三是国务院规定的其他不征税收入。

四、税率

《企业所得税法》规定,居民企业就其来源于我国境内、境外的所得,按25%的税率征税。非居民企业中在我国境内设立机构、场所的,取得所得与设立机构、场所与实际联系的,就其来源于我国境内的所得,以及发生在我国境外但与其所设机构、场所有实际联系的所得,按25%的税率征税;在我国境内设立机构、场所的,取得所得与设立机构、场所没有实际联系的,或者未在我国设立机构、场所,却有来源于我国的所得的,就来源于我国境内的所得,按低税率20%(实际减按10%)的税率征收。

《企业所得税法》规定的特殊税率有:

(一)对于居民企业中符合条件的小型微利企业,减按20%税率征税

小型微利企业,是指从事国家非限制和禁止行业,并符合下列条件的企业:①工业企业,年度应纳税所得额不超过50万元,从业人数不超过100人,资产总额不超过3000万元;②其他企业,年度应纳税所得额不超过50万元,从业人数不超过80人,资产总额不超过1000万元。根据《财政部税务总局关于扩大小型微利企业所得税优惠政策范围的通知》(财税〔2017〕43号)第一条规定,自2017年1月1日至2019年12月31日,将小型微利企业的年应纳税所得额上限由30万元提高至50万元,对年应纳税所得额低于50万元(含50万元)的小型微利企业,其所得减按50%计入应纳税所得额,按20%的税率缴纳企业所得税。

(二)对于国家需要重点扶持的高新技术企业,减按15%税率征税

国家需要重点扶持的高新技术企业,是指拥有核心自主知识

产权，并同时符合下列条件的企业：①产品（服务）属于《国家重点支持的高新技术领域》规定的范围；②研究开发费用占销售收入的比例不低于规定比例；③高新技术产品（服务）收入占企业总收入的比例不低于规定比例；④科技人员占企业职工总数的比例不低于规定比例；⑤高新技术企业认定管理办法规定的其他条件。

（三）对于经认定的技术先进型服务企业，减按15％税率征税

为贯彻落实《国务院关于促进外资增长若干措施的通知》（国发〔2017〕39号）要求，发挥外资对优化服务贸易结构的积极作用，引导外资更多投向高技术、高附加值服务业，促进企业技术创新和技术服务能力的提升，增强我国服务业的综合竞争力，国家税务总局发布的《关于将技术先进型服务企业所得税政策推广至全国实施的通知》（财税〔2017〕79号）自2017年1月1日起施行，通知规定在全国范围内实行以下企业所得税优惠政策：①对经认定的技术先进型服务企业，减按15％的税率征收企业所得税。②经认定的技术先进型服务企业发生的职工教育经费支出，不超过工资薪金总额8％的部分，准予在计算应纳税所得额时扣除；超过部分，准予在以后纳税年度结转扣除。

《关于将技术先进型服务企业所得税政策推广至全国实施的通知》（财税〔2017〕79号）指出享受本通知第一条规定的企业所得税优惠政策的技术先进型服务企业必须同时符合以下条件：①在我国境内（不包括港、澳、台地区）注册的法人企业；②从事《技术先进型服务业务认定范围（试行）》中的一种或多种技术先进型服务业务，采用先进技术或具备较强的研发能力；③具有大专以上学历的员工占企业职工总数的50％以上；④从事《技术先进型服务业务认定范围（试行）》中的技术先进型服务业务取得的收入占企业当年总收入的50％以上；⑤从事离岸服务

外包业务取得的收入不低于企业当年总收入的35%。

五、减免政策

企业所得税减免是指国家运用税收经济杠杆，为鼓励和扶持企业或某些特殊行业的发展而采取的一项灵活调节措施。企业所得税条例原则规定了两项减免税优惠：一是民族区域自治地方的企业需要照顾和鼓励的，经省级人民政府批准，可以实行定期减税或免税；二是法律、行政法规和国务院有关规定给予减税免税的企业，依照规定执行。对税制改革以前的所得税优惠政策中，属于政策性强，影响面大，有利于经济发展和维护社会安定的，经国务院同意，可以继续执行。

其主要包括以下内容：

（1）经国务院批准的高新技术产业开发区内的高新技术企业，按15%的税率征收所得税；新办的高新技术企业自投产年度起，免征所得税2年。

（2）对农村的为农业生产的产前、产中、产后服务的行业，即乡村的农技推广站、植保站、水管站、林业站、畜牧兽医站、水产站。生机站、气象站，以及农民专业技术协会、专业合作社，对其提供的技术服务或劳务所取得的收入，以及城镇其他各类事业单位开展的技术服务或劳务所取得的收入暂免征收所得税；对科研单位和大专院校服务于各业的技术成果转让、技术培训、技术咨询、技术服务、技术承包所取得的技术性服务收入暂免征收所得税；对新办的独立核算的从事咨询业（包括科技、法律、会计、审计、税务等咨询业）、信息业、技术服务业的企业或经营单位，自开业之日起，免征所得税2年；对新办的独立核算的从事交通运输业、邮电通信业的企业或经营单位，自开业之日起，第一年免征所得税，第二年减半征收所得税；对新办的独立核算的从事公用事业、商业、物资业、对外贸易业、旅游业、仓储业、居民服务业、饮食业、教育文化事业、卫生事业的企业或经营单位，自开业之日起，报经主管税务机关批准，可减征或免征所得税2年。

（3）企业在原设计规定的产品以外，综合利用该企业生产过程中产生的，在《资源综合利用目录》内的资源作主要原料生产的产品的所得，以及企业利用该企业外的大宗煤矸石、炉渣、粉煤灰作主要原料生产建材产品的所得，自生产经营之日起，免征所得税5年；为处理利用其他企业废弃的，在《资源综合利用目录》内的资源而兴办的企业，经主管税务机关批准，可减征或免征所得税1年。

（4）在国家确定的"老、少、边、穷"地区新办的企业，经主管税务机关批准后可减征或免征所得税3年。

（5）企业事业单位进行技术转让，以及在技术转让过程中发生的与技术转让有关的技术咨询、技术服务、技术培训的所得，年净收入在30万元以下的，暂免征收所得税。

（6）企业遇有风、火、水、震等严重自然灾害，经主管税务机关批准，可减征或免征所得税1年。

（7）新办的城镇劳动就业服务企业，当年安置城镇待业人员超过企业从业人员总数的60%的，经主管税务机关审查批准，可免征所得税3年；劳动就业服务企业免税期满后，当年新安置待业人员占企业原从业人员总数30%以上的，经主管税务机关审核批准，可减半征收所得税2年。

（8）高等学校和中小学校办工厂、农场自身从事生产经营的所得，暂免征收所得税。高等学校和中小学举办各类进修班、培训班的所得，暂免征收所得税。高等学校和中小学享受税收优惠的校办企业，必须是学校出资自办的，由学校负责经营管理、经营收入归学校所有的企业。下列企业不得享受对校办企业的税收优惠：①将原有的纳税企业转为校办企业；②学校在原校办企业的基础上吸收外单位投资举办的联营企业；③学校向外单位投资举办的联营企业；④学校与其他企业、单位和个人联合创办的企业；⑤学校将校办企业转租给外单位经营的企业；⑥学校将校办企业承包给个人经营的企业。享受税收优惠政策的高等学校和中小学的范围仅限于教育部门所办的普教性学校，不包括电大、夜大等各类成人学校，企业举办的职工学校和私人办学校。

（9）对民政部门举办的福利工厂和街道的非中途转办的社会福利生产单位，凡安置"四残"人员占生产人员总数35%以上的，暂免征收所得税；凡安置"四残"人员占生产人员总数的比例超过10%未达到35%的，减半征收所得税。

（10）乡镇企业可按应缴税款减征10%，用于补助社会性开支的费用。

第二节 个人所得税法

《个人所得税法》是我国全国人民代表大会常务委员会批准的我国国家法律文件。现行的《个人所得税法》于2011年6月30日公布，自2011年9月1日起施行。《个人所得税法》、《个人所得税法实施条例》(1994年1月28日颁布)、《税收征管法》(2001年4月28日颁布)以及由我国各级税务机关发布的有关个人所得税征管的规定，构成了现行我国个人所得税法的主体法律基础。2018年8月31日，关于修改个人所得税法的决定通过，起征点每月5000元，2018年10月1日起实施最新起征点和税率，自2019年1月1日起施行。

一、个人所得税的概念

个人所得税是调整征税机关与自然人（居民、非居民）之间在个人所得税的征纳与管理过程中所发生的社会关系的法律规范的总称。凡在我国境内有住所，或者无住所而在我国境内居住满一年的个人，从我国境内和境外取得所得的，以及在我国境内无住所又不居住或者无住所而在境内居住不满一年的个人，从我国境内取得所得的，均为个人所得税的纳税人。

二、纳税主体

我国《个人所得税法》第一条规定：在中国境内有住所，或者无住所而在境内居住满一年的个人，从中国境内和境外取得的所得，依照本法规定缴纳个人所得税。在中国境内无住所又不居住或者无住所而在境内居住不满一年的个人，从中国境内取得的所得，依照本法规定缴纳个人所得税。

个人所得税是对我国公民、居民来源于我国境内外的一切所得和非我国居民来源于我国境内的所得征收的一种税。我国个人所得税的纳税义务人，包括我国公民、个体工商户以及在我国的所有外籍人员（包括无国籍人员）和香港、澳门、台湾同胞。

在立法上，我国个人所得税的纳税人是根据居民和非居民来确定的，即将纳税义务人分为居民纳税人和非居民纳税人两种。居民纳税人，是指在我国境内有住所，或者无住所但在我国境内居住满一年的个人；非居民纳税人，是指在我国境内无住所又不居住，或者无住所且居住不满一年的人。本条第一款规定的即是居民纳税人的征税范围，第二款规定的则是非居民纳税人的征税范围。居民纳税人应承担无限纳税义务，就其来源于我国境内、境外的所得向我国政府纳税；非居民纳税人承担有限纳税义务，仅就其来源于我国境内的所得向我国政府纳税。在行使税收管辖权之前，需要正确地判断居民纳税人和非居民纳税人的身份。

三、纳税范围

我国《个人所得税法》第二条规定，下列各项个人所得，应纳个人所得税：①工资、薪金所得；②劳务报酬所得；③稿酬所得；④特许权使用费所得；⑤经营所得；⑥利息、股息、红利所得；⑦财产租赁所得；⑧财产转让所得；⑨偶然所得。

本条规定了个人所得税的应税所得项目。应税所得项目，即应纳税的所得的范围和种类，是指自然人或法人在特定期间（通常为一年）所拥有的具有合法来源性质的，以货币表现的纯所得。

本条规定的工资薪金所得，是指个人因任职或者受雇而取得的工资、薪金、年终加薪、劳动分红、津贴、补贴以及与任职或者受雇有关的其他所得。对企业事业单位的承包经营、承租经营所得，是指个人承包经营、承租经营以及转包、转租取得的所得，包括个人按月或者按次取得的工资、薪金性质的所得。稿酬所得，是指个人因其作品以图书、报刊形式出版、发表而取得的所得。作者去世后，财产继承人取得的遗作稿酬，亦按此项目征收个人所得税。特许权使用费所得，是指个人提供专利权、商标权、著作权、非专利技术以及其他特许权的使用权取得的所得；提供著作权的使用权取得的所得，不包括稿酬所得。利息、股息、红利所得，是指个人拥有债权、股权而取得的利息、股息、红利所得。财产租赁所得，是指个人出租建筑物、土地使用权、机器设备、车船以及其他财产取得的所得。财产转让所得，是指个人转让有价证券、股权、建筑物、土地使用权、机器设备等财产取得的所得。偶然所得，是指个人得奖、中奖、中彩以及其他偶然性质的所得。

四、税率

个人所得税的税率是指个人所得税税额与应纳税额之间的比例。以某项应税项目的收入额减去税法规定的该项费用减除标准后的余额，即为该项应纳税所得额。计算个人应纳税所得额需按不同应税项目分项计算。

我国税法根据各类个人所得的不同性质和特点，对个人所得税的征收采取分别计算的方法，分别采用超额累进税率和比例税率的计算方法。所谓超额累进税率，是指把征税对象按照数额大小划分为若干等级，对每个等级部分分别规定相应的税率，分别计算税额，各个等级计算税额的总和，就是征税对象的应纳税额。累进税率可以合理调节收入分配，体现公平。比例税率，是指对同一计税依据，不论数额大小，只规定统一的法定比例。比例税率计算简便，便于施行。

在我国，对于工资、薪金所得，个体工商户的生产、经营所得，对企事业单位的承包、租赁经营所得采用超额累进税率，实行量级负担。对劳务报酬、稿酬等其他所得，采用比例税率，实行等比负担。

五、免税与减税

（一）免税

我国《个人所得税法》第四条规定："下列各项个人所得，免纳个人所得税：（一）省级人民政府、国务院部委和我国人民解放军军以上单位，以及外国组织、国际组织颁发的科学、教育、技术、文化、卫生、体育、环境保护等方面的奖金；（二）国债和国家发行的金融债券利息；（三）按照国家统一规定发给的补贴、津贴；（四）福利费、抚恤金、救济金；（五）保险赔款;(六)军人的转业费、复员费、退役金;(七)按照国家统一规定发给干部、职工的安家费、退职费、基本养老金或者退休费、离休费、离休生活补助费;(八)依照有关法律规定应予免税的各国驻华使馆、领事馆的外交代表、领事官员和其他人员的所得;(九)中国政府参加的国际公约、签订的协议中规定免税的所得;(十)国务院规定的其他免税所得。"

本条是关于免税优惠的规定。参照各国的通行做法,从我国的实际情况出发,体现我国对某些项目给予照顾的社会经济政策,《个人所得税法》及其实施条例,以及财政部、国家税务总局的若干规定,都对个人所得项目给予了某些减税免税优惠。我国目前个人所得税采取直接减免的立法方式,对减免税的规定主要侧重于鼓励科学发明、促进科技进步、支持社会福利和慈善事业,较少考虑某些纳税人的实际困难。

本条规定的按照国家统一规定发给的补贴、津贴,是国家对为社会各项事业发展做出突出贡献的人员颁发的一项特定津贴,并非泛指国务院批准发给的各项补贴、津贴。目前这种免税的补贴、津贴仅限于我国科学院和工程院院士津贴。本条规定的福利费,是指根据国家有关规定,从企业、事业单位、国家机关、社会团体提留的福利费,或者工会经费中支付给个人的生活补助费。救济金,是指民政部门支付给个人的生活困难补助费。在我国,一般理解有失业工人救济费、疾病或因公负伤救济费、供养直系亲属救济费等。抚恤金,一般指国家机关、企事业单位、集团经济组织对死者家属或伤残职工发给的费用。本条规定的保险赔款,指个人因遭受各种损失而从所投保的保险公司取得的保险赔款。

(二)减税

本条规定了减税的情形,其中第一款规定了特殊人群的减税。根据有关规定,经省级人民政府批准可减征个人所得税的残疾、孤老人员和烈属的所得仅限于劳动所得，具体所得项目为：工资、薪金所得，个体工商户的生产、经营所得，对企事业单位的承包经营、承租经营所得，劳务报酬所得，稿酬所得，特许权使用费所得。本法第二条所列的其他各项所得，不属于减征照顾范围。

需要注意，减税必须遵守如下程序：①纳税人可以依照法律、行政法规的规定书面申请减免税。②纳税人的申请经过审查批准机关审批。任何机关、单位和个人不得违反法律、行政法规的规定擅自做出减税、免税的决定。③纳税人享受减税、免税待遇的，在减税、免税期间也应当按照规定办理纳税申报。④法律、行政法规规定或者经法定的审批机关批准减税、免税的纳税人，应该持有关文件到主管税务机关办理减税、免税手续。

六、税额计算

我国《个人所得税法》第六条规定：

"应纳税所得额的计算：

"（一）居民个人的综合所得，以每一纳税年度的收入额减除费用六万元以及专项扣除、专项附加扣除和依法确定的其他扣除后的余额，为应纳税所得额。

"（二）非居民个人的工资、薪金所得，以每月收入额减除费用五千元后的余额为应纳税所得额；劳务报酬所得、稿酬所得、特许权使用费所得，以每次收入额为应纳税所得额。

"（三）经营所得，以每一纳税年度的收入总额减除成本、费用以及损失后的余额，为应纳税所得额。

"（四）财产租赁所得，每次收入不超过四千元的，减除费用八百元；四千元以上的，减除百分之二十的费用，其余额为应纳税所得额。

"（五）财产转让所得，以转让财产的收入额减除财产原值和合理费用后的余额,为应纳税所得额。

"(六)利息、股息、红利所得和偶然所得,以每次收入额为应纳税所得额。

"劳务报酬所得、稿酬所得、特许权使用费所得以收入减除百分之二十的费用后的余额为收入额。稿酬所得的收入额减按百分之七十计算。

"个人将其所得对教育、扶贫、济困等公益慈善事业进行捐赠,捐赠额未超过纳税人申报的应纳税所得额百分之三十的部分,可以从其应纳税所得额中扣除;国务院规定对公益慈善事业捐赠实行全额税前扣除的,从其规定。

"本条第一款第一项规定的专项扣除,包括居民个人按照国家规定的范围和标准缴纳的基本养老保险、基本医疗保险、失业保险等社会保险费和住房公积金等;专项附加扣除,包括子女教育、继续教育、大病医疗、住房贷款利息或者住房租金、赡养老人等支出,具体范围、标准和实施步骤由国务院确定,并报全国人民代表大会常务委员会备案。"

个人所得税的计税依据是应纳税所得额,但应纳税所得额并不等同于个人收入所得额。应纳税所得额是以某项应税项目的收入额减去税法规定的该项费用减除标准后的余额。由于个人所得税的应税项目不同,并且取得某项所得所需费用也不相同,因此,计算个人应纳税所得额需按不同应税项目分项计算。本条逐项列明了应纳税所得额的计算方法。

本条第三款规定的慈善捐赠的扣除,是指:①个人将其所得通过我国境内的社会团体、国家机关向教育和其他社会公益事业以及遭受严重自然灾害地区、贫困地区捐赠,捐赠额未超过纳税义务人申报的应纳税所得额30%的部分,可以从其应纳税所得额中扣除。②纳税人通过我国人口福利基金会、光华科技基金会的公益、救济性捐助,可在应纳税所得额的30%内扣除。③个人通过非营利的社会团体和国家机关向农村义务教育的捐赠，准予在缴纳个人所得税前的所得额中全部扣除。所称个人将其所得对教育、扶贫、济困等公益慈善事业进行捐赠，是指个人将其所得通过我国境内的公益性社会组织、国家机关向教育、扶贫、济困等公益慈善事业的捐赠；所称应纳税所得额，是指计算扣除捐赠额之前的应纳税所得额。

本条第四款规定的依法确定的其他扣除，包括个人缴付符合国家规定的企业年金、职业年金，个人购买符合国家规定的商业健康保险、税收递延型商业养老保险的支出，以及国务院规定可以扣除的其他项目。专项扣除、专项附加扣除和依法确定的其他扣除，以居民个人一个纳税年度的应纳税所得额为限额；一个纳税年度扣除不完的，不结转以后年度扣除。

七、股权转让所得个人所得税管理办法

为加强股权转让个人所得税征收管理，国家税务总局制定了《股权转让所得个人所得税管理办法（试行）》（以下简称《办法》）。

（一）哪些行为属于股权转让行为？

《办法》第三条规定了七类情形为股权转让行为：①出售股权；②公司回购股权；③发行人首次公开发行新股时，被投资企业股东将其持有的股份以公开发行方式一并向投资者发售；④股权被司法或行政机关强制过户；⑤以股权对外投资或进行其他非货币性交易；⑥以股权抵偿债务；⑦其他股权转移行为。

以上情形，股权已经发生了实质上的转移，而且转让方也相应获取了报酬或免除了责任，因此都应当属于股权转让行为，个人取得所得应按规定缴纳个人所得税。

(二) 纳税人、扣缴义务人是如何规定的？

《办法》第五条规定，个人股权转让所得个人所得税，以股权转让方为纳税人，以受让方为扣缴义务人。受让方无论是企业还是个人，均应按个人所得税法规定认真履行扣缴税款义务。

(三) 股权转让收入确定的原则及方法如何把握？

《办法》第十条规定，股权转让收入应当按照公平交易原则确定，这是股权转让收入确定的基本原则。也就是说纳税人转让股权，应当获得与之相匹配的回报，无论回报是何种形式或名义，都应作为股权转让收入的组成部分。《办法》第七至九条规定了不同情形下，股权转让收入确定的方法。通常情况下，股权转让收入就是转让方在转让当期或后续期间获得的各种形式及名义的转让所得。

(四) 何种情况下需要核定股权转让收入？

《办法》第十一条规定了纳税人申报的股权转让收入明显偏低等四种主管税务机关可以核定股权转让收入的情形，主要是对违反了公平交易原则或不配合税收管理的纳税人实施的一种税收保障措施。同时，《办法》第十二条对何为股权转让收入明显偏低进行了说明，但实际情况中，确实存在部分股权转让收入因种种合理情形而偏低的情形。为此，《办法》第十三条对转让收入偏低的合理情形进行了明确，主要是三代以内直系亲属间转让、受合理的外部因素影响导致低价转让、部分限制性的股权转让等。

(五) 股权转让收入的核定方法如何把握？

根据《办法》第十四条有关规定，主管税务机关在对股权转让收入进行核定时，必须按照净资产核定法、类比法、其他合理方法的先后顺序进行选择。被投资企业账证健全或能够对资产进行评估核算的，应当采用净资产核定法进行核定。被投资企业净资产难以核实的,如其股东存在其他符合公平交易原则的股权转让或类似情况的股权转让,主管税务机关可以采用类比法核定股权转让收入。以上方法都无法适用的,可采用其他合理方法。

净资产主要依据被投资企业会计报表计算确定。对于土地使用权、房屋、房地产企业未销售房产、知识产权、探矿权、采矿权、股权等资产占比超过 20% 的企业,其以上资产需要按照评估后的市场价格确定。评估有关资产时,由纳税人选择有资质的中介机构,同时,为了减少纳税人资产评估方面的支出,对 6 个月内多次发生股权转让的情况,给予了简化处理,对净资产未发生重大变动的,可参照上一次的评估情况。

(六)股权原值如何确认?

根据《办法》第十五至十八条规定,通常情况下,股权原值按照纳税人取得股权时的实际支出进行确认。如纳税人在获得股权时,转让方已经被核定征收过个人所得税的,纳税人在此次转让时,股权原值可以按照取得股权时发生的合理税费与税务机关核定的转让方股权转让收入之和确定。这也是为了使整个转让环节前后衔接,避免重复征税。

对自然人多次取得同一被投资企业股权的,转让部分股权时,采用"加权平均法"确定其股权原值。

(七)股权转让的纳税地点和纳税时点如何确认?

《办法》第十九条规定,个人股权转让所得个人所得税以被投资企业所在地地税机关为主管税务机关。也就是说,股权转让所得纳税人需要在被投资企业所在地办理纳税申报。

股权转让的纳税时间为股权转让行为发生后的次月 15 日内。《办法》第二十条对何时作为股权转让行为发生时点进行了界定,主要包括六种情形:①受让方已支付或部分支付股权转让价款的；②股权转让协议已签订生效的；③受让方已经实际履行股东职责或享受股东权益的；④国家有关部门判决、登记或公告生效的；⑤办法第三条第四至第七项行为已完成的；⑥税务机关认定的其他有证据表明股权已发生转移的情形。

（八）纳税人、扣缴义务人、被投资企业在股权转让过程中需要履行哪些义务？

1. 事先报告义务

《办法》第六条规定，扣缴义务人应于股权转让相关协议签订后5个工作日内，将股权转让的有关情况报告主管税务机关。

《办法》第二十二条规定，被投资企业应在董事会或股东会结束后5个工作日内，向主管税务机关报送与股权变动事项相关的董事会或股东会决议、会议纪要等资料。

2. 纳税申报义务

《办法》第二十条规定了在股权转让行为发生后，纳税人、扣缴义务人应在次月15日内向主管税务机关申报纳税。

3. 事后报告义务

《办法》第二十二条规定，被投资企业发生个人股东或股东所持股权变动的，应在次月15日内向主管税务机关报送含有股东变动信息的《个人所得税基础信息表（A表）》及股东变更情况说明。

第三节　支持大学生创新创业的企业财税相关法律的完善

一、科技创新型企业发展面临的主要税务问题

（一）现行体制障碍导致税收优惠措施无法落实

为鼓励和促进企业积极进行技术创新推行各类税收优惠措施，然而，目前存在的管理体制方面的问题却对此形成制约。由于我国所实行垂直型税收管理体制，导致目前以税收政策为手段、促进企业科技创新政策的效力不足，地方税务部门与科技部门政策协调不力导致税收优惠措施无法落实。同时不同部门对政策的认定差异也导致税收优惠政策无法实施。

（二）增值税政策的粗放化导致政策效果弱化

科技创新型企业的增值税问题相对复杂，各方面综合作用，导致企业税负不降反升，其中核心问题是科技创新型企业增值税抵扣链条建立难。作为流转税，抵扣链条是否完善直接影响增值税政策效果。科技创新型企业增值税抵扣链条建立难的问题主要体现在：①税收监控执行力度不全面，导致抵扣链条不完整。企业经营过程中往往会遇到大量小规模企业不能提供增值税专用发票用于抵扣问题。②政策更新慢，导致企业研发中人力资本成本等重要项目难以抵扣。增值税管理制度未能跟上我国高科技产业发展速度，对于新兴行业仍沿用传统的进项抵扣模式，加大了企业增值税负担。同时享受税收优惠的行业范围窄，导致未被纳入产业的科技创新型企业实际税负成本增加。

（三）所得税的高税率抑制科研人员技术创新动力

科研创新型企业的所得税问题主要体现为科研人员技术成果转化中的个人所得税。一是科研人员所得税率高。一方面目前的个人所得税税率，科研人员在技术成果转化时需要缴纳最高档45％的所得税。另一方面由于技术研发成功率低，沉没成本高，对少量成功项目的高税率对科研人员创新积极性形成打击。二是地方针对技术成果转让高税率所实行的递延交税办法，治标不治本。为鼓励科研技术人员创新积极性，多地已推行技术成果转化股权收入递延缴纳所得税的优惠政策。

二、促进科技创新型企业税收政策完善的建议

（一）以抓大放小促进税收管理体制完善

从横、纵两个维度促进税收管理体制完善，一是建立横向税务、海关、科技等跨部门协调机制。以科技部门为核心，建立非正式的科技、税务、海关等相关部门联席会议，强调税务、海关等相关部门对促进科技创新型企业技术创新的支持，提高各部门协调效率。二是纵向优化税收管理程序，赋予地方税务部门决策建议权。为促进科技创新能力提升，地方管理部门必须结合地区实践，出台相关税收优惠规制。基于目前税务部门的垂直管理体系，一方面，可建立税务部门事务审批电子化信息系统，提升基层税务部门临时事务审批效率，及时反馈基层税务部门与科技部门政策协调中出现的问题，寻找解决方案；另一方面，未来可逐步增加基层税务部门在协调科技部门相关政策中的权限，提高基层税务部门决策的灵活性。

（二）以细化产业分类促进企业增值税抵扣链条完善

针对目前科技创新型企业增值税征收中存在的问题，一是细化产业分类，对主要新兴高科技产业部门实行分类管理。税务部

门应协同科技管理部门，及时把握现阶段新兴产业发展动态，制定促进新兴产业发展的税收优惠政策和条例。促进企业建立有效的抵扣链条，对于暂时无法建立有效抵扣链的产业部门，则可推行最高实际税率政策，减轻企业税负，提升企业创新积极性。二是细化增值税抵扣范围及抵扣项目，建立有效的增值税抵扣链条。一方面，降低小规模企业增值税开具成本，拓宽科技创新型企业增值税抵扣范围；另一方面，则需要根据不同行业企业特征，细化主要研发投入项目的抵扣管理办法，如出台研发中人工投入成本的抵扣管理细则，为不同行业科技创新型企业增值税抵扣链条的有效建立提供指引。三是从长期发展而言，应逐步降低增值税在税收体系中的比重。加快完善地方税体系，培育地方主体税种，逐步提高直接税在税收收入中的比重，逐步弱化增值税对企业经营的影响，简化税收管理机制。

（三）科技人才是科技创新的核心力量

完善科研人员个人所得税征收管理办法，应以降低个人所得税为核心，对其技术创新形成有效激励，提升科技人才技术创新的积极性，在此基础上，结合地方所得税管理实践，分步骤推进。一是改进技术转让个人所得税征收方法。一方面可采取扩展征税递延期的方法，给予技术产业化经营更长时间限度，提高在项目获利后再征税的概率；直接降低个人所得税税率。对于属于国家鼓励发展的高科技新兴产业企业或相关科研部门技术人员的成果转让所得现金或股权，不再按照工资薪金所得累进征税，而是按照偶然所得，实行20％的税率。

（四）以简化税收征管管理体系降低企业交易成本

繁复的税收管理方法分散了企业精力，增加了企业交易成本。一是从长期来看，税务管理部门应以降低科技创新型企业税务负担为目标，简化明晰税收征管体系。同时简化各类别税收优惠措施，建立简单清晰的普惠性税收优惠办法。

总而言之，科技创新是我国建设现代化经济体系的战略支撑，企业是创新的重要主体，而税务负担对科技创新型企业经营成本产生直接影响，并最终影响企业技术创新的积极性。针对税收优政策的问题，亟须深化税收制度改革，既抓大放小，又粗中有细，多层次、分步骤、分行业，完善税收政策和规章，为促进企业科技创新提供有效保障。

第五章　支持大学生创新创业的企业科技创新相关法律

　　实施科教兴国战略，全面落实科学技术是第一生产力的思想，把科技和教育摆在经济、社会发展的重要位置，增强国家的科技实力及向现实生产力转化的能力，提高全民族的科学文化素质，把经济建设转移到依靠科技进步和提高劳动者素质的轨道上来，这是我国自 20 世纪 90 年代中期以来的科技政策。当前，我国更加强调加强技术创新、发展高科技和实现产业化。

　　"依法治国"是改革开放以来我国政府的治国理念。我国出台了一系列法律、法规，不断完善科技政策法规体系建设，这是国家实施科技兴国战略的重要保证。全国人大及其常委会制定了科技进步法、农业技术推广法、促进科技成果转化法、科学技术普及法、计量法、标准化法、专利法等十几部与科技相关的法律，国务院及其有关部门制定了计算机软件保护条例、植物新品种保护条例、科技奖励条例等一系列有关科技的政策法规。各地方也纷纷出台相应的法规、实施细则等。这些科技法律法规对保障我国科技政策的实施起到了重要作用。

第五章 支持大学生创新创业的企业科技创新相关法律

第一节 科学技术进步法

《科学技术进步法》是为了促进科学技术进步,发挥科学技术第一生产力的作用,促进科学技术成果向现实生产力转化,推动科学技术为经济建设和社会发展服务,根据宪法制定的法规。1993年7月,我国颁布了《科学技术进步法》,这是一部堪称我国科学技术领域基本法的法律。现行《科学技术进步法》由中华人民共和国第十届全国人民代表大会常务委员会第三十一次会议于2007年12月29日修订通过,自2008年7月1日起施行。

修订后的《科技进步法》着眼于建设创新型国家的奋斗目标,以科学发展观为指导,突出自主创新,以法律形式明确了新时期国家发展科学技术的目标、方针和战略,强调科技对经济社会发展的支撑和引领作用,强化了激励自主创新的措施,是新时期科技事业发展和全社会科技进步的重要的法律保障。

一、突出和鼓励自主创新

《科技进步法》将增强自主创新能力作为我国科学技术发展的战略基点,主要表现在四个方面:

第一,明确知识产权的归属和运用,激励项目承担者的创造积极性。《科技进步法》第二十条规定:利用财政性资金设立的科学技术基金项目或者科学技术计划项目所形成的发明专利权、计算机软件著作权、集成电路布图设计专有权和植物新品种权,除涉及国家安全、国家利益和重大社会公共利益的外,授权项目承担者依法取得。项目承担者既可以是企事业单位,也可以是个人。对于项目承担者依法取得的知识产权,国家在特殊情况下可以无偿实施,也可以许可他人有偿或者无偿实施。

第二，实施促进自主创新的政府采购制度。《科技进步法》第二十五条规定：对境内公民、法人或者其他组织自主创新的产品、服务或者国家需要重点扶持的产品、服务，在性能、技术等指标能够满足政府采购需求的条件下，政府采购应当购买；首次投放市场的，政府采购应当率先购买。政府采购的产品尚待研究开发的，采购人应当运用招标方式确定科学技术研究开发机构、高等学校或者企业进行研究开发，并予以订购。

第三，建立了宽容失败的制度。为激励自主创新，鼓励勇敢探索、勇于承担风险，《科技进步法》第五十六条规定：国家鼓励科学技术人员自由探索、勇于承担风险。原始记录能够证明承担探索性强、风险高的科学技术研究开发项目的科学技术人员已经履行了勤勉尽责义务仍不能完成该项目的，给予宽容。

第四，规定了技术引进的消化、吸收和再创新制度。科技进步不排除引进国际先进科技，关键是对引进技术要进行消化、吸收和再创新，掌握关键技术，提高创新能力。《科技进步法》第二十二条规定：国家鼓励根据国家的产业政策和技术政策引进国外先进技术和装备。利用财政性资金和国有资本引进重大技术、装备的，应当进行技术消化、吸收和再创新。

二、强化企业在自主创新中的主体地位

企业是市场经济的主体，也是科技与经济的结合点。只有以企业为主体，才能坚持技术创新的市场导向，加快科技成果的产业化，促进经济发展方式的转变，提高竞争力。《科技进步法》主要从四个方面突出企业的主体地位：

第一，明确了企业在技术创新中的主体作用，并将其作为全面推进国家创新体系建设的突破口。第三十条规定：建立以企业为主体，以市场为导向，企业同科学技术研究开发机构、高等学校相结合的技术创新体系，引导和扶持企业技术创新活动，发挥

企业在技术创新中的主体作用。

第二,对企业开展创新予以税收优惠和财政支持。《科技进步法》第三十三条规定:国家鼓励企业增加研究开发和技术创新的投入,自主确立研究开发课题,开展技术创新活动。国家鼓励企业对引进技术进行消化、吸收和再创新。企业开发新技术、新产品、新工艺发生的研究开发费用可以按照国家有关规定,税前列支并加计扣除,企业科学技术研究开发仪器、设备可以加速折旧。第三十六条规定了可享受税收优惠的企业类型。一是从事高新技术产品研究开发和生产的企业。按照《企业所得税法》规定,国家需要重点扶持的高新技术企业,减按15%的税率征收企业所得税。二是投资于中小型高新技术企业的创业投资企业。2007年财政部、税务总局联合印发了《关于促进创业投资企业发展有关税收政策的通知》,明确创业投资企业采取股权投资方式投资于未上市中小高新技术企业2年以上并符合一定条件的,可按其对中小高新技术企业投资额的70%抵扣该创业投资企业的应纳税所得额。

第三,为企业技术创新获得资金提供制度保障。《科技进步法》第三十四条规定:国家利用财政性资金设立基金,为企业自主创新与成果产业化贷款提供贴息、担保。政策性金融机构应当在其业务范围内对国家鼓励的企业自主创新项目给予重点支持。第三十五条规定:国家完善资本市场,建立健全促进自主创新的机制,支持符合条件的高新技术企业利用资本市场推动自身发展。国家鼓励设立创业投资引导基金,引导社会资金流向创业投资企业,对企业的创业发展给予支持。

第四,将涉及自主创新的有关工作纳入国有企业负责人考核的范围。《科技进步法》第三十九条规定:国有企业应当建立健全有利于技术创新的分配制度,完善激励约束机制。国有企业负责人对企业的技术进步负责。对国有企业负责人的业绩考核,应当将企业的创新投入、创新能力建设、创新成效等情况纳入考核的范围。

三、明确各级政府在推动科技进步中的职责

《科技进步法》主要从四个方面对政府在推动科技进步中的职责和作用进行了规定：

第一，规定了政府在科技规划和决策的职责。第十条规定：国务院领导全国科学技术进步工作，制定科学技术发展规划，确定国家科学技术重大项目、与科学技术密切相关的重大项目，保障科学技术进步与经济建设和社会发展相协调。地方各级人民政府应当采取有效措施，推进科学技术进步。第十三条规定：国家完善科学技术决策的规则和程序，建立规范的咨询和决策机制，推进决策的科学化、民主化。制定科学技术发展规划和重大政策，确定科学技术的重大项目、与科学技术密切相关的重大项目，应当充分听取科学技术人员的意见，实行科学决策。

第二，明确了政府在科技投入中的职责，政府资金投入的重点和分配原则。第五十九条规定：国家逐步提高科学技术经费投入的总体水平；国家财政用于科学技术经费的增长幅度，应当高于国家财政经常性收入的增长幅度。全社会科学技术研究开发经费应当占国内生产总值适当的比例，并逐步提高。第六十条规定：财政性科学技术资金应当主要用于下列事项的投入，即科学技术基础条件与设施建设，基础研究，对经济建设和社会发展具有战略性、基础性、前瞻性作用的前沿技术研究、社会公益性技术研究和重大共性关键技术研究，重大共性关键技术应用和高新技术产业化示范，农业新品种、新技术的研究开发和农业科学技术成果的应用、推广，科学技术普及。对利用财政性资金设立的科学技术研究开发机构，国家在经费、实验手段等方面给予支持。

第三,规定了政府对科技进步做出突出贡献者予以奖励。第十五条规定:国家建立科学技术奖励制度,对在科学技术进步活动中做出重要贡献的组织和个人给予奖励。第四,政府要致力于营造良好的环境,引导、鼓励和支持企业开展自主创新。第四十条规定:县级以上地方人民政府及其有关部门应当创造公平竞争的市场环境,推动企业技术进步。国务院有关部门和省、自治区、直辖市人民政府应当通过制定产业、财政、能源、环境保护等政策,引导、促使企业研究开发新技术、新产品、新工艺,进行技术改造和设备更新,淘汰技术落后的设备、工艺,停止生产技术落后的产品。

四、规范科研机构在自主创新中的权责

从事基础研究、前沿技术研究和社会公益性研究的科研机构,是我国科技创新的重要力量,为进一步发挥这支力量在自主创新中的重要作用,《科技进步法》对科研机构在自主创新中的权责进行了规定:

第一,强化了财政性资金设立的科研机构的职能定位。第四十一条规定了国家统筹规划科学技术研究开发机构的布局,建立和完善科学技术研究开发体系。第四十二条第二款规定:从事基础研究、前沿技术研究、社会公益性技术研究的科学技术研究开发机构,可以利用财政性资金设立。利用财政性资金设立科学技术研究开发机构,应当优化配置,防止重复设置;对重复设置的科学技术研究开发机构,应当予以整合。

第二,明确了科研机构的权利。第四十三条规定:科学技术研究开发机构享有下列权利,即依法组织或者参加学术活动;按照国家有关规定,自主确定科学技术研究开发方向和项目,自主决定经费使用、机构设置和人员聘用及合理流动等内部管理事务;与其他科学技术研究开发机构、高等学校和企业联合开展科

学技术研究开发；获得社会捐赠和资助；法律、行政法规规定的其他权利。

第三，明确了科研机构的义务。第四十四条规定：科学技术研究开发机构应当按照章程的规定开展科学技术研究开发活动；不得在科学技术活动中弄虚作假，不得参加、支持迷信活动。利用财政性资金设立的科学技术研究开发机构开展科学技术研究开发活动，应当为国家目标和社会公共利益服务；有条件的，应当向公众开放普及科学技术的场馆或者设施，开展科学技术普及活动。

第四，建立现代院所制度。第四十五条规定：利用财政性资金设立的科学技术研究开发机构应当建立职责明确、评价科学、开放有序、管理规范的现代院所制度，实行院长或者所长负责制，建立科学技术委员会咨询制和职工代表大会监督制等制度，并吸收外部专家参与管理、接受社会监督；院长或者所长的聘用引入竞争机制。

五、加强科技人员的管理

科技创新关键在人才。为努力培养和造就一支的科技人才队伍，发挥其在国家科技进步中的重要作用，《科技进步法》在强调鼓励科技人员积极性措施的同时，促进了对科技人员的管理：

第一，保障科技人员的合法权益。第四十九条规定：各级人民政府和企业事业组织应当采取措施，提高科学技术人员的工资和福利待遇；对有突出贡献的科学技术人员给予优厚待遇。第五十条规定：各级人民政府和企业事业组织应当保障科学技术人员接受继续教育的权利，并为科学技术人员的合理流动创造环境和条件，发挥其专长。第五十一条规定：科学技术人员可以根据其学术水平和业务能力依法选择工作单位、竞聘相应的岗位，取得相应的职务或者职称。第五十四条规定：国家鼓励在国外工作的科学技术人员回国从事科学技术研究开发工作。利用财政性资金设立的科学技术研究开发机构、高等学校聘用在国外工作的杰出科学技术人员回国从事科学技术研究开发工作的，应当为其工作和生活提供方便。外国的杰出科学技术人员到我国从事科学技术研究开发工作的，按照国家有关规定，可以依法优先获得在华永久居留权。

第二，规定科技人员的义务。第五十五条规定：科学技术人员应当弘扬科学精神，遵守学术规范，恪守职业道德，诚实守信；不得在科学技术活动中弄虚作假，不得参加、支持迷信活动。第三，建立科技人员的诚信档案。第五十七条规定：利用财政性资金设立的科学技术基金项目、科学技术计划项目的管理机构，应当为参与项目的科学技术人员建立学术诚信档案，作为对科学技术人员聘任专业技术职务或者职称、审批科学技术人员申请科学技术研究开发项目等的依据。

六、推动科技资源共享

科技资源是科技进步的基础和条件，是开展自主创新的保障和支撑。为有效推进科技资源优化配置、开放和共享，《科技进步法》要求：

第一，建立配置、整合科技资源的协调机制。第十二条规定：国家建立科学技术进步工作协调机制，研究科学技术进步工作中的重大问题，协调国家科学技术基金和国家科学技术计划项目的设立及相互衔接，协调军用与民用科学技术资源配置、科学技术研究开发机构的整合以及科学技术研究开发与高等教育、产业发展相结合等重大事项。

第二，优化科研机构和实验室结构。第四十二条规定：利用财政性资金设立科学技术研究开发机构，应当优化配置，防止重复设置；对重复设置的科学技术研究开发机构，应当予以整合。

第六十三条规定：国家遵循统筹规划、优化配置的原则，整合和设置国家科学技术研究实验基地。国家鼓励设置综合性科学技术实验服务单位，为科学技术研究开发机构、高等学校、企业和科学技术人员提供或者委托他人提供科学技术实验服务。

第三，建立科技资源的共享制度。第四十六条规定：利用财政性资金设立的科学技术研究开发机构，应当建立有利于科学技术资源共享的机制，促进科学技术资源的有效利用。第六十五条规定：国务院科学技术行政部门应当会同国务院有关主管部门，建立科学技术研究基地、科学仪器设备和科学技术文献、科学技术数据、科学技术自然资源、科学技术普及资源等科学技术资源的信息系统，及时向社会公布科学技术资源的分布、使用情况。科学技术资源的管理单位应当向社会公布所管理的科学技术资源的共享使用制度和使用情况，并根据使用制度安排使用。

七、实施知识产权战略和技术标准战略

知识产权制度作为鼓励创新，保护发明创造利益的一项基本制度，在促进科技进步中具有重要作用。《科技进步法》主要从三个方面明确了知识产权制度：

第一，规定国家制定和实施知识产权战略，建立和完善知识产权制度。第七条规定：国家制定和实施知识产权战略，建立和完善知识产权制度，营造尊重知识产权的社会环境，依法保护知识产权，激励自主创新。企业事业组织和科学技术人员应当增强知识产权意识，增强自主创新能力，提高运用、保护和管理知识产权的能力。

第二，鼓励金融机构开展知识产权质押贷款。第十八条规定：国家鼓励金融机构开展知识产权质押业务，鼓励和引导金融机构在信贷等方面支持科学技术应用和高新技术产业发展。《担保法》第七十五条也明确规定依法可以转让的商标专用权、专利

权、著作权中的财产权可以质押。

第三,将形成技术标准作为国家科技计划的重要目标。第二十六条规定:国家推动科学技术研究开发与产品、服务标准制定相结合,科学技术研究开发与产品设计、制造相结合;引导科学技术研究开发机构、高等学校、企业共同推进国家重大技术创新产品、服务标准的研究、制定和依法采用。

第二节 知识产权法律制度

由于历史原因,从整体上来看,我国的知识产权制度的建设起步较晚。改革开放以来,我国加快了知识产权制度的建设步伐。目前,我国的知识产权法律体系已基本完备,并与国际标准接轨。我国已经发布了《商标法》《专利法》《著作权法》,并多次进行了修订。《合同法》对技术合同做出专章规定。同时,还出台了相关实施细则和条例来保证这些法律的实施。

一、专利法

《专利法》于 1984 年发布,1985 年开始实施,并且于 1992 年进行了第一次修正,2000 年又进行了较大幅度的修正。修正后的《专利法》自 2001 年 7 月 1 日起施行。我国的专利法保护对象为发明、实用新型和外观设计等 3 种类型的专利,内容涉及:授予专利权的条件,专利的申请,专利申请的审查和批准,专利权的期限、终止和无效,专利实施的强制许可,专利权的保护。

为确保《专利法》的实施,1985 年,我国专利局发布了《专利法实施细则》,并于 1992 年修订。2001 年,国务院发布了共计 122 条的《专利法实施细则》,同时废止 1992 年我国专利局发布的《专利法实施细则》。

（一）立法目的

1. 保护发明创造专利权

所谓"专利权"，是指依照专利法的规定，权利人对其获得专利的发明创造（发明、实用新型或外观设计），在法定期限内所享有的独占权或专有权。专利权具有以下特征：

（1）专有性或独占性，专利权人对其获得专利的发明创造，享有专有或独占的权利。

（2）地域性，在某一国家依照该国专利法取得的专利权，仅在该国法律管辖的范围内有效，受该国法律的保护，在其他国家没有法律约束力，不能得到他国的保护。要想在其他国家也得到专利保护，必须依照该国的法律向该国申请专利，取得该国的专利权。

（3）时间性，专利权仅在法律规定的期限内有效。一旦期限届满或者因出现法律规定的提前终止事由而被公告终止，专利权人对其发明创造享有的专有权即行消灭，该项发明创造即成为社会公共财产，任何人均可无偿利用。

（4）法定授权性，专利权不是基于发明创造的事实自动产生的，而是由国家专利主管机关依法批准授予的。

2. 鼓励发明创造

依照专利法的规定，被授予专利权的发明创造，专利权人享有专有权。专利权人可以通过自行实施专利取得收益，也可以通过许可他人实施专利取得许可使用费，还可以用专利权作为投资取得股权，当然也可以通过转让其专利权而获得转让费。总之，通过专利法所确立的专利制度，使得那些具有实用价值和经济意义，被依法授予专利权的发明创造，成为专利权人的财产权利，专利权人可以依此在经济上得到利益，这对于鼓励发明创造，调动人们开展发明创造的积极性,吸引更多的资金、人力投入发明创造活动,会产生重要的作用。

3. 有利于发明创造的推广应用

专利法对发明创造推广应用的促进作用,主要体现在以下两个方面:

(1) 按照专利法的规定,专利权人对其取得专利的发明创造享有专有权,他可以通过自行实施其专利而取得收益,也可以按照专利法的规定,与他人订立专利实施许可合同,通过许可他人实施其专利而取得被许可人支付的专利许可使用费。

(2) 在法律保护下的专利技术公开,是专利法规定的一项重要制度。按照专利法的规定,申请发明或者实用新型专利的申请人,应当将其申请专利的发明创造的内容,按照清楚、完整,以所属技术领域的技术人员能够实现为准的要求,写成说明书,提交给专利管理机关,并由专利管理机关依法予以公布。由于有了这项法定的公开制度,可以实现有关发明创造信息的全社会共享,有关单位和个人可以通过这一途径查到所需要的技术,对已授予专利的发明创造,及时与专利权人联系,取得使用许可,从而有利于发明创造得到推广应用。

4. 促进科学技术进步和创新,适应社会主义现代化建设的需要

制定专利法,实行专利制度,对于鼓励发明创造,促进发明创造的推广应用具有十分重要的作用,加上专利技术公开制度对于充分利用已有的科研成果,避免研究开发工作中的重复,提高科研工作的效率所具有的积极作用,从而对于推动全社会科学技术的进步和创新,适应社会主义现代化建设的需要,具有重要意义。

（二）主要规定

1. 发明创造范围

我国《专利法》第二条规定：专利法所称的发明创造是指发明、实用新型和外观设计。

依照本条规定，可以取得专利保护的发明创造包括：

（1）发明。

专利法实施细则规定专利法上所称的发明，是指对产品、方法或者其改进所提出的新的技术方案，主要包括产品发明和方法发明两类。产品发明是指人工制造的各种有形物品的发明，方法发明是指关于把一个物品或物质改变成另一个物品或物质所采用的手段的发明。由于发明是可以产生一种全新的产品或者方法的技术方案，是科技含量和创造性都较高的一种发明创造，因此，各国专利法都将发明作为专利保护的基本对象。

（2）实用新型。

专利法实施细则规定实用新型是指对产品的形状、构造或者其结合所提出的适于实用的新的技术方案。实用新型的特征：①实用新型的客体必须是一种产品。非经加工制造的自然存在的物品，以及一切有关的方法，包括产品的制造方法、使用方法、通讯方法、处理方法以及将产品用于特定用途的方法等，不属于实用新型专利的保护范围。②实用新型是针对产品的形状、构造或组合而言，即必须是对产品的外部形状、内部结构或者二者的结合提出的一种新的技术方案。③实用新型必须具有实用性，即应当是具有一定的实用价值并且在产业上能够制造。④实用新型必须是"新型"，即具有一定的创新性，属于一种"新的技术方案"。

（3）外观设计。

专利法实施细则规定外观设计是指对产品的形状、图案、色彩或者其结合所作出的富有美感并适于工业上应用的新设计。外观设计的特征：①外观设计的载体必须是产品。产品是指任何用工业方法生产出来的物品。不能重复生产的手工艺品、农产品、畜产品、自然物等，不能作为外观设计的载体。②构成外观设计的是产品的形状、图案或者其结合或者它们与色彩的结合。产品的色彩不能独立构成外观设计。可以构成外观设计的组合有：产品的形状，产品的图案，产品的形状和色彩，产品的图案和色彩，产品的形状、图案和色彩。③该外观设计能应用于产业上并形成批量生产。④该外观设计是一种富有美感的新的设计方案。

2. 授予专利权的限制性条件

我国《专利法》第四条规定：申请专利的发明创造涉及国家安全或者重大利益需要保密的，按照国家有关规定办理。按照本条规定，对涉及国家秘密的专利申请的保密问题，应按照国家有关规定办理。这里讲的"国家有关规定"，包括《保守国家秘密法》的规定，也包括国务院制定的专利法实施细则等有关行政法规中的规定。

全国人大常委会于1988年9月制定了《保守国家秘密法》，该法规定：国家秘密是关系国家的安全和利益，依照法定程序确定，在一定时间内只限一定范围的人员知悉的事项。该法对保守国家秘密的基本制度作了规定。申请专利的发明创造，涉及依法确定为国家秘密的事项的，应当依照保密法的有关规定执行。按照专利法实施细则的有关规定，国防系统各单位申请发明专利，涉及国防方面的国家秘密需要保密的，其专利申请由国务院国防科学技术主管部门设立的专利机构受理；国务院专利行政部门受理的涉及国防方面的国家秘密需要保密的发明专利申请，应当移交国务院国防科学技术主管部门设立的专利机构审查，由国务院专利行政部门根据该专利机构的审查意见作出决定。对国防专利以外的其他需要保密的专利申请，国务院专利行政部门在受理后，应当将需要进行保密审查的申请转送国务院有关主管部门审查；有关主管部门应当自收到该申请之日起 4 个月内，将审查结果通知国务院专利行政部门；需要保密的，由国务院专利行政部门按照保密专利申请处理，并通知申请人。国务院还于 1990 年 7 月发布了《国防专利条例》，该条例规定，国防专利是指涉及国防利益以及对国防建设有潜在作用需要保密的发明专利。国防专利申请统一由国防科工委国防专利局受理和审查；经国防专利局审查认为符合本条例规定的，由国务院专利行政部门授予国防专利权。国防专利局受理的国防专利申请，在受理、审查、复审、授权、转让、实施、调处纠纷和诉讼的过程中，在未解密前按照《保守国家秘密法》和有关主管部门的规定进行管理。绝密级涉及国防利益的发明不得申请国防专利。该条例还对国防专利的实施、国防专利申请权及国防专利权的转让等事项作了具体规定。

我国《专利法》第五条规定：对违反法律、社会公德或者妨害公共利益的发明创造，不授予专利权。对违反法律、行政法规的规定获取或者利用遗传资源，并依赖该遗传资源完成的发明创造，不授予专利权。按照本条规定，不授予专利权的发明创造包括：

第一，违反国家法律的。这里讲的"国家法律"，仅指由全国人大及其常委会制定的法律，不包括行政法规、地方性法规和规章等其他规范性文件。所谓违反国家法律的发明创造，是指该发明创造本身的目的与国家法律相违背。例如，专用于赌博的设备或工具，吸毒的器具，伪造国家货币的设备等都属于违反国家法律的发明创造，不能被授予专利权。如果发明创造本身的目的并没有违反国家法律，但由于被滥用而违反国家法律的发明创造，不属于违反法律的发明创造。例如，以国防为目的的各种武器，以医疗为目的的各种毒药、麻醉品、镇静剂、兴奋剂，以娱乐为目的的棋牌等。此外,按照我国加入的《保护工业产权巴黎公约》的规定,如果仅因法律禁止专利产品的销售,或者禁止依专利方法制造的产品的销售,那么对这种产品的发明创造或者制造这种产品的方法发明不应拒绝授予专利权。

第二,违反社会公德的发明创造。"社会公德",是指公众普遍认为是正当的,并被接受的伦理道德观念。如果一项发明创造在客观上与社会公德相违背,不能被授予专利权。例如,带有暴力凶杀或者淫秽的图片或者照片的外观设计,非医疗目的的人造性器官或者其替代物,人与动物交配的方法等发明创造违反道德风俗,不能被授予专利权。

第三,妨害公共利益的发明创造。"公共利益",是指社会公众的共同利益,包括公共安全、环境保护、公共秩序等。妨害公共利益的发明创造,是指该发明创造的实施或使用会给公众或社会造成危害,或者会使社会的正常秩序受到不利的影响。例如,一种可使盗窃者双目失明或者会给使用不慎者造成失明的防盗窃装置,不能被授予专利权;一种因其实施或使用会导致严重环境污染的发明创造,也不能授予专利。但是,如果一项发明创造仅由于被滥用而可能造成危害的,或在产生积极效果的同时存在某种缺点的,则不应认为是妨害公共利益的发明创造。

第四,如果一项申请专利的发明创造的一部分属于违反国家法律、社会公德或妨害社会公共利益,而其他部分是合法的,按照原国家专利局发布的《专利审查指南》的要求,审查人员应当通知申请人进行修改,删除违反专利法规定的部分。如果申请人不同意删去违反的部分,就不能被授予专利权。

3. 合作和委托专利权的归属

我国《专利法》第八条规定:两个以上单位或者个人合作完成的发明创造、一个单位或者个人接受其他单位或者个人委托所完成的发明创造,除另有协议的以外,申请专利的权利属于完成或者共同完成的单位或者个人；申请被批准后，申请的单位或者个人为专利权人。按照本条规定，关于合作完成的发明创造和接受委托完成的发明创造申请专利的权利及专利权的归属分为以下几种情况：

（1）两个以上单位或者个人合作完成的发明创造，可以是单位与单位之间的合作（如科研机构、大专院校和企业之间的合作），也可以是单位与个人之间的合作，还可以是个人与个人的合作。合作的方式，可以是合作各方按照分工分别承担一项发明创造的不同部分或者不同阶段，也可以是一方或几方负责提供资金、设备、场地等物质条件，另一方或几方负责进行技术开发活动。合作完成的发明创造，合作各方可通过协议约定申请专利的权利及申请被批准后专利权的归属，以及合作各方的其他权利、义务。

如果合作各方没有就合作完成的发明创造申请专利的权利及专利权的归属达成协议的，按照本条的规定，申请专利的权利及取得的专利权应当归属于完成或者共同完成发明创造的一方或几方。如发明创造合作各方共同参与完成的，申请专利的权利和取得的专利权应属于合作各方共有。

对此，《合同法》第三百四十条规定：合作开发完成的发明创造，除当事人另有约定的以外，申请专利的权利属于合作开发的当事人共有。当事人一方转让其共有的专利申请权的，其他各方享有以同等条件优先受让的权利。合作开发的当事人一方声明放弃其共有的专利申请权的，可以由另一方单独申请或者由其他各方共同申请。申请人取得专利权的，放弃专利申请权的一方可以免费实施该专利。对于合作中各方共同完成的发明创造，应当由各完成方共同作为申请人提出专利申请（当然，实际操作中可选定一方为其他各方的代表，办理有关专利事务），其中一方或几方没有征得其他共同完成方的同意的，不得自行提出专利申请。对此,《合同法》上述条文中规定:合作开发的当事人一方不同意申请专利的,另一方或者其他各方不得申请专利。

(2) 关于一个单位或者个人接受其他单位或者个人的委托所完成的发明创造,其申请专利的权利和申请被批准后专利权的归属问题。按照民法的一般原则,在委托合同关系中,受托方根据委托方的委托办理委托事务,其办理委托事务的风险应当由委托人承担;同时,其办理委托事务取得的成果,也应当归于委托人。委托人则应按合同的约定向受托人支付费用和报酬。因此,不少国家的法律都规定,接受委托所完成的发明创造,申请专利的权利及取得的专利权属于委托方。

而我国《专利法》为侧重保护实际完成发明创造一方的利益,规定接受委托完成的发明创造,除当事人另有协议外,申请专利的权利和取得的专利权归于完成发明创造的一方,即归属于受托方。

当然,委托方和受托方以协议规定申请专利的权利和专利权归属于委托方或者由双方共有的,应按照协议的约定。对此,我国《合同法》第三百三十九条也有规定:委托开发完成的发明创造,除当事人另有约定的以外,申请专利的权利属于研究开发人。研究开发人取得专利权的,委托人可以免费实施该专利。研究开发人转让专利申请权的,委托人享有以同等条件优先受让的权利。

4. 专利权转让

我国《专利法》第十条规定:专利申请权和专利权可以转让。我国单位或者个人向外国人、外国企业或者外国其他组织转让专利申请权或者专利权的,应当依照有关法律、行政法规的规定办理手续。转让专利申请权或者专利权的,当事人应当订立书面合同,并向国务院专利行政部门登记,由国务院专利行政部门予以公告。专利申请权或者专利权的转让自登记之日起生效。

（1）依照本条第一款的规定，专利申请权和专利权都可以转让。

第一，按照本法第六条的规定，职务发明创造，申请专利的权利属于发明人或者设计人任职的单位；非职务发明创造，申请专利的权利属于发明人或者设计人。拥有申请专利的权利的单位或个人可以将其专利申请权转让他人。转让后，受让人成为新的专利申请权人，继受取得原专利申请权人的全部权利和义务。

第二，专利权是依法取得的财产权利。专利权人可以按照自己的意愿依法处分其专利权，既可以收取转让费有偿转让其专利权，也可以以赠与等方式无偿转让其专利权。专利权转让后，专利权的主体变更，受让人成为新的专利权人，对取得专利的发明创造享有独占权，同时应履行专利权人的义务，如缴纳专利年费等。

（2）依照本条第二款、第三款的规定，转让专利申请权和专利权，须遵守以下规定：

第一，我国单位或者个人向外国人转让专利申请权或者专利权的，必须经国务院有关主管部门批准。这里讲的"我国单位"，包括依法取得我国法人资格的各类法人和其他组织；这里讲的我国"个人"，是指我国的公民。当然，香港、澳门两个特别行政区的单位和个人除外。因为按照香港、澳门两个特别行政区基本法的规定，因本法未列入两个基本法的附件三中，因而不适用于香港、澳门两个特别行政区。我国的单位或者个人向外国的企业、其他组织或者个人转让专利申请权或者专利权的，须按规定报国务院有关主管部门，经国务院有关主管部门批准后，方可转让。

第二，转让专利申请权或者专利权的，让与人与受让人应当订立合同。该合同为要式合同，即必须以书面形式订立。对转让专利申请权或者专利权的合同，除本法或有关行政法规另有规定的以外，应适用《合同法》的有关规定。

第三，转让专利申请权或者专利权的让与人与受让人订立转让合同后，应当向国务院专利行政部门办理登记。专利申请权或者专利权的转让自登记之日起生效。需要指出的是，当事人办理登记，是专利申请权或者专利权转移生效的要件，而不是转让合同生效的要件。依照合同法的规定，依法成立的转让专利申请权或者转让专利权的合同，自成立时即生效，当事人一方不得以未经登记为由主张合同无效。合同成立后，因未向国务院专利行政部门办理登记手续使转让不生效的，当事人应当依法补办登记手续。

第四，按照国务院发布的《国防专利条例》的规定，国防专利申请权和国防专利权只能向国内的我国单位或者我国公民转让，禁止向国外的单位或者个人转让。转让国防专利申请权或者国防专利权的，属于全民所有制单位的，须经该单位上级主管部门批准；属于集体所有制单位或者个人的，须经国防专利局批准。向中外合资经营企业、中外合作经营企业转让国防专利申请权或者国防专利权的，须向国防专利局提出申请，由国防专利局报国防科工委批准。

（3）国务院专利行政部门对已经登记的专利申请权或者专利权的转让，应当予以公告，使公众可以知晓专利申请权或者专利权主体的变更情况。

5. 专有权的规定

我国《专利法》第十一条规定：发明和实用新型专利权被授予后，除本法另有规定的以外，任何单位或者个人未经专利权人许可，都不得实施其专利，即不得为生产经营目的制造、使用、许诺销售、销售、进口其专利产品，或者使用其专利方法以及使用、许诺销售、销售、进口依照该专利方法直接获得的产品。外观设计专利权被授予后，任何单位或者个人未经专利权人许可，都不得实施其专利,即不得为生产经营目的制造、许诺销售、销售、进口其外观设计专利产品。

专利权是一种排他性的或称独占性的权利,即专利权人对其专利产品或者专利方法的"实施"享有专有权。何为专利法所称的专利的"实施",本条对此作了界定:

第一,关于发明和实用新型专利的实施。按照本法有关规定,发明是指对产品、方法或者其改进所提出的新的技术方案;实用新型是指对产品的形状、构造或者其结合所提出的适于实用的新的技术方案。因此,发明可以涉及产品和方法两个方面,而实用新型则只涉及产品而不涉及方法。

如果一项专利是关于产品(及其改进)的发明或者实用新型,则该专利的实施就是"为生产经营目的制造、使用、许诺销售、销售、进口其专利产品"的行为;而如果一项专利是关于方法(及其改进)的发明,则该专利的实施就是"为生产经营目的使用其专利方法以及使用、许诺销售、销售、进口依照该专利方法直接获得的产品"的行为。显然,方法专利的实施范围要相对大于产品专利的实施范围,这也被称为"对专利方法的保护延及产品"。当然,仅仅是延及"依照该专利方法直接获得的产品"。

在现行专利法中,根据世界贸易组织《与贸易有关的知识产权协议》(即 TRIPS)第二十八条的有关规定,在发明和实用新型专利的实施行为中增加了"许诺销售"(offering for sale)的规定,从而使我国的专利制度与国际知识产权制度接轨。所谓许诺销售,是指通过在商店内陈列或在展销会上演示,列入销售征订单或拍卖清单,列入推销广告或者以任何口头、书面或其他方式向特定或非特定的人明确表示对其出售某种产品意愿的行为。与许诺销售相同或类似的概念,已经在不少国家的专利法中有所规定,其目的是使专利权人在商业交易实际发生前及时制止侵权、防止侵权产品的传播、防止专利权人因侵权而蒙受损失的发生与扩大。

第二，关于外观设计专利的实施。按照本法有关规定，外观设计是指对产品的形状、图案、色彩或者其结合所作出的富于美感并适于工业上应用的新设计。因而，外观设计专利仅涉及产品而不涉及方法。依照本条第二款的规定，所谓外观设计专利的实施，是指"为生产经营目的制造、销售和进口其外观设计专利产品"的行为。

所谓专利权人对其专利的独占实施权即专有权，并不意味着只有专利权人自己才可以实施其专利，而是如本条所规定的，专利权人以外的任何单位或个人要实施他人的专利，都必须取得专利权人的许可（本法另有规定的除外）。专利权的行使，可以表现为积极性与消极性两个方面。所谓积极性，是指专利权人行使权利的主动状态，即他可以自己实施其专利，也可以通过合同的方式许可他人实施其专利；所谓消极性，是指专利权人行使权利的被动状态，即专利权人有权禁止他人未经许可而实施其专利，又称"禁止权"。凡是任何单位或个人未经专利权人许可又无法律依据而擅自实施其专利的，均构成对专利权的侵犯，应当依法承担法律责任。

专利权人对其专利产品或方法实施的专有权，本质上是专利权人的私权。但是为了在专利权人的私权与国家利益、公众利益之间实现平衡，防止专利权人滥用权利，专利权人对其专利实施的专有权不是绝对的。本条对专利权人的专有实施权作了"除本法另有规定的以外"的限制。这里所说的"本法另有规定"，一是指本法第十四条规定的经国务院批准的推广实施，二是指国务院专利行政部门依照本法第五章规定所给予的专利实施的强制许可。只有在这两种法定的特殊情况下，按法定条件和程序，才可不经专利权人的自愿许可而实施专利。

6. 专利实施许可

我国《专利法》第十二条规定：任何单位或者个人实施他人专利的，应当与专利权人订立实施许可合同，向专利权人支付专利使用费。被许可人无权允许合同规定以外的任何单位或者个人实施该专利。

依照本条规定，任何单位或者个人实施他人专利的，无论其专利实施权是如何取得的，都必须承担与专利权人订立书面实施许可合同，并向专利权人支付专利使用费的法定义务。

（1）所谓许可，一般是指一种可撤销的、允许某人从事某种活动或实施某种行为的承诺。许可一般应由权利人给予（称为约定许可），在特定情况下也可以由政府给予（称为法定许可），这取决于法律的规定。专利权是专利权人依法享有的民事权利。依照本法规定，专利权人可以自己实施也可以许可他人实施其专利。同时，考虑到专利权作为一种带有垄断性的私权，为协调其与公共利益可能发生的冲突，本法还规定了可由专利行政部门依法给予专利实施的强制许可，以及经国务院批准的指定（推广实施）许可。

（2）依照本条规定，任何单位或者个人实施他人专利，无论其实施许可来自专利权人的自愿许可还是由专利行政部门依法给予的强制许可或国务院批准的指定（推广实施）许可，都应当与专利权人订立专利实施许可合同。严格地说，许可特别是法定许可所解决的仅仅是被许可人实施他人专利的合法性问题，而并不完全解决许可关系的平等主体之间的所有问题特别是权利义务关系问题。法律要求专利实施人与专利权人订立书面许可合同，其实际意义在于：

第一，专利实施行为与具体交易过程是非即时性的，往往持续时间较长，需要通过书面形式记载并证明合同双方当事人全部权利义务的内容和合同关系的成立。

第二，在约定许可的情况下，可以证明许可事项的存在，证明专利实施人实施专利的合法性。

第三，即使是在法定许可的情况下，有些具体内容仍需要当事人通过合同加以约定（例如强制许可的使用费数额、指定许可与强制许可的使用费支付方式与时间等）。

第四，在任何一方违反合同时，作为他方追究该方违约责任的依据。

按照本条及《合同法》第三百四十二条的规定，专利实施许可合同为"要式合同"，应当采用书面形式。

（3）向专利权人支付专利使用费，是被许可实施专利的人应履行的义务，也是专利权人在任何情况下（包括法定许可）所享有的法定权利。只是在不同的许可方式下，该使用费的金额确定方式不同。在约定许可的情形下，由合同约定金额；在强制许可的情形下，有约定则按照约定，约定不成则按照国务院专利行政部门的裁决；在指定许可的情况下，由国家规定。当然，专利权人也有权放弃其收取专利使用费的权利。由于支付使用费是被许可人的法定义务，所以专利权人放弃权利应当是明示的才能有效。

（4）无论被许可人以何种方式获得专利实施许可，他都没有超越合同的权利，都无权允许合同规定以外的任何单位或者个人实施该专利。这一规定目的在于充分保护专利权人的权利，使合同约定以外的专利权的其他权利依然保留在专利权人手中。

被许可人只能依据实施许可合同取得专利的实施权，不得行使合同没有明确约定的任何权利。同时，该规定实际上也体现了被许可人"亲自实施"的义务。专利实施许可一般分为普通许可、排他许可、独占许可、部分许可和交叉许可等不同类别，每一类别的许可，许可人与被许可人相互间的权利义务都不尽相同。选择何种许可形式，除法律另有明确规定的情形之外，则完全由许可合同的当事人约定。被许可人超越合同约定行使权利，不仅构成违约，而且构成对专利权人的侵权。

7. 授予发明和实用新型及外观设计专利权的条件

我国《专利法》第二十二条规定：授予专利权的发明和实用新型，应当具备新颖性、创造性和实用性。按照本条规定，授予专利权的发明和实用新型必须具备新颖性、创造性和实用性，即通常所说的专利"三性"要件。这是各国专利法普遍采用的准则，也是世界贸易组织《与贸易有关的知识产权协议》（TRIPS）所确认的准则。

本条第二款对"新颖性"的含义作了规定，即指在申请日以前没有同样的发明或者实用新型在国内外出版物上公开发表过、在国内公开使用过或者以其他方式为公众所知，也没有同样的发明或者实用新型由他人向国务院专利行政部门提出过申请并且记载在申请日以后公布的专利申请文件中。其包含三层意思：

第一，判断是否具有新颖性的时间界限，以提出专利申请的申请日为基准。这也是世界上绝大多数国家专利法规定的标准。按照本法有关规定，国务院专利行政部门收到专利申请文件之日为申请日。如果申请文件是邮寄的，以寄出的邮戳日为申请日。享有优先权的，则指优先权日。申请专利的发明和实用新型，只要是在申请日之前现有技术中没有的，或者未被公众所知，就是新技术，即具有新颖性。现有技术，是指在申请日以前公众能够得知的技术内容。处于保密状态的技术内容由于公众不能得知，因此不属于现有技术。

第二，判断是否具有新颖性，以申请专利的发明或实用新型是否已经公开，成为已知技术为准。凡在申请日以前没有同样的发明或者实用新型在国内外出版物上公开发表过、在国内公开使用过或者以其他方式为公众所知，则符合新颖性条件。这里讲的"同样的发明或者实用新型"，是指技术领域和目的相同，技术解决手段实质上相同，预期效果相同。本条讲的"公开"包括：①出版物公开，是指在正式出版物上已经记载了同样发明创造的情况。出版物公开的地域范围是全世界，既包括国内，也包括国外。在申请日以前，只要世界上任何一个出版物上公开发表过同样的发明创造的内容，该发明创造即不具有新颖性。出版物包括各种专利文献、杂志、书籍、学术论文、教科书、技术手册等，还包括采用电、光、照相等方法制成的各种缩微胶片、影片、照相底片、磁带、唱片、光盘等。出版物不受地理位置、语言或者获得方式的限制，也不受年代的限制。对于一些标有"内部刊物"等字样的出版物，如果是在特定范围内要求保密的，则不属于公开出版物。②使用公开，是指由于该项技术的应用而向公众公开了该项技术的内容，如新产品的制造、销售、使用和公开展示、表演等。使用公开的范围仅限于国内。③以其他方式为公众所知。这主要是指能够为公众所知的其他公开方式，包括口头公开，如报告、讨论会发言、广播或者电视的播放等能够使公众得知技术内容的方式。这种公开方式的范围也只限于我国国内。

第三，同样的发明或者实用新型是否已由他人提出过申请并记载在专利文件中，即习惯上所称的"抵触申请"。由于一项发明创造只能授予一项专利权，因此，如果他人在申请日以前已经以相同的发明或者实用新型向国务院专利行政部门提出过申请，并且记载在申请日之后公布的专利申请文件中，即出现抵触申请时，为避免对同样的发明或者实用新型专利申请重复授权，则视先申请的发明或者实用新型为后申请的发明或者实用新型的现有技术，后一申请则不具备新颖性。

本条第三款对"创造性"的含义作了规定，即指同申请日以前已有的技术相比，该发明有突出的实质性特点和显著的进步，该实用新型有实质性特点和进步。这里讲的"已有的技术"，是指申请日以前在国内外出版物上公开发表、在国内公开使用或者以其他方式为公众所知的技术，即现有技术。

判断一项申请专利的发明是否符合创造性的标准，是该项发明是否具有"突出的实质性特点"和"显著的进步"。这里讲的"突出的实质性特点"，是指发明与现有技术相比具有明显的本质区别，对于发明所属技术领域的普通技术人员来说是非显而易见的，他不能直接从现有技术中得出构成该发明全部必要的技术特征，也不能通过逻辑分析、推理或者试验而得到。如果通过以上方式就能得到该发明，则该发明就不具备突出的实质性特点。这里讲的"显著的进步"，是指从发明的技术效果上看，与现有技术相比具有长足的进步，包括：①发明解决了人们一直渴望解决，但始终未能获得成功的技术难题；②发明克服了技术偏见；③发明取得了意料不到的技术效果；④发明在商业上获得成功。

判断一项申请专利的实用新型是否符合创造性的标准，相对于发明专利来讲，要求要低一些，只要该实用新型有实质性特点和进步即可，不要求"突出"和"显著"。

本条第四款对"实用性"的含义作了规定，即指该发明或者实用新型能够制造或者使用，并且能够产生积极效果。其包括以下几层意思：①能够制造。作为发明或者实用新型的技术方案，应当是可以实现的，即如果该发明的目的是制造一种产品，那么这一产品就必须能够按照发明的技术方案制造出来。②能够使用。作为发明或者实用新型的技术方案必须能够实施。如果发明是一种工艺方法，则这种工艺方法应当可以在工业生产中使用。③能够产生积极的效果。发明或者实用新型同现有技术相比，其所产生的经济、技术和社会的效果应当是积极的和有益的。明显无益、脱离社会需要、严重污染环境、严重浪费能源或者资源、损害人身健康的发明或者实用新型不具备实用性。④必须具有再现性。发明或者实用新型作为一种技术方案应当可以重复实现。即所属技术领域的技术人员，根据公开的技术内容，能够重复实施专利申请中为达到其目的所采用的技术方案。如果是一种产品，应当可以重复制造出来，如果是一种方法，则应当可以反复使用。

我国《专利法》第二十三条规定：授予专利权的外观设计，应当不属于现有设计；也没有任何单位或者个人就同样的外观设计在申请日以前向国务院专利行政部门提出过申请，并记载在申请日以后公告的专利文件中。授予专利权的外观设计与现有设计或者现有设计特征的组合相比，应当具有明显区别。授予专利权的外观设计不得与他人在申请日以前已经取得的合法权利相冲突。按照本条规定，授予专利权的外观设计应当具备的条件有：

外观设计应当具有新颖性，即与申请日以前在国内外出版物上公开发表过或者国内公开使用过的外观设计不相同并且不相近似。其出版公开的范围为国内和国外，公开使用的范围为国内。这里讲的"公开使用"，是指在申请日以前，没有相同的实物公开销售或者使用。因而，在新颖性方面，与发明和实用新型的标准是一样的。

外观设计应当具有创造性，即与现有的外观设计不相同和不相近似。这里讲的"不相同"，是指产品不相同和设计不相同。产品不相同，是指产品的用途和功能不完全相同。设计不相同，是指形状、图案、色彩三个要素不相同。应当指出的是，相同的设计，用在不同的产品时，不应认为是相同的外观设计。

不得与他人在先取得的合法权利相冲突。在这里"在先取得的合法权利"，是指外观设计人在申请专利以前，他人已经取得的合法权利。这种在先权主要是指商标权、著作权（主要是指美术作品）、肖像权等。由于外观设计是指对产品的形状、图案、色彩或者其结合所作出的富有美感并适用于工业上应用的新设计，所以，外观设计容易与商标权、著作权等权利相冲突，因而，法律规定不得与这些权利相冲突。如果有他人在先已经取得了上述合法权利，外观设计专利申请人便不得以这些商标、美术作品等作为产品的外观设计取得专利权。这一规定是修订《专利法》新增加的内容，目的是避免权利的冲突，造成纠纷，损害已在先取得合法权利的人的利益。

8. 不授予专利权的几种情况

我国《专利法》第二十五条规定："对下列各项，不授予专利权：（一）科学发现；（二）智力活动的规则和方法；（三）疾病的诊断和治疗方法；（四）动物和植物品种；（五）用原子核变换方法获得的物质；（六）对平面印刷品的图案、色彩或者二者的结合作出的主要起标识作用的设计。对前款第（四）项所列产品的生产方法，可以依照本法规定授予专利权。"

建立专利制度的目的，是保护法定范围内的智力活动成果。具备新颖性、创造性和实用性，并符合专利法规定的其他条件的发明创造，属于专利保护的智力成果，可以依法取得专利权。按照本条规定，下列几类智力活动的成果，不属于专利保护的范围，不授予专利权：

（1）科学发现，是指对自然界中已经客观存在的未知物质、现象、变化过程及其特性和规律的发现和认识。这些发明和认识的本身并不是一种技术方案，不是专利法意义上所说的发明创造，不能直接实施用以解决一定领域内的特定技术问题，因而不能被授予专利权。

（2）智力活动的规则和方法，是指人的思维运动，是一种抽象的东西，是人的大脑进行精神和智能活动的手段或过程。它仅是指导人们对其表达的信息进行思维、判断和记忆，不需要采用技术手段或者遵守自然法则，不具备技术特征，因而不能被授予专利权。比如，交通行车规则、字典的编排方法、情报检索的方法、速算法或口诀、各种游戏、娱乐的规则和方法、比赛规则等都不能获得专利。

(3) 疾病的诊断和治疗方法。是指以有生命的人体或者动物作为直接实施对象,目的是治疗疾病,由于涉及人体健康,因而不能为少数人所独占。这里讲的"疾病的诊断方法",是指为识别、研究和确定有生命的人体或动物病因或病灶状态的全过程。这里讲的"疾病的治疗方法",是指为使有生命的人体或动物恢复或获得健康,进行阻断、缓解或消除病因或病灶的过程。这类治疗或诊断方法无法在产业上制造或使用,不具备实用性,因而不能获得专利权。例如,超声诊断法、针灸、麻醉、按摩等治疗方法,外科手术方法等。TRIPS协议对此也作了规定,即成员可以将诊治人类或动物的诊断方法、治疗方法及外科手术方法排除于可获专利之外。

(4) 动物和植物品种。动物和植物品种,是指以生物学方法培养出来的动植物新品种。动物和植物是有生命的物体,是自然生成的,是大自然的产物,不是人们创造出来的,不能以工业方法生产出来,因而不具备专利法意义上的创造性和使用性,故不能授予专利权。但是,对于动物和植物品种,可以通过专利法以外的其他法律保护。对此,TRIPS协议规定,成员应以专利制度或有效的专门制度,或以任何组合制度,给植物新品种以保护。

对于植物新品种的保护,世界上许多国家也都制定了相应的法规。我国已于1997年由国务院颁布了《植物新品种保护条例》,对植物新品种的定义及品种权的内容和归属等问题作了规定,对符合该条例的植物新品种予以保护。

(5) 用原子核变换方法获得的物质,主要是指利用加速器、反应堆以及其他核反应装置,通过核裂变、核聚变等方法获得的元素或化合物。由于用原子核变换方法获得的物质关系到国家的经济、国防、科研和公共生活的重大利益,关系国家安全,不宜公开,各国大多对此类物质不授予专利权。

另外，对于动物和植物品种的生产方法，可以依照本法规定授予专利权。这里所讲的"生产方法"，是指非生物学的方法，不包括生产动物和植物主要是生物学的方法。这类方法由于有技术成分的介入，并对最终达到的目的或效果起了主要的控制作用或者决定性的作用，因而可以被授予专利权。对于微生物和微生物方法可以获得专利保护。

9. 专利权的期限、终止和无效

（1）专利权的期限。

我国《专利法》第四十二条规定："发明专利权的期限为二十年，实用新型专利权和外观设计专利权的期限为十年，均自申请日起计算。"本条是关于各类发明创造专利权的期限的规定。

专利权具有时间性，这是作为知识产权的专利权同有形财产的所有权相区别的特征之一。对有形财产的所有权来讲，如果财产本身不消灭，财产所有人对财产的所有权是始终存在的。专利权则不是这样，法律规定的专利期限届满或提前终止，尽管发明创造的技术本身还存在，但专利权却不存在了。

也就是说，对该项技术的独占使用权不存在了，该发明创造成了社会财富，任何人都可以无偿使用。法律对专利权期限的规定，既要考虑充分适当地保护专利权人的利益，规定的保护期限不能太短，否则不利于调动发明创造的积极性；同时又要考虑国家和社会公众的利益，对专利权的保护周期不能过长，否则不利于先进技术的推广和应用。

我国 1984 年制定的《专利法》，将发明专利权的期限规定为 15 年，将实用新型和外观设计专利的期限规定为 5 年，并可以申请续展 3 年。1992 年第一次修改《专利法》时，将发明专利权的期限延长为 20 年，将实用新型和外观设计专利权的期限延长为 15 年，这与 TRIPS 协议的规定是一致的，与世界各国关于专利权期限的法律规定相比也是较长的，充分体现了我国对知识产权保护的重视。当然,对专利权人来讲,在法定的专利保护期限内,专利权人可以根据本专业技术发展的周期及专利技术的实施情况,通过不缴纳年费或者声明放弃专利权的办法,自行决定其实际受保护期的长短。

依照本条规定,专利权的期限自申请之日起计算,即自专利申请人向我国专利行政部门实际提交专利申请之日起计算。这里所指的申请日,不包括优先权日。这里规定的,只是计算专利权期限起算日期,至于专利权的生效,依照本法第三十九条、第四十条的规定,应为自国务院专利行政部门发给专利证书,并予以公告之日起生效。

(2)专利权的终止。

我国《专利法》第四十四条规定:"有下列情形之一的,专利权在期限届满前终止:(一)没有按照规定缴纳年费的;(二)专利权人以书面声明放弃其专利权的。专利权在期限届满前终止的,由国务院专利行政部门登记和公告。"

本条规定了专利权在期限届满前终止的两种情形:

①专利权人没有按照规定缴纳年费的。依照本法规定,专利权人应当按期缴纳年费。这是专利权人的一项义务,是维持其专利权效力的必要条件。专利权人要想在保护期限届满前保持其专利权的效力,就必须按期缴纳年费。否则,按照权利和义务对等的原则,不履行按期缴纳年费的义务,就不能继续保持其享受专利保护的权利。考虑到专利权人没有按期限缴纳年费有可能是由于其失误或者某些特殊原因造成的,为慎重对待专利权人的权利,专利法实施细则规定了一个补救办法,即专利权人没有按照规定缴纳年费(不包括授予专利权当年的年费)或者缴纳的数额不足的,专利行政部门应当通知专利权人自年费期满之日起六个月内补缴,同时还应缴纳金额为该年度年费数额25%的滞纳金;期满仍未缴纳的,其专利权终止,由专利行政部门登记和公告。

②专利权人以书面声明放弃其专利权的。专利权是一项民事权利,专利权人有权依法取得这项民事权利,也有权处分包括放弃这项民事权利。一般情况下,专利权人是要尽力维护专利权的,但在有些情况下,比如,由于科学技术的进步,迅速更新换代,其拥有的专利已经失去存在的实际价值,或者专利实施的效益与逐年增加的年费相比,专利权人认为在经济上不合算等,专利权人也会自动要求放弃其专利权。一旦专利权人在专利期限届满前以书面声明放弃其专利权的,该专利权终止,由国务院专利行政部门登记和公告。但从道理上说,如果专利权人已经同他人订立了专利实施许可合同,许可他人实施其专利,在合同的有效期内,如果专利权人放弃其专利权,应当征得被许可人同意,否则会损害被许可人的利益。

(3) 专利权的无效。

《专利法》第四十五条规定:自国务院专利行政部门公告授予专利权之日起,任何单位或者个人认为该专利权的授予不符合本法有关规定的,可以请求专利复审委员会宣告该专利权无效。

根据本条规定,任何单位或者个人均可以提出无效宣告请求。其中所述"单位"包括法人单位和非法人单位。无效宣告请求人不限于我国单位和个人,但在我国没有经常居所或者营业所的外国人、外国企业或者外国其他组织请求宣告专利权无效的应当委托国家知识产权局指定的涉外专利代理机构办理。

《专利法》第四十七条规定,被宣告无效的专利权视为自始即不存在。由于专利权的无效宣告决定能够对专利权终止前的某些事项产生影响,例如尚未支付的专利使用费可以不再支付,侵权纠纷中侵权人尚未履行的判决和裁定也可以不必履行,因此应当允许在专利权终止后提出无效宣告请求。

10. 专利实施的强制许可

我国《专利法》的规定:专利实施的强制许可仅限于发明和

实用新型专利,根据具备实施条件的单位或者个人向国务院专利行政部门申请。

强制许可的种类包括:①授权满三年,申请满四年,无正当理由未实施或者未充分实施其专利的;②垄断行为;③紧急状态或为了公共利益,给予实施发明或实用新型的强制许可;④为了公共健康目的,制造并将其出口专利药物;⑤具有显著经济意义的重大技术进步的发明或者实用新型的交叉许可。

对强制许可的给予和实施的限制:①实施强制许可的决定,应当及时通知专利权人,并登记和公告;②应当根据强制许可的理由规定实施的范围和时间;③强制许可的单位或个人不享有独占实施权,无权许可他人实施;④专利权人不服强制许可,被许可人不服终止强制许可,可复议或行政诉讼;⑤专利权人或被许可人对强制许可费用不服的,只能提起行政诉讼。

强制许可使用费的裁决:①取得实施强制许可的单位或者个人应当支付专利权人使用费;②使用费数额由双方协商,不能达成协议的,由国家知识产权局裁决。

二、著作权法

为保护文学、艺术和科学作品作者的著作权以及与著作权有关的权益,鼓励有益于社会主义精神文明、物质文明建设的作品的创作和传播,促进社会主义文化和科学事业的发展与繁荣,我国根据宪法制定了《著作权法》。《著作权法》1990年9月7日第七届全国人民代表大会常务委员会第15次会议通过,根据2001年10月27日第九届全国人民代表大会常务委员会第24次会议《关于修改〈中华人民共和国著作权法〉的决定》第一次修正,根据2010年2月26日第十一届全国人民代表大会常务委员会第13次会议《关于修改〈中华人民共和国著作权法〉的决定》第二次修正,2012年12月28日进行了第三次《著作权法》

修正。

为了保护计算机软件著作权人的权益,调整计算机软件在开发、传播和使用中发生的利益关系,鼓励计算机软件的开发与应用,促进软件产业和国民经济信息化的发展,根据《著作权法》,国务院于2001年制定并发布了《计算机软件保护条例》《集成电路布图设计保护条例》。

(一) 著作权法的基本原则

1. 以鼓励创作、维护作者权益为核心的原则

作者是作品赖以产生的源泉,没有作者便没有作品的创作。因此,对作者权益的保护是著作权法的一项基本原则。著作权法对作者权益的保护,除了体现在对人身权利、财产权利的保护上外,还体现在调整作者与作品的再创作者、使用者或传播者的关系上。著作权法将鼓励创作、维护作者权益置于首要和核心的地位,激励作者的创作热情,鼓励有益于社会精神文明、物质文明建设的作品创作,以满足人民日益增长的文化生活的需要。

2. 著作权人利益与国家利益、社会公众利益协调一致的原则

作品是作者个人财富,作者对作品依法享有权利。同时。作品又是一种社会财富,作品的创作和传播与国家利益、社会公众利益有着密切的关系。任何一个作品的创作都是在吸收了前人的文学、艺术和科学成果的基础上进行的,且往往来源于生活,反映社会,又影响未来。因此,著作权法不仅只是保护作者权益,还应具有协调、平衡作者或者其他著作权人与国家利益、社会公众利益关系的作用。

3. 符合著作权国际保护基本准则的原则

我国是一个独立主权国家,对作者权利的保护以及对著作权关系的调整应适用我国的著作权法。同时,我国又是国际社会中

第五章　支持大学生创新创业的企业科技创新相关法律

的一员，在国际交往中应遵循国际著作权保护的共同的基本准则。因此，我国著作权法在制定时就确立了符合著作权国际保护基本准则的原则，并将著作权国际保护的两大国际公约，即《保护文学艺术作品伯尔尼公约》和《世界版权公约》的原则和有关规定引入我国著作权法中，为在我国建立与国际著作权保护接轨的著作权法奠定了基础。

（二）主要规定

1. 著作权法中作品的定义及含义

著作权法所称作品，是指文学、艺术和科学领域内具有独创性并能以某种有形形式复制的智力成果。

作品作为智力成果，其特征是具有独创性和可复制性。所谓独创性，是指作品必须是作者创造性的独立完成的成果；所谓可复制性，是指能够以一定的物质形式表现或固定下来，即以印刷、复印、临摹、拓印、录音、录像、翻录、翻拍等方式将作品制成一份或多份的行为。

作品的含义：①文字作品，是指小说、诗词、散文、论文等以文字形式表现的作品；②口述作品，是指即兴的演说、授课、法庭辩论等以口头语言形式表现的作品；③音乐作品，是指歌曲、交响乐等能够演唱或者演奏的带词或者不带词的作品；④戏剧作品，是指话剧、歌剧、地方戏等供舞台演出的作品；⑤曲艺作品，是指相声、快书、大鼓、评书等以说唱为主要形式表演的作品；⑥舞蹈作品，是指通过连续的动作、姿势、表情等表现思想情感的作品；⑦杂技艺术作品，是指杂技、魔术、马戏等通过形体动作和技巧表现的作品；⑧美术作品，是指绘画、书法、雕塑等以线条、色彩或者其他方式构成的有审美意义的平面或者立体的造型艺术作品；⑨建筑作品，是指以建筑物或者构筑物形式表现的有审美意义的作品；⑩摄影作品，是指借助器械在感光材料或者其他介质上记录客观物体形象的艺术作品；⑪电影作品和以类似摄制电影的方法创作的作品，是指摄制在一定介质上，由一系列有伴音或者无伴音的画面组成，并且借助适当装置放映或者以其他方式传播的作品；⑫图形作品，是指为施工、生产绘制的工程设计图、产品设计图，以及反映地理现象、说明事物原理或者结构的地图、示意图等作品；⑬模型作品，是指为展示、试验或者观测等用途，根据物体的形状和结构，按照一定比例制成的立体作品。

2. 著作权的归属

我国《著作权法》第十一条规定：著作权属于作者，本法另有规定的除外。创作作品的公民是作者。由法人或者其他组织主持，代表法人或者其他组织意志创作，并由法人或者其他组织承担责任的作品，法人或者其他组织视为作者。如无相反证明，在作品上署名的公民、法人或者其他组织为作者。

作者是文学、艺术、科学作品的创作者，作者对作品的创作，付出了辛勤的劳动，因此，在通常情况下，著作权属于作者，作者与著作权人是同一的。伯尔尼公约以及多数国家的版权法也都承认版权应当首先属于创作作品的作者。但是，也有著作权不属于作者的例外情况，根据本法规定，作者以外的自然人、法人或者其他组织也可以享有著作权，主要包括：①根据第十条第三款的规定，受让人经转让取得第十条第一款第（五）项至第（十七）项规定的权利。②根据第十九条第一款的规定，著作权属于公民的，公民死亡后，其继承人享有第十条第一款第（五）项至第（十七）项规定的权利。③根据第十九条第二款的规定，著作权属于法人或者其他组织的，法人或者其他组织变更、终止后，承受其权利义务的法人或者其他组织享有第十条第一款第（五）项至第（十七）项规定的权利。没有承受其权利义务的法人或者其他组织的，由国家享有著作权。④根据第十五条的规定，电影作品和以类似摄制电影的方法创作的作品的著作权除编剧、导演、摄影、作词、作曲等作者享有署名权外，由制片者享有。⑤根据本法第十六条第二款的规定，职务作品的所在法人或者其他组织享有除署名权以外的著作权。⑥根据第十七条的规定，委托他人创作的作品，委托人通过合同约定取得著作权。⑦根据第十八条的规定，美术等作品原件所有权转移后，原件所有权人享有展览权。

3. 著作权的合理使用

根据《著作权法》规定，以下情形可以不经许可免费使用他人作品：为个人学习、研究或者欣赏，使用他人已经发表的作品；为介绍、评论某一作品或者说明某一问题，在作品中适当引用他人已经发表的作品；为报道时事新闻，在报纸、期刊、广播电台、电视台等媒体中不可避免地再现或者引用已经发表的作品；报纸、期刊、广播电台、电视台等媒体刊登或者播放其他报纸、期刊、广播电台、电视台等媒体已经发表的关于政治、经济、宗教问题的时事性文章，但作者声明不许刊登、播放的除外；报纸、期刊、广播电台、电视台等媒体刊登或者播放在公众集会上发表的讲话，但作者声明不许刊登、播放的除外；为学校课堂教学或者科学研究，翻译或者少量复制已经发表的作品，供教学或者科研人员使用，但不得出版发行；国家机关为执行公务在合理范围内使用已经发表的作品；图书馆、档案馆、纪念馆、博物馆、美术馆等为陈列或者保存版本的需要，复制本馆收藏的作品；免费表演已经发表的作品，该表演未向公众收取费用，也未向表演者支付报酬；对设置或者陈列在室外公共场所的艺术作品进行临摹、绘画、摄影、录像；将我国公民、法人或者其他组织已经发表的以汉语言文字创作的作品翻译成少数民族语言文字作品在国内出版发行；将已经发表的作品改成盲文出版。

4. 著作权的保护期限

《著作权法》第二十条规定：作者的署名权、修改权、保护作品完整权的保护期不受限制。

著作权的保护期是指著作权人对作品享有专有权的有效期间，也即由法律规定的对著作权人的著作权予以保护的期限。在著作权保护期限内，作者或者其他依法享有著作权的公民、法人或者其他组织等著作权人对作品享有著作权，其他人使用作品，需依法征得著作权人许可并需支付相应的报酬。著作权的保护期届满，著作权人便丧失其著作权，作品进入公有领域，人们对作品的使用可以不再经过著作权人的许可，并且可以无偿地使用作品。作者的署名权、修改权、保护作品完整权属于著作人身权，其保护期不受限制，表明了作者的署名权、修改权和保护作品完整权永远受法律保护。著作人身权是作者基于作品依法享有的以人身利益为内容的权利。维系和保障作者和作品之间的人身利益，反映了对历史的忠实和对世人的负责，这不因时世变迁而改变。因此，著作人身权中的某些内容具有一定专属性的权利理应受到永久的保护。著作权自作品完成创作之日起产生，并受著作权法的保护。

《著作权法》第二十一条规定：

"公民的作品，其发表权、本法第十条第一款第（五）项至第（十七）项规定的权利的保护期为作者终生及其死亡后五十年，截止于作者死亡后第五十年的12月31日；如果是合作作品，截止于最后死亡的作者死亡后第五十年的12月31日。

"法人或者其他组织的作品、著作权（署名权除外）由法人或者其他组织享有的职务作品，其发表权、本法第十条第一款第（五）项至第（十七）项规定的权利的保护期为五十年，截止于作品首次发表后第五十年的12月31日，但作品自创作完成后五十年内未发表的，本法不再保护。

"电影作品和以类似摄制电影的方法创作的作品、摄影作品,其发表权、本法第十条第一款第(五)项至第(十七)项规定的权利的保护期为五十年,截止于作品首次发表后第五十年的12月31日,但作品自创作完成后五十年内未发表的,本法不再保护。"

法律赋予著作权人以著作财产权,乃是基于法律尊重作者因设计完成其文学艺术形式而获得相应的利益。但是任何新作品都是产生于人类已有文明成果的基础之上的,所以,对任何作品的支配权都不应当被永久的独占。在实现了对作者创作劳动成果的合理回报和对创造性劳动的有效鼓励之后,对作品的支配与利用应当转化为全社会共享的公共财富。根据这一原则,我国著作权法对著作财产权规定了一定的时间界限。另外,发表权通常不能单独行使,需和其他著作财产权的任何一项一起行使。简而言之,通常作者不可能在其丧失著作财产权情况下,自己还保留发表权。因此法律对发表权和著作财产权规定了相同的保护期。在著作权保护期内,著作权人有权因他人使用其作品而获得经济报酬。

本条第一款规定,在作者生前及其死亡后50年的保护期限内,作者的发表权、财产权受到法律的保护。任何人不得违背著作权人的意愿发表作品;除法律有专门规定的以外,任何人以复制、发行、出租、展览、表演、播放、摄制或者改编、翻译、汇编等方式使用作品,都必须得到著作权人的许可并向其支付报酬。关于作者死后保护期的计算,我国著作权法只规定了截止日期,即"截止于作者死亡后第五十年的12月31日",未规定起算日期。截止日期的计算方法是"作者死亡后第五十年的12月31日",死亡后第一年是作者去世的次年,从这一年算起到第五十年的12月31日截止。如果是合作作品,截止于最后死亡的作者死亡后第五十年的12月31日。值得注意的是,我国著作权法

第十三条第二款规定："合作作品可以分割使用的，作者对各自创作的部分可以单独享有著作权。"根据这项规定，合作作者对合作作品可以分割使用的部分单独行使著作权时，不适用合作作品保护期的一般规定，而应以各部分的作者的有生之年及其死后五十年的方法来计算。

本条第二款规定，对于法人或者其他组织的作品、著作权（署名权除外）由法人或者其他组织享有的职务作品，其发表权、著作财产权的保护期为五十年，截止于作品首次发表后第五十年的 12 月 31 日，但作品自创作完成后五十年内未发表的，本法不再保护。"首次发表"是指作者或其他著作权人以任何一种使用作品的方式，第一次将其作品公之于众的行为。对法人或者其他组织的作品，以及著作权（署名权除外）由法人或者其他组织享有的职务作品的保护期限与公民创作的作品的保护期限是不同的。因为法人、其他组织并非自然人，其存续期间可短可长，无规律可循，自然不能适用以自然人生命为基础的一般保护期限，不能采用存续期间加终止、变更后多少年的做法。只有采用作品首次发表后若干年的方法来确定这类作品的保护期限。

本条第三款规定，对于电影作品和以类似摄制电影的方法创作的作品、摄影作品，其发表权、著作财产权的保护期为五十年，截止于作品首次发表后第五十年的 12 月 31 日，但作品自创作完成后五十年内未发表的，本法不再保护。对电影作品和以类似摄制电影的方法创作的作品中的剧本、音乐等这些可以单独使用的作品，如果作者是公民的，对其保护期限就应当采用对公民一般作品的保护期，即"作者有生之年及其死亡后五十年"的方法来计算。

除去上述情况外，凡是作者使用假名、笔名等发表的作品或者是未署名发表的作品，其保护期也从发表之日起保护五十年。根据《著作权法实施条例》第二十四条规定："作者身份不明的作品，对其使用权和获得报酬权的保护期为五十年，截止于作品首次发表后第五十年的十二月三十一日。作者身份一旦确定，适用著作权法第二十一条的规定。"也就是说，在作者身份不明的作品首次发表后五十年内明确了作者，则著作财产权的保护期在按照作者终生加上去世后五十年加以计算。

5. 侵犯著作权的行为及法律责任

（1）适用民事责任的侵权行为。

《著作权法》第四十六条规定了侵犯著作权和与著作权有关的权益的行为及行为人应当承担的民事责任。

侵犯著作权和与著作权有关的权益一般会对权利人的人身权和财产权造成损害，对损害后果行为人应当承担法律责任。根据本条规定的侵权行为，承担民事法律责任的方式有：

①停止侵害，是指责令侵权行为人立即停止正在实施的侵害他人著作权和与著作权有关的权益的行为。

②消除影响、赔礼道歉，是指非财产性承担民事责任的方式，主要适用于侵犯权利人人身权的行为所应承担的民事责任。适用时，原则上应当是侵权行为人在多大范围造成的影响，仍应在多大范围内消除影响，赔礼道歉。也可以以双方当事人约定的方式消除影响，赔礼道歉。

③赔偿损失，是指侵权行为人造成著作权以及与著作权有关的权益的损失时，应当以其财产赔偿权利人的经济损失。赔偿损失是一种较为普遍适用的承担民事责任的方式，除适用侵权责任外，也适用于违约责任。除上述民事责任外，根据侵犯著作权的实际情况，还应当承担其他民事责任。上述民事责任，可以单独适用，也可以合并适用。

适用本条民事责任的侵权行为，共规定了十一项，逐一解释如下：

①未经著作权人许可，发表其作品的。该行为侵犯了著作权

人的发表权。发表权中还包括著作权人有权决定以某种形式发表其作品，如果未按著作权人决定的形式发表其作品，也是侵犯了著作权人的发表权，也应当承担民事责任。

②未经合作作者许可，将与他人合作创作的作品当作自己单独创作的作品发表的。把合作作品当作自己单独创作的作品发表，不仅是侵犯了其他合作作者的发表权，而且是窃取了其他合作作者的署名权和对作品的使用权。

③没有参加创作，为谋取个人名利，在他人作品上署名的。该行为主要是侵犯了作者的署名权。署名权属于创作作品的作者。未参加创作的人为谋取个人名利，无论是冒充单独作者还是冒充为合作作者的身份在他人作品上署名，都是侵犯作者署名权的行为。如果侵权行为人冒充为作者获得了一定的利益，还侵犯了作者的财产权。

④歪曲、篡改他人作品的。该行为是侵犯作者保护作品的完整权。作者本人对作品有修改的权利，同时，也有权禁止他人修改自己的作品。歪曲、篡改他人作品，破坏了作者通过该作品要表达的思想内容或表达的形式及其艺术风格，侵犯了作品的完整权。

⑤剽窃他人作品的。剽窃他人作品，是把别人的作品据为己有的侵权行为。剽窃他人作品与演绎作品不同，演绎作品是经过了原作品的著作权人的许可，剽窃他人作品未经原著作权人的许可；演绎作品的作者对原作品进行了创造性的劳动，创作了新的作品，而剽窃他人作品最多只是将他人作品的个别部分和词句略作变动，几乎是原封不动地作为自己的作品，没有创造性的劳动。剽窃他人作品的目的，是将其出版发行，牟取名利，该行为严重地损害了作者的人身权和财产权。

⑥未经著作权人许可，以展览、摄制电影和以类似摄制电影的方法使用作品，或者以改编、翻译、注释等方式使用作品的，

本法另有规定的除外。作者对自己的著作享有展览权、摄制权、改编权、翻译权和注释权，作者有权行使上述权利，有许可他人以上述方式使用自己的作品，并由此获得报酬的权利。行为人未经作者许可，以展览、摄制电影和类似摄制电影的方法使用作品，或者以改编、翻译、注释等方式使用作品，乃是对作者展览、摄制、改编、翻译和注释等使用权和获得报酬的权利的侵犯。不过依照本法第二章第四节的规定，合理使用著作权人的作品的除外。

⑦使用他人作品，应当支付报酬而未支付的。行为人侵犯的是著作权人的财产权。著作权人在许可他人以复制、表演、展览、发行、摄制电影或者以类似摄制电影的方法摄制作品、传播作品，以改编、翻译、汇编、注释等方式使用自己的作品时，有权获得报酬，这是著作权人的财产权的体现。因此，除本法规定的可以不付报酬的以外，如本法第二十二条规定的情形，都应当依照合同约定或者本法的有关规定给付报酬。使用他人作品，应当给付报酬而未支付的行为包括：A. 未按约定的数额或者未按制定的标准支付报酬的；B. 约定的期间拖延或者逾期未付报酬的；C. 应当给付报酬，而少付或者不付报酬的等。

⑧未经电影作品和以类似摄制电影的方法创作的作品、计算机软件、录音录像制品的著作权人或者与著作权有关的权利人许可，出租其作品或者录音录像制品的，本法另有规定的除外。行为人侵犯的是著作权人的出租权。根据本法第十条第（七）项的规定，著作权人有有偿许可他人临时使用电影作品和以类似摄制电影的方法创作的作品、计算机软件的权利，但计算机软件不是出租的主要标的的除外。出租权属于著作权人的权利，是否出租其作品或者录音录像制品，应当由著作权人决定，并由此获得报酬。未经著作权人许可，出租其作品或者录音录像制品的，侵权行为人应当赔偿著作权人损失。

⑨未经出版者许可，使用其出版的图书、期刊的版式设计的。根据本法第三十五条的规定，出版者有权许可或者禁止他人使用其出版的图书、期刊的版式设计。他人使用出版者的版式设计应当取得出版者的同意，与出版者订立著作权使用合同，并支付报酬。侵权行为人未经出版者许可，使用其出版的图书、期刊的版式设计，出版者有权要求行为人停止侵权行为，并承担赔偿等民事责任。

⑩未经表演者许可，从现场直播或者公开传送其现场表演，或者录制其表演的。本项增加了未经表演者许可，公开传送其现场表演或者录制其表演的规定。行为人侵犯的是表演者的权利。根据本法第三十七条规定，表演者享有许可他人从现场直播和公开传送其现场表演，有权许可他人录音录像，并获得报酬的权利。他人从现场直播和公开传送其现场表演，或者制作录音录像制品，应当取得表演者的同意，并给付报酬。未经许可从事上述行为，表演者有权制止行为人正在传播或者正在录制其表演的侵权行为，并可要求行为人赔偿损失。

其他侵犯著作权以及与著作权有关的权益的行为。法律难以穷尽所有侵犯著作权的行为，本项作为兜底性规定，将其他侵犯著作权以及与著作权有关的权利包括进来，以便更好地保护权利人的合法权益。

（2）适用民事、行政或刑事责任的侵权行为。

《著作权法》第四十七条规定了侵犯著作权以及与著作权有关的权益的行为及行为人应当承担的民事、行政或刑事责任。

本条规定的侵权行为从性质和后果上看，都比第四十六条规定的侵权行为严重。本条规定的侵权行为不仅侵害了著作权人的权利以及与著作权有关的权益，同时损害了社会公共利益，破坏了国家的正常经济秩序。对这种行为，本条规定，侵权行为人除应当承担民事责任外，还可以由著作权行政管理部门承担相应的行政责任,即责令停止侵权行为,没收违法所得,没收、销毁侵权复制品,并可以处以罚款;情节严重的,还可以没收主要用于制作侵权复制品的材料、工具、设备等;构成犯罪的,还要依法追究刑事责任。

适用本条的侵权行为,共八项,现逐一解释如下:

①未经著作权人许可,复制、发行、表演、放映、广播、汇编、通过信息网络向公众传播其作品的,本法另有规定的除外。行为人侵犯的是著作权人对作品的使用权。本项规定对原规定作了修改:一是删除了"以营利为目的"的条件限制;二是在传播方式上,增加了以"表演、放映、广播、汇编、通过信息网络向公众传播作品"的规定。从修改后的规定看,无论行为人是否以营利为目的,只要未经著作权人许可,以上述方式向公众传播其作品,就要视其侵权行为的情节,适用本条规定的法律责任。可见本法加大了保护著作权人对作品使用权的力度。但本法另有规定的除外,如本法第二十二条有关合理使用的规定;第四十二条第二款关于广播电台、电视台播放已发表的作品,可以不经著作权人许可,但应当支付报酬的规定;第四十三条关于广播电台、电视台播放已经出版的录音录像制品可以不经著作权人许可,但应当支付报酬的规定等。

②出版他人享有专有出版权的图书的。行为人侵犯的是出版者所享有的专有出版权。根据本法第三十条的规定,图书出版者对著作权人交付出版的作品,按照合同约定享有的专有出版权受法律保护,他人不得出版该作品。行为人擅自出版他人享有专有出版权的图书,不仅仅侵犯了图书出版者的权利,还侵犯了著作权人的出版权。这种侵权行为严重地损害了享有专有出版权的图书出版者和著作权人的合法权益,也给文化市场造成混乱。

③未经表演者许可,复制、发行录有其表演的录音录像制品,或者通过信息网络向公众传播其表演的,本法另规定的除

外。行为人侵犯的是表演者对其表演所享有的权利。本项与修改前的条文相比较,增加了未经表演者许可"通过信息网络"向公众传播其表演的规定。根据本法第三十七条第(五)项和第(六)项的规定,表演者享有许可他人复制、发行录有其表演的录音录像制品;许可他人通过信息网络向公众传播其表演,并获得报酬的权利。侵权行为人未经表演者许可,擅自复制、发行录有其表演的录音录像制品,或者通过信息网络向公众传播其表演,侵犯了表演者的财产权利,是一种严重侵权行为。但是,依照本法第二十二条规定,行为人未经表演者许可,以上述方式合理使用的,不受本条规定的法律责任的约束。

④未经录音录像制作者许可,复制、发行、通过信息网络向公众传播其制作的录音录像制品的,本法另有规定的除外。行为人侵犯的是录音录像制作者对其所制作的录音录像制品享有的权利和著作权人及表演者的权利。本项与修改前的条文相比,增加了未经录音录像制作者的许可"通过信息网络"向公众传播其制作的录音录像制品的规定。根据本法第四十一条的规定,录音录像制作者对其制作的录音录像制品享有许可他人复制、发行、出租、通过信息网络向公众传播并获得报酬的权利。还规定,被许可人复制、发行、通过信息网络向公众传播录音录像制品的时候,还应当取得著作权人、表演者的许可,并支付报酬。侵权行为人未经录音录像制作者的许可,也未经著作权人、表演者的许可,擅自复制、发行通过信息网络向公众传播录音录像制品的,是一种严重的侵权行为。但是,依照本法第二十二条规定,行为人合理使用的除外。

⑤未经许可,播放或者复制广播、电视的,本法另有规定的除外。行为人侵犯的是广播电台、电视台对其播放的广播、电视的权利。本项将原条文的"复制发行"修改为"播放或者复制",对未经其许可,转播其广播、电视的行为进行限制,扩大了广播

电台、电视台对其广播、电视的权利。从法律责任上来说，加大了对广播电台、电视台的权利的保护力度。根据本法第四十四条的规定，广播电台、电视台有权禁止未经其许可，将其播放的广播、电视转播或者录制在音像载体上以及复制音像载体。侵权行为人未经许可，转播或者复制广播、电视，是一种严重的侵权行为。但是行为人依据本法第二十二条规定合理使用的除外。

⑥未经著作权人或者与著作权有关的权利人许可，故意避开或者破坏权利人为其作品、录音录像制品等采取的保护著作权或者与著作权有关的权利的技术措施的，法律、行政法规另有规定的除外。本项是新增加的规定。行为人侵犯的是著作权人及与著作权有关的权利人的著作权和与著作权有关的权益。权利人对其作品、录音录像制品采取了保护性的技术措施，是为了防止他人不经许可，使用作品和音像制品，侵犯其著作权和与著作权有关的权利。对作品、音像制品的计算机软件，权利人可以通过加密，控制别人不经许可的使用和传播。但是，擅自解密的行为相当严重，甚至出现公开出售解密软件和提供解密服务的营利性行为，不打击和制止擅自解密活动，将极大地损害著作权人和与著作权有关的权利人的利益，也将给文化市场秩序造成极大的混乱，是一种严重的侵权行为。不过法律、行政法规另有规定的除外。

⑦未经著作权人或者与著作权有关的权利人许可，故意删除或者改变作品、录音录像制品等的权利管理电子信息的，法律、行政法规另有规定的除外。本项是新增加的规定。行为人侵犯的是著作权人和与著作权有关的权利人的使用权。权利管理电子信息是指权利人在网络上表明的其对作品享有著作权的有关信息。侵权行为人故意删除或者改变作品、音像制品等的权利管理电子信息的，是一种严重的侵权行为。但是法律、行政法规另有规定的除外。

⑧制作、出售假冒他人署名的作品的。行为人侵犯的是著作权人的人身权和财产权。本项规定与原条文相比较，删除了"美术"作品的限制，扩大为所有的作品。制作、出售假冒他人署名的作品包括把自己制作的作品冠以他人的姓名出售，也包括将第三人的作品冠以他人的姓名出售的行为。这种侵权行为，所侵犯的客体是多方面的，既侵犯了他人的姓名权、名誉权，也欺骗了社会公众，既侵犯了被署名人财产权，又破坏了国家正常的经济秩序，是一种严重的侵权行为。

此外，2002年10月12日人民法院审判委员会第1246次会议通过的《最高人民法院关于审理著作权民事纠纷案件适用法律若干问题的解释》第二十九条规定："对著作权法第四十七条规定的侵权行为，人民法院根据当事人的请求除追究行为人民事责任外，还可以依据民法通则第一百三十四条第三款的规定给予民事制裁，罚款数额可以参照《中华人民共和国著作权法实施条例》的有关规定确定。著作权行政管理部门对相同的侵权行为已经给予行政处罚的，人民法院不再予以民事制裁。"

三、商标法

商标法是确认商标专用权，规定商标注册、使用、转让、保护和管理的法律规范的总称。它的作用主要是加强商标管理，保护商标专用权，促进商品的生产者和经营者保证商品和服务的质量，维护商标的信誉，以保证消费者的利益，促进社会主义市场经济的发展。1982年颁布了《商标法》，并于1993年、2001年两次修正。内容涉及商标注册的申请，商标注册的审查和核准，注册商标的续展、转让和使用许可，注册商标争议的裁定，商标使用的管理，以及注册商标专用权的保护。2014年5月1日起，新《商标法》实施，这次《商标法》的修改体现了商标注册的便利化，加大了对知识产权的保护。

（一）《商标法》的基本原则

1. 注册原则

注册是确认商标专用权归属的一种过程。世界各国商标法确认商标专用权所采用的基本原则有两种，一是注册原则，二是使用原则。所谓注册原则，是指商标专用权通过注册取得。不管该商标是否使用，只要符合商标法的规定，经商标主管机关核准注册之后，申请人即取得该商标的专用权，受到法律的保护。使用原则是指商标通过使用即可产生权利。根据这一原则，最先使用者可以获得商标专用权。我国《商标法》第三条规定："经商标局核准注册的商标为注册商标，商标注册人享有商标专用权，受法律保护。"由此可见，我国《商标法》采用的是注册原则。

2. 申请在先原则

申请在先原则是由注册原则派生出来的重要程序性原则之一。既然商标专用权基于注册而产生，而在同一种商品或者类似商品上以相同或近似的商标申请注册的人又并不总是一个，那么，以申请书提交的时间先后来决定商标专用权归谁所有，就不失为一种有效的方法。因此《商标法》第十八条规定：两个或者两个以上的申请人，在同一种商品或者类似的商品上，以相同或者近似的商标申请注册的，初步审定并公告申请在先的商标。这就是申请在先原则。根据该原则，一个商标即使已经使用多年，如果不及时申请注册，也会因别人申请在先而失去注册机会，得不到对该商标的专用权。当然，申请在先原则也有不灵的时候，遇到两个以上的商标在同一天申请注册的情况时，就必须通过其他方法来决定专用权的归属了。因此，第十八条同时又规定：同一天申请的，初步审定并公告使用在先的商标，驳回其他人的申请，不予公告。这说明我们在采用申请在先原则的前提下，也以使用在先作为一种适当的补充。

3. 诚实信用原则

诚实信用原则是民法领域里的一项基本原则,其法律表现形式在《民法通则》第四条中有规定:"民事活动应当遵循……诚实信用的原则。"诚实信用原则要求的是民事主体在民事活动中要维持当事人之间的利益平衡,以及当事人利益与社会利益之间的平衡。在当事人之间的利益关系中,诚实信用原则要求尊重他人利益,对待他人事务就像对待自己的事务一样,以保证法律关系的当事人都能得到自己应得的利益,不得损人利己。当发生特殊情况使当事人间的利益关系失去平衡时,应进行调整,使利益平衡得以恢复,由此维持一定的社会经济秩序。在当事人与社会的利益关系中,诚实信用原则要求当事人不得通过自己的民事活动损害第三人和社会的利益,必须在权利的法律范围内以符合其社会经济目的的方式行使自己的权利。

修改后的《商标法》第七条规定了"申请注册和使用商标,应当遵循诚实信用原则"。将民事活动应遵循的基本原则明确写入《商标法》,目的在于倡导市场主体从事有关商标的活动时应诚实守信,同时对当前日益猖獗的商标抢注行为予以规制。

4. 自愿注册原则

所谓"自愿注册原则",是指企业使用的商标注册与否,完全由企业自主决定。《商标法》第四条规定,企业、事业单位和个体工商业者,对其生产、制造、加工、拣选或者经销的商品,或者对其提供的服务项目,需要取得商标专用权的,应当向商标局申请商品商标或服务商标注册。如果企业不需要或者暂时不打算取得商标专用权,则可以不注册。未注册的商标允许使用,但使用人没有专用权,不能禁止他人使用。

与自愿注册原则相对应的是强制注册原则或全面注册原则。1957年到1983年2月,我国实行的是全面注册原则,要求企业的商品应当使用商标的，都必须使用商标，而且所有使用的商标都必须注册。此项原则主要从"管"字着眼，不利于搞活经济。目前，除极个别国家仍实行强制注册外，世界上绝大多数国家都实行自愿注册原则。

严格地讲，我国实行的并非纯粹意义上的自愿注册原则，而是在自愿注册原则的大前提下仍对极少数商品的商标实行强制注册原则。《商标法》第五条规定："国家规定必须使用注册商标的商品，必须申请商标注册，未经核准注册的，不得在市场销售。"《商标法实施细则》第七条进一步规定："国家规定并由国家工商行政管理局公布的人用药品和烟草制品，必须使用注册商标。"对部分与人民身体健康关系密切的商品实行强制注册，是我国《商标法》的一个特点。

5. 集中注册、分级管理的原则

集中注册、分级管理是我国商标法律制度的突出特点之一。根据市场经济和商标自身的特点，商标注册应打破部门分割、地区分割的状态，由商标局统一集中负责商标的审查、核准注册工作。为此，《商标法》第二条规定："国家工商行政管理局商标局主管全国商标注册和管理的工作。"这就决定了全国的商标注册工作统一由国家工商行政管理局商标局负责办理，其他任何机构都无权办理商标注册，明确了集中注册的原则。分级管理则是指各级工商行政管理机关依据法律规定，在该地区开展商标管理工作。实行分级管理，有利于把商标管理工作与当地的实际情况紧密地结合起来，使商标行政管理工作经常化、制度化。

6. 行政保护与司法保护相并行的原则

这是我国商标法律制度的又一个突出特点。《商标法》规定，对商标侵权行为，被侵权人可以选择由工商行政管理机关处理，也可以向人民法院起诉。如果被侵权人向工商行政管理机关投诉，工商行政管理机关可以依据被侵权人提供的有效证据或者自己调查时取得的证据，责令侵权人立即停止其侵权行为，并赔偿被侵权人的损失，还可以同时对其处以罚款。当事人对工商行政管理机关所作出的处罚决定不服，可以向人民法院起诉。并行保护的原则为当事人解决商标纠纷提供了便利，有利于商标专用权的保护。

（二）商标法的主要规定

1. 注册商标、注册商标种类的法律上的界定以及商标专用权受法律保护

注册商标是指需要使用或者准备使用商标的单位或者个人，依照商标法以及依照商标法制定的行政法规所规定的条件和程序，向商标局申请商标注册，经商标局审查核准后予以注册的商标。

注册商标分类，是由于在注册商标中，商标的使用对象、使用目的的不同，而可以作不同的分类。比如根据使用对象是商品还是服务项目的不同，而有商品商标、服务商标的区分；又比如根据商标的使用目的的差别，又可将一部分商标区分为集体商标、证明商标。所以商标法规定，注册商标包括商品商标、服务商标和集体商标、证明商标。

商标法明确了经商标局核准注册的商标为注册商标，这是产生商标专用权的前提，在这个前提下，商标法确定了这项权利的归属，也就是规定商标注册人享有商标专用权。这项规定在法律上的意义是，商标注册人对其注册商标在注册商品或者服务上享有独占使用的权利。这项权利是法律所确认的，商标注册人的智力成果依法得到了法律的承认，同时得到法律的保护，不受侵犯，任何侵犯商标注册人这种合法权利的行为都是一种违法作为。

《商标法》第四条规定：自然人、法人或者其他组织对其生产、制造、加工、拣选或者经销的商品，需要取得商标专用权的，应当向商标局申请商品商标注册。自然人、法人或者其他组织对其提供的服务项目，需要取得商标专用权的，应当向商标局申请服务商标注册。

2. 商标强制注册的特别规定

商标法遵循的是商标自愿注册原则，这是基本原则、基本制度；但在某些特定的商品上，则需要强制注册。

商标的强制注册是指，国家规定必须使用注册商标的商品，必须申请商标注册。也就是商标的强制注册由国家具体规定其商品，如果规定了某项商品后，这项商品上就必须使用注册商标，生产者或者经营者就有义务将其商标申请注册，经核准注册后使用。未经核准注册的，该商品不得在市场上销售。

当前，按照行政法规的规定，需要强制注册的商标由国家工商行政管理部门公布。目前必须使用注册商标的商品只有人用药品和烟草制品两类，范围是很有限的。从这里也表明，强制使用注册商标的规定不具有普遍意义，普遍实行的仍然是自愿注册原则，而强制使用注册商标只是基本原则的一种例外情况。

3. 注册商标和未注册商标使用的管理

商标注册人在商标核准注册后，应当加强注册商标的管理工作，防止因注册商标违反有关规定而被撤销。

《商标法》第四十九条规定了几种撤销商标的情形：①商标注册人在使用注册商标的过程中，自行改变注册商标、注册人名义、地址或者其他注册事项的；②注册商标成为其核定使用的商品的通用名称的；③没有正当理由连续三年不使用的。

《商标法》没有禁止未注册商标的使用，未注册商标人在使用未注册商标时不得侵犯注册商标专用权，不得违反《商标法》

有关未注册商标管理条款的规定。《商标法》第五十一条、第五十二条主要规定了以下几种情形：①强制注册商品上不得使用未注册商标；②未注册商标使用不得冒充注册商标；③未注册商标使用不得违反《商标法》第十条的规定。

4. 注册商标禁用标志的规定

根据第九条规定，申请注册的商标应当具有显著特征，便于识别。可识别性是商标的基本特征。生产经营者通过商标推介自己的商品和服务，消费者通过商标区别不同生产经营者的商品和服务。如果商标不具有显著特征，就无法实现商标的功能，也就不成其为商标。

第十一条第一款规定，仅有本商品的通用名称、图形、型号，或者仅仅直接表示商品的质量、主要原料、功能、用途、重量、数量及其他特点，缺乏显著特征的标志，不得作为商标注册。其目的是保证商标的可识别性。因为将本条所列标志作为商标注册，缺乏显著性，无法将不同生产经营者的商品和服务区别开来。如"茶壶"是一种茶具的通用名称，用它作商标，缺乏显著性，消费者无法通过这一商标分辨"茶壶"是由哪一家企业生产的。此外，如果允许用本条所列标志注册商标，独占使用，对其他生产同类商品的生产经营者是不公平的。

商标显著性的取得有两种途径：一是通过对商标构成要素的精心设计，使商标具有显著性；二是通过使用得到公众认同，使商标产生显著性。在实践中，确有一些原来没有显著性的商标经过使用后产生了显著性，如"两面针"牙膏、"三七"跌打丸等。对经过使用取得显著性的商标，国际通行做法是给予注册保护。《与贸易有关的知识产权协议》第十五条第一款规定，即使有的标记本来不能区分有关商品或者服务，成员亦可依据其经过使用而获得识别性，确认其可否注册。这一规定表明，对不具有显著性的标记，经过使用取得了显著性的，可以作为商标注册。根据国际通行做法，结合我国实践，第十一条第二款规定，前款所列标志，经过使用取得显著特征，并便于识别的，可以作为商标注册。这条规定不仅明确了不得作为商标注册的标志，同时也弥补了过去通过使用产生显著性而不能得到注册保护的缺憾，对加强我国商标注册管理，维护公平竞争，鼓励企业创名牌，将产生积极的促进作用。

5. 有关驰名商标的规定

《商标法》第五十三条规定，生产、经营者不得将"驰名商标"字样用于商品、商品包装或者容器上，或者用于广告宣传、展览以及其他商业活动中。违反该规定，由地方工商行政管理部门责令改正，处十万元罚款。

所谓驰名商标是指在市场上享有较高声誉并为相关公众熟知的商标。一种商品或者服务的商标在市场上享有较高的知名度，就意味着该商品或者服务受到众多消费者青睐，它能给该商标的注册人、使用人带来巨大的经济利益。因此，涉及驰名商标的侵权纠纷不断增多，保护驰名商标已成为国际、国内共同关注的重要领域。

《保护工业产权巴黎公约》和世界贸易组织《与贸易有关的知识产权协议》都对驰名商标保护做出了专门规定。《保护工业产权巴黎公约》第六条之二第一款规定，商标注册国或使用国主管机关认为一项商标在该国已成为驰名商标，并为有权享有本公约利益的人所有，而另一商标构成对此驰名商标的复制、摹仿或者翻译，用于相同或者类似商品上，易于造成混淆时，本同盟成员国都有权以本国法律授予的职权，或应有关当事人的请求，拒绝或取消该另一商标的注册，并禁止使用。这项规定也适用于主要部分系抄袭驰名商标从而易造成混淆的商标。《与贸易有关的知识产权协议》将对驰名商标的保护范围扩大到服务商标，以及不类似的商品或者服务。该协议第十六条规定，注册商标所有人应享有专有权，防止任何第三方未经许可而在贸易活动中使用与注册商标相同或近似的标记去标示相同或类似的商品或服务，以造成混淆的可能。如果确定将相同标记用于标示相同商品或服务，即应推定已有混淆之虞。上述权利不得损害任何已有的在先权，也不得影响成员依使用而确认权利效力的可能。巴黎公约1967年文本第六条之二原则上适用于服务。确认某商标是否系驰名商标，应顾及有关公众对其知晓程度，包括在该成员地域内因宣传该商标而使公众知晓的程度。巴黎公约1967年文本原则上适用于与注册商标所标示的商品或服务不类似的商品和服务，只要一旦在不类似的商品或服务上使用该商标即会暗示该商品或服务与注册商标所有人存在某种联系，从而注册商标所有人的利益可能因此受损。我国是《保护工业产权巴黎公约》成员国，并已加入世界贸易组织，应当履行该公约和协议规定的义务。

《商标法》第十三条从两个方面对驰名商标的保护做出明确规定，对未在我国注册的驰名商标和已在我国注册的驰名商标保护范围有所不同。一是就相同或者类似商品申请注册的商标是复制、摹仿或者翻译他人未在中国注册的驰名商标，容易导致混淆的，不予注册并禁止使用。也就是说，对未在我国注册的驰名商标，只保护其在相同或者类似商品或服务上注册和使用的权利。如某一申请注册的商标是复制、摹仿或翻译他人未在我国注册的驰名商标，用于相同或者类似商品或服务上，容易导致混淆的，则对该商标不予注册并禁止使用。但是，如果使用该申请注册的商标的商品和服务与使用未在我国注册的驰名商标的商品或服务不相同或不相类似，不容易导致混淆的，则不禁止其注册和使用。二是就不相同或者不相类似商品申请注册的商标是复制、摹仿或者翻译他人已经在中国注册的驰名商标，误导公众，致使该驰名商标注册人的利益可能受到损害的，不予注册并禁止使用。也就是说，对已在我国注册的驰名商标，不仅禁止他人在相同或者类似商品或服务上注册和使用,也禁止他人在不相同或者不相类似商品或服务上注册和使用,体现了我国商标法侧重保护注册商标的原则。本条规定符合《保护工业产权巴黎公约》和《与贸易有关的知识产权协议》的规定,对强化和完善我国驰名商标保护制度将发挥重要的作用。

6. 注册商标使用许可的规定

使用许可权是指商标权人以收取使用费为代价,通过合同方式许可他人有偿使用其注册商标的权利。其中,商标权人为许可方,使用商标的一方为被许可方。商标使用许可制度是世界各国商标法中通行的制度,也是商标权人充分行使其商标所有权的表现。商标注册人依法行使许可权,有利于更好地发挥商标促进商品生产和流通的作用。

商标的使用许可不同于商标的转让,后者转让的标的是注册商标的所有权,转让的结果是原注册人丧失了商标的所有权;而商标的使用许可不发生商标所有权转移的问题。所谓商标使用许可,是指商标权人将其所有的注册商标使用权分离出一部或全部许可给他人使用,由许可方与被许可方建立商标使用许可关系。这种关系建立在这样几项条件上:一是被许可使用的商标必须是注册商标,因为只有注册商标才可以依法取得商标专用权;二是只有商标注册人才依法享有商标专用权,也才能许可他人使用特定的注册商标,其他人不能作为商标法意义上的许可人;三是商标使用许可合同的标的是商标专用权,该商标专用权的范围仅以被核准注册的商标在核定的商品上使用,超出核定使用商品的范围,其标的不受保护,已签订的商标使用许可合同也无效。

我国《商标法》规定,商标注册人许可他人使用注册商标,可以签订商标使用许可合同,该合同应报商标局备案。使用许可合同的方式一般包括独占使用许可、排他使用许可和一般使用许可。独占使用许可合同是许可人承诺在商标使用许可合同存续期间和地区内放弃自己依法享有的商标专用权,这种情况一般在比较密切的合作伙伴之间存在,在约定的期间、领域和区域,被许可人所享有的特定商标使用权与许可人所享有的商标专用权具有了同等的地位。排他使用许可形式是指在商标使用许可存续期间,除许可人自己依法使用被许可商标外,仅将被许可商标的使用权授予一家被许可人使用,不再将该商标许可给第二家。普通使用许可中,不仅许可人自己可以使用该注册商标,也可以将被许可商标许可给多家使用。许可使用合同也可以分为完全使用许可和部分使用许可。前者是指被许可人可以在所有注册的商品上使用该商标,后者是指被许可人只能在部分注册商品上使用该商标。

许可使用权是商标权人的一项重要权利,其他人不得非法干涉,但商标权人行使其权利时,应遵守商标法的规定,其签订的商标使用许可合同也要符合法律规定。同时,许可人应当监督被许可人使用其注册商标的商品质量。被许可人应当保证使用该注册商标的商品质量。经许可使用他人注册商标的,必须在使用该注册商标的商品上标明被许可人的名称和商品产地。

订立商标使用许可合同应遵循以下原则:合同当事人平等自愿原则,合同当事人应当遵循公平、诚实信用原则,订立、履行合同应依法的原则。商标使用许可合同应包含以下内容:许可人与被许可人的名称、地址,许可使用的授权范围和种类,商品质量保证条款,许可人有关的权利保证条款,合同中止和解除条件,商标使用许可费数额和支付办法,违约责任,法律适用及争议解决方式,合同生效日期和签约日期、地点,签章,其他约定条款。国家工商总局为规范商标使用许可行为,曾制定、印发《商标使用许可合同备案办法》并在该办法中拟制了商标使用许可合同示范文本,其中规定,此类合同至少应包括以下内容:许可使用的商标及其注册证号,许可使用的商品范围,许可使用的期限，许可使用商标标识提供方式，质量监督条款，在使用许可人注册商标的商品上标明被许可人的名称和商品产地的条款。

自注册商标许可使用合同签订之日起三个月内，将许可合同副本交送其所在地县级工商行政管理机关存查，由许可人报送商标局备案。商标局在《商标公告》上刊登商标使用许可合同备案公告。违反有关报备案规定的，由有关工商行政管理部门予以处理。对注册商标许可使用的许可人超范围许可的问题，实践中常常发生。从一般法理上看，连许可人都不具备的权利，是不能许可他人的，这也违反有关商标法律、行政法规等的规定，是无效的。

由于商标使用权是一种无形资产，有许多企业已经开始探索以商标使用权投资入股的问题，这也是商标使用许可的一种方式。实践中有两种不同做法：一是以商标年使用费形式参与入股企业经营活动，这类情况注册商标所有人应当与被投资企业签订商标使用许可合同；二是将商标权作价投资入股，实际上是将商标权的使用权交给了被投资企业，注册商标所有人应当与被投资企业签订长期、独占或排他的商标使用许可合同。注册商标所有人采用此种方式，将其注册商标许可他人使用，也必须按照本条规定办理。

7. 商标侵权行为的类型

侵犯注册商标专用权行为又称商标侵权行为，是指一切损害他人注册商标权益的行为。判断一个行为是否构成侵犯注册商标专用权，主要看是否具备四个要件：一是损害事实的客观存在，二是行为的违法性，三是损害事实是违法行为造成的，四是行为的故意或过失。上述四个要件同时具备时，即构成商标侵权行为。本条规定的侵犯注册商标专用权行为主要有以下几类：

（1）未经商标注册人的许可，在同一种商品或者类似商品上使用与其注册商标相同或者近似的商标的行为。这是最为明显的也是司法实践中遇到最多的一种商标侵权行为。未经商标注册人的许可,是指未按照本法第四十条规定办理许可手续,在同一种商品或者类似商品上使用与其注册商标相同或者近似的商标的行为。其具体表现形式不外以下几种情况:一是在同一种商品上使用与他人的注册商标相同的商标,二是在同一种商品上使用与他人的注册商标近似的商标,三是在类似商品上使用与他人的注册商标相同的商标,四是在类似商品上使用与他人的注册商标近似的商标。实施此种行为,无论是出于故意还是过失,都会造成商品出处的混淆,使消费者发生误认误购,从而损害到商标注册人的合法权益和消费者的利益,因此是一种典型的商标侵权行为。商标注册人有权阻止这种非法使用,法律也必须对这种侵犯注册商标专用权的行为明令禁止,并依法追究违法者的法律责任。

(2)销售侵犯注册商标专用权的商品的行为。这属于商品流通环节中的一种商标侵权行为。通常侵犯注册商标专用权的商品,除靠生产者自行销售外,往往还要通过其他人的销售活动才能到达消费者手中。像这样的销售者,与侵犯注册商标专用权的商品的生产者一样,都起到了混淆商品出处、侵犯注册商标专用权、损害消费者利益的作用。因此对这种销售也应认定是一种侵犯注册商标专用权的行为,同样要按商标侵权行为处理,让其承担相应的法律责任。需要注意的是,侵犯注册商标专用权商品的生产者一般都是出于故意,但侵犯注册商标专用权商品的销售者则可能是出于故意,也可能不是。所以本法第五十六条第三款明确规定,销售不知道是侵犯注册商标专用权的商品,能证明该商品是自己合法取得的并说明提供者的,不承担赔偿责任。据此可知,对于销售不知道是侵犯注册商标专用权的商品,能证明该商品是自己合法取得的并说明提供者的,是不能按商标侵权行为来追究其法律责任的,因此不应承担赔偿责任。

(3)伪造、擅自制造他人注册商标标识或者销售伪造、擅自制造的注册商标标识的行为。所谓"伪造",是指不经他人许可而仿照他人注册商标的图样及物质实体制造出与该注册商标标识相同的商标标识;所谓"擅自制造",主要是指未经他人许可在商标印制合同规定的印数之外,又私自加印商标标识的行为。伪造与擅自制造有一个共同的特点,即都是未经商标注册人许可的行为,其区别前者商标标识本身就是假的,而后者商标标识本身是真的。销售伪造、擅自制造的注册商标标识的行为,则是指以此种商标标识为标的进行买卖,既包括批发也包括零售,既包括内部销售也包括在市场上销售。商标标识是商标使用的重要形式。伪造、擅自制造他人注册商标标识行为的目的,在于以之用于自己或供他人用于其生产或者销售的同一种商品或者类似商品上,以便以假充真、以次充好;而销售伪造、擅自制造的注册商标标识的行为,其目的是获取非法利益。由于这类行为扰乱了市场经济秩序,侵犯了商标注册人的商标专用权,损害了消费者的利益,后果严重,危害极大,因此必须采取有力措施给予狠狠打击,依法追究违法者的法律责任。

(4)未经商标注册人同意,更换其注册商标并将该更换商标的商品又投入市场的行为。这是本次修改商标法新增加的规定。国外有的立法将之称为"反向假冒"而加以禁止和制裁。所谓"反向假冒",是指在商品销售活动中将他人在商品上合法贴附的商标消除,换上自己的商标,冒充为自己的商品予以销售的行为。在我国向市场经济转轨过程中,已经出现未经商标注册人同意,擅自将其在商品上使用的注册商标去掉,换上自己的商标后投入市场销售的现象。这种行为侵犯了消费者的知情权,使消费者对商品来源,对生产者、提供者产生误认,对注册商标有效地发挥其功能和商标注册人的商品争创名牌也造成了妨碍,因此,应认定为是一种侵犯注册商标专用权的行为。为有利于社会主义市场经济的健康发展,保护商标注册人的商标专用权,在本法中明文增加对这种侵权行为的禁止性规定是十分必要的。

（5）给他人的注册商标专用权造成其他损害的行为。这是一项概括性规定，给他人的注册商标专用权造成其他损害的行为，主要是指除本条前四项之外其他损害他人注册商标专用权的行为，例如，企业标志或者其主要部分构成对驰名商标的复制、摹仿、翻译或音译，可能暗示使用该企业标志的企业与驰名商标注册人之间存在某种联系，使驰名商标注册人的利益可能受到损害，或者会不正当地利用或者削弱该驰名商标的显著性特征的；域名或域名的主要部分构成对驰名商标的复制、摹仿、翻译或音译，且该域名是恶意注册或使用的；在同一种或者类似商品上，将与他人注册商标相同或者近似的文字、图形作为商品名称或者商品装潢使用，并足以造成误认的；故意为侵犯他人注册商标专用权行为提供仓储、运输、邮寄、隐匿等便利条件的行为等。上述这些行为尽管有着各种不同的表现形式，但都会对注册商标专用权造成损害，因此也属于侵犯注册商标专用权的行为，违法者依法应当承担相应的法律责任。

8. 商标侵权案件的处理程序

《商标法》第六十条规定了商标侵权如何处理问题。根据规定，发生商标侵权行为，当事人既可以：①协商解决；②也可以向人民法院起诉，通过诉讼解决；③还可以请求工商行政管理部门处理。

工商行政管理部门处理，一般有三种措施：①责令立即停止侵权行为；②没收、销毁侵权商品和主要用于制造侵权商品、伪造注册商标标识的工具；③违法经营额五万元以上的，可以处违法经营额五倍以下的罚款，没有违法经营额或者违法经营额不足五万元的，可以处二十五万元以下的罚款。

第三节　支持大学生创新创业的企业科技创新相关法律的完善

一、完善专利实体法

(一) 加强对高新技术创新成果的保护

科技的发展日新月异早已超出原有专利所涵盖的范围。新增的专利权类别相继出现，如计算机程序发明专利、生物技术专利、植物专利等。高新技术创新的发展需要专利扩大保护范围。因此，从这个角度出发完善专利制度对高新技术领域技术创新的保护和激励十分必要。主要注意以下方面：

首先，建议考虑对高新技术创新成果专利保护期限进行相应的调整。专利制度对专利权的保护是有一定期限限制的，并不是无期限的保护。我国专利法第四十二条明确规定发明专利权的期限是 20 年，实用新型和外观设计专利权的期限是 10 年，均自申请之日起计算。过了专利保护期的专利就进入公共领域，人们可以自由地使用。这一方面有利于该项技术创新的实施和推广，另一方面也有利于创新者对该技术进行更高水平的创新研究。但是对某些高新的技术创新成果如生物技术领域的技术创新成果，也统一采用普遍的标准进行保护就显得有些不妥。因为这些技术创新的更新换代周期十分快，也许还没有到保护期完结，该技术早已被新的技术创新代替了，再用专利对其保护就显得没有必要。同时，对有些高新技术领域内的技术创新成果的保护很容易形成垄断，给技术的扩散和推广带来阻碍，不利于全社会的技术创新研究。而且像基因技术这样的创新发明比较特殊，关系到全社会的共同利益，所以在保护机制上也应当有别于一般物质。因此，建议对类似的高新技术创新发明的专利保护期限可以适当减短，如 7~10 年均是可考虑的范围。这样既能保护好技术创新者的利益，又能维护好社会的公共利益。

其次，进一步明确对生物技术领域技术创新的专利法保护和特别法保护。对基因生物技术的保护是生物技术保护的一个重要保护内容。我国已在北京和上海建立了具有先进科研条件的国家级基因研究中心，其中某些研究已处于世界领先水平。对基因的保护不仅是国际上大势所趋，也是我国科技发展的必然要求。但要注意区分清楚发现与发明的关系，区分清楚哪些是专利可以保护的对象。参照国际上的经验，有关基因序列或基因序列某一部分的发现属于科学发现，不应取得专利。利用技术方式分离出来的基因、被纯化的 DNA 片段可以获得专利权。另外，与基因相关的一些发明，如通过基因方法获得的产品、基因方法等可以获得专利权。同时我国的专利制度对菌种的保藏问题，也应有相应的规定，通过严格的审批、检疫、控制程序，防止菌种泄漏产生不良后果。

（二）加强专利的强制许可

强制许可是指国家主管专利的机关可以不经专利权人的同意，通过行政申请程序允许申请者从事专利权人专利权范围内的行为的一种许可制度。它是相对"自愿许可"而言的。两者的区别在于：自愿许可的受益者获得专利实施权是基于专利权利人的同意，充分体现了专利权人的意思；强制许可则是依据国家法律基于国家强制力，由国家专利主管机关授予的许可。没有考虑专利权人的主观意愿。通常涉及一个国家国防、国家经济、整体利益、公共卫生、生态环境等领域的专利对一个国家的生存、稳定与发展具有特殊的意义。因而强制许可一方面充分考虑专利权人有足够的时间和机会收回投资，并获得收益，激励他们的技术创新积极性；另一方面又权衡了个人与社会整体的利益。

关于强制许可我国做了比较系统的规定，既有法律的也有行政法规、部门规章的，通过现行的《专利法》《专利法实施细则》《专利实施强制许可办法》等建立起了一个关于专利强制许可的制度体系。根据我国现有的情况对强制许可制度的完善可以从以下三个方面进行考虑：

首先，制定一个兜底条款。我国《专利法》《与贸易有关的知识产权协议》及其他法律对强制许可的情况做了列举，但这并不可能穷尽所有可以实施强制许可的情况。因此，我国可以在专利对强制许可的立法中增加一个兜底性条款，如"以及根据所有国际协议可以实施强制许可的情况"。

其次，制定一个政府使用条款。根据《与贸易有关的知识产权协议》第31条b款的政府使用条款即允许成员方政府在全国性紧急状态或其他特殊情况或为公共利益的非商业性目的情况下发布强制许可，并且不需要在发布前与专利权人协商。[①] 许多发达国家都专门制定了更为简单的政府使用强制许可程序。如美国规定，政府或政府许可的第三者使用，不需要经过开庭，也不需要经过事实审查或者发布强制许可证，只要支付补偿费就可以了。对此，我国也可以参照他们有益的做法，制定简易的政府使用程序。

再次，明确补偿额。我国《专利法》第五十四条规定：取得实施强制许可的单位或者个人应当付给专利权人合理的使用费，其数额由双方协商；双方不能达成协议的，由国务院专利行政部门裁决。但到底多少才是合理的，我国法律却没有规定。这样不明确的规定必然给强制许可的实施带来障碍。因而建议我国可以

---

① 王丽华. 从WTO有关强制许可的规定看我国专利强制许可制度 [J]. 法学论坛，2004，37（6）：64.

考虑明确补偿费的计算标准和方法。参考其他发展中国家的规定制定出适合我国的标准和方法。

(三) 完善专利制度对可持续发展的规定

我国的专利制度暂时还没有明确的有关可持续发展的规定，但是从《专利法》第五条的规定中可以看到关于可持续发展的思想。第五条作为总则性的条款规定了不授予专利的情形：对违反国家法律、社会公德或妨碍公共利益的发明创造，不授予专利权。由此条可以看出只要是对公共利益有危害的技术创新成果都不能被授予专利权。而公共利益就应该包括公共的经济效益、社会效益、生态效益，而不是单纯的某一方面。例如对一项符合新颖性、创造性、实用性且具有经济效益但却对环境造成重大污染或破坏的技术创新成果在我国就不可能获得专利的保护。在我国加入的《与贸易有关的知识产权协议》中有比较明确的关于可持续发展思想的规定。其第27条第2款明确规定对违反公共利益和社会公德的发明专利各成员可以将其排除。而该款也明确说明公共利益和社会公德包括了保护人类、动物或植物的生命及健康，或为了避免对环境的严重污染。

要在专利制度中体现可持续发展思想仅依靠我国现有的规定是远远不够的。因此，首先，除了前文提到的原则性的第五条以外，建议可以在《专利法》或在其实施细则中更明确地提出可持续发展的思想。特别是对生态环境效益的保护。对此可以参考《与贸易有关的知识产权协定》第27条的规定，在我国《专利法》或者其实施细则中指出公共利益包括公众对生态环境所享有的利益。其次，在专利的授予过程中增加对生态安全的防范，强调技术创新成果的发明、使用和推广应以无害于环境为前提的指导思想。专利制度应对技术创新可能给生态环境带来的负面影响应加以适当审查，对那些可能给生态环境带来巨大破坏或需要消耗大量资源的技术创新坚决不授予专利权。以保证技术创新活动不对生态环境造成污染或破坏，也不造成对资源的浪费。再次，鉴于我国实施的可持续发展战略要求我们不能走先污染后治理的道路，而要在发展中兼顾经济、社会、生态和谐发展。一些好的技术创新成果可能对环境保护做出重要贡献。研究和开发可持续资源的技术创新、可持续生产的技术创新、可持续消费的技术创新都将对可持续发展发挥重要作用。如在工业生产中的清洁生产，减少废料和无废料的封闭循环的生产工艺技术就是一项从生产源头和过程中控制污染的技术创新以及一些处理环境污染的技术创新发明。专利制度应当积极激励这些技术创新的开展，鼓励人们投资这些技术创新活动。在专利制度中可以适当地给予这些技术创新发明成果倾斜。如可以减少这些发明的专利费用。对这些技术创新的保护对整个国家乃至全人类所带来的影响可能大大超过对该专利权人所产生的影响。因此，建议加大专利制度对这些技术创新的激励作用。

二、完善商标法的相关规定

（一）明确商标使用权出资的合法性

首先要制定法律，通过具体的法律条文明确商标权人以许可使用方式出资的合法性。且法律应该明确规定商标使用权出资和商标所有权出资属于并列关系，无先后优劣的区别，赋予商标权人绝对的自由选择权，商标权人可以选择任意其觉得合适的方式出资。由于出资涉及双方利益，出资人和被出资公司均有自己的利弊考量，故出资过程中一定会有一个协商过程，势必可以通过市场需要确定一个最为合适的出资方式。

（二）商标使用权出资规范登记制和信息公开

登记含两方面的内容，一是权利的来源过程，一是权利的出资过程。登记公开一方面是为了确保权利的合法性，一方面是为了确保交易第三人的知情权。关于权利的来源过程，商标权属于知识产权的一种，具有无形性的特征，使得其较一般有形物来说可靠性更差一些，故各国法律均规定商标权的取得需要经过法定的登记程序，登记是商标权人获得商标权的强制性要件。为了保证权利的合法性，可要求权利人出示相关的权利证书，如商标的注册证或是商标转让合同书等。关于权利的出资过程，由于出资方式的多样化和比例限制的取消，出资的方式、出资的作价及出资所占的比例均需要进行登记，便于交易第三人足够了解公司的出资情况，从而决定是否要进行某种交易。不论是权利的来源还是权利的出资以及一些重要的出资信息的变更不仅应在有关的行政机关登记而且要能在相关网站查询其是否合法、有效，才能真正保证交易第三人的知情权和监督权。

（三）明确详细的商标使用权出资限制性规定

商标使用权出资和商标所有权出资相比，具有更大的不确定和风险性，从维护交易安全、平衡各方利益的角度出发，应该对其做出更多的限制性规定。首先是许可使用方式的限制，应规定仅能采用独占许可使用的方式出资；其次是对使用权出资时间的限制，应规定使用权出资的时间和商标所有权存续的时间一致，若是公司先于商标权的存续时间破产或是不复存在，商标权人并不当然获得商标的使用权，而需要支付相应的对价才能重获商标的使用权，这样才符合出资的基本原则。此时，规定商标权人对商标使用权有优先购买权，若是商标权人无收回商标使用权的意图，公司可以将商标使用权折价或拍卖给其他主体。

三、完善著作权法的相关规定

（一）对技术保护措施分类保护

我国的技术措施虽然将控制使用措施包含在内，但是相关的规定是以概括的方式进行定义的,这样只会导致在法律适用上更困难。禁止直接规避控制使用的技术措施,这必然侵害社会公众合理使用的权益,影响权利人与社会公众之间利益平衡。目前我国还未对技术措施采取明确的区别保护。为了满足我国当前的著作权产业的发展,我国应当对技术措施进行分类保护,并且在此基础上,分别给予每种技术措施不同程度的保护,这才能有益于法律的适用,才能从根本上解决适用法律过于抽象的现象。我国目前对于技术保护措施的规定与欧盟的相关规定类似,全面禁止规避技术措施的行为。

我国当前属于著作权的进口大国,对技术保护措施保护程度如此高实在是跟我国当前的基本国情不符合,对我国著作权产业经济发展非常不利。从利益平衡角度分析,对于作品的权利人来讲,应当以保护作品的著作权人的正当利益为大前提,但是不能够与我国的著作权法和其他的法律法规相冲突。对于普通使用者来讲,法律禁止间接规避行为是不必要的,因为普通使用者通常都没有规避技术、设备。所以说,就算只针对规避控制使用技术保护措施行为加以禁止,也远远足够保护著作权人的专有权利。

(二)合理使用制度的保障

各个国家均在著作权的技术保护措施制度中设置了合理使用制度,但是若是合理使用与技术保护措施的例外只是拥有被动的防御,那么在实际适用中可能无法实现,因此就对著作权权利人提出一定的要求,需要相关权利人为了保证例外的实施而提供适当的便利,同时要求对因实现例外制度而采用的技术措施进行适当保障。我国法律中著作权人的权利是很灵活的,然而对于合理使用则做出了严格的限定。法律在这一方面有所突破,对于合理使用的情形规定了兜底条款,这对于在数字环境下作品的保护的复杂局面有一定的指引性。

美国曾经为了保护消费者知情权,要求在法律中规定权利人有对其采用的技术保护措施进行披露的义务，因为内容产业的抵制未曾通过[①]；法国也曾经有过类似的规定。然而，披露信息的最终目的是保障合理使用制度的实现，建议在暂时复制、数字图书馆与远程网络教学方面做出相应的规定以支持合理使用制度。

（三）扩大技术措施的法定例外

在当下的科技环境中，《著作权法》扩大了保护范围，但是不能太过于压缩社会公众的利益，应当在著作权人与社会公众二者中寻找一个有利于我国经济、文化各方面良好发展的平衡状态。我国著作权法应当借鉴美国 DMCA（《数字千年版权法案》）、欧盟 EUCD（欧盟版权方针）的反例外情形，我国目前的例外规定远远不够，应当适当地增加法定的例外情形。

（四）规定开放式条款

美国 DMCA（《数字千年版权法案》）授权给国会图书馆，规定每 3 年制定一次规则，以确保禁止规避的技术措施不影响使用者对作品的非侵权性的使用。规定由寻求例外的使用者来承担对其有不利影响的举证责任。

我国法律没有对任何单位予以授权，不能定期对禁止规避的例外进行检查与修改，社会公众也不能像域外一样，可以通过诉讼手段要求权利人解除相应的技术措施。我国应当借鉴域外的这种做法，在著作权法中规定技术措施保护例外的开放性的授权条款，可以授权某个机构有权利根据社会公众的现实需求与科技的发展定期地对规避例外进行检查与修改，使我国反规避制度更加的灵活、公正，实用性更强。

[①] 谢慧加，王影航. 论版权人的技术保护措施信息披露义务［J］. 知识产权，2013（6）：53—57+74.

第六章 制定《大学生创新创业促进法》的构想

从目前大学生创业法律制度存在的问题来看,大学生创业法律制度本身的不完善是其根源所在。随着社会的发展,大学生选择走自主创业这条道路的人会越来越多,大学生创业法律制度的重要性及紧迫性越来越显现出来,制定大学生创业法律制度的专门法,对于保护大学生创业权益,提高大学生创业的信心,解决就业压力,促进社会经济的发展意义重大。制定具有普遍指导意义和统领地位的大学生(高校毕业生)创业保护法律,可规制当前大学生创业法律法规不成体系、互不衔接的局面,维护立法的权威性、统一适用性和可操作性。

可构建以《大学生创新创业促进法》为核心,从中央到地方,从法律到规章、政策的一套完整的、系统性、成文的创业法律制度体系。可先梳理整合不同时期和背景条件下形成的,各类各层级针对大学生创业、创新的,且带有短暂性、随意性、临时性的决策意向、政策举措、行政规制性的意见或通知,这些规范性文件立法层次不高、法规效力位阶明显偏低,将它们纳入法制化轨道,提请并促成全国人民代表大会通过形成具有较高法律地位的权威专门立法。对于相关部门的职责以及违法后果要用法的形式加以明确规定下来,从而使大学生创业的合法权益得到长期稳定有效的保障。大学生创业法律制度包括立法目的、立法原则、具体法律规定、相关执行监督政策等,涵盖从大学生创业准备到创业终结的全过程。通过立法，规定大学生创业法律制度的创业主体、创业目标、基本原则、基本制度和法律救济制度，明确高校创新创业教育的战略地位、意义和必要性，并确立政府、企业、高校、大学生等各主体在创业建设和创业教育方面的基本权利和义务，使其在大学生创业整个法律体系中具有指导性与全局性地位。

第一节 《大学生创新创业促进法》的立法宗旨

为大学生创业立法的目的是以创业促进就业，实现就业增长与经济增长良性互动，提高国家人力资本投资的效益，保障大学生创业的合法权益，有效发挥大学生的创业能力，惠及社会。

一、有利于改善大学生的就业状况

近年来，高校毕业生供需比例失衡，就业市场竞争激烈。随着大学毕业生人数的急剧增加，大学毕业生就业难也成为全社会关注的热点问题。近年来我国高校大学毕业生就业中出现了一些与以往不同的新情况，诸如就业率呈下降趋势，毕业生就业市场结构性失衡，就业歧视严重，人才浪费现象日趋严重，就业过度集中等，大学毕业生的就业已经成了一个全社会关心的问题。就业质量应该主要包括大学生的工作收入、工作地点、工作环境、专业对口和对工作的满意程度等内容。大学生就业率只能反映就业的量，但并不能很好地反映就业的质；而大学生就业的质量不仅能反映就业的"劣势"、结构、层次和性质，同时还在一定程度上反映了就业的量。

为什么大学生就业难？大学生创业不足是其中的一个核心原因。从社会发展的趋势看，随着知识经济社会的到来，21世纪社会经济越来越需要更多的运作灵活的创新企业和产品，独立创业对未来劳动力市场的重要性越来越大，因此培养创新精神和创业能力的创业教育就至关重要起来。如果把大学生培养好了，他们就不是社会的就业包袱，而是社会创业的财富。例如随着政府政策的大力支持，企业设立门槛大幅降低，全国各地的创业创新活动如火如荼，农民创业、大学生创业、海归创业层出不穷。数据显示，2015 年我国新登记注册企业增长 21.6%，平均每天新增 1.2 万户；2016 年新登记注册企业增长 24.5%，平均每天新增 1.5 万户。[①]

二、有利于促进社会和科技创新

掌握高新技术的新兴企业开发新技术、新产品和新工艺的效率要比其他企业高得多，其技术创新活动推动了国家经济和社会的高速发展，保持经济活力。中小企业机制灵活，反应迅速，愿意涉足一些大企业不愿涉足的、竞争变化十分剧烈的新兴领域，加上很多中小企业是富有创新精神的创业企业，从而使整个国家的经济活动充满了生机和活力。在社会主义市场经济发展的进程中，我国涌现出了许多健康发展、充满活力的新兴企业。只要我们重视和及时肯定企业创业、创新中的积极因素，就会激发创业企业经营的活力。对于发展中的中国经济来讲，企业家的创业和开拓经营在国民经济的发展中具有战略性的地位。只有我们对企业家的创业开拓经营及其社会意义有了足够认识，只有我们的社会也有足够多的企业家去开创新的企业，才能保证国家的经济更加稳定健康的发展。

---

① 数据来源：2015 年《政府工作报告》及 2016 年《政府工作报告》.

三、有利于培养创新型人才

为了使大学毕业生人尽其才,为建设社会主义贡献他们的才学,党中央、国务院对高校毕业生就业制定了一系列政策措施,教育部、劳动和社会保障部、团中央等有关部门及各高校千方百计广开就业渠道,各地也因地制宜制定灵活多样的政策,为大学生就业提供保障。

大学生是人力资源中的优质资源,他们掌握了相应的专业知识和专业技能,具备一定的研究开发能力和创新能力,随着就业结构和就业方式的发展变化,自主就业、自谋职业、灵活就业等已经成为大学生就业的重要方式,大学生创业将成为我国大学生就业的一种趋势。随着我国改革开放和经济快速的发展,特别是知识经济时代的到来,经济结构的调整和产业升级,为大学生创业构建了良好的平台,巨大的市场潜力和市场空间,为新时代有志创业的大学生提供了一个前所未有的机遇。大学生完全可以自主地根据自己的优势和特长,选择适合于自己理想的创业之路。大学生自主创业无论对个人还是对社会都有重要的作用和意义。

四、有利于实现大学生的人生价值

大学生创办中小企业不仅创造了就业机会,也解决了自身的就业问题,创业带动就业、促进就业的倍增效应逐渐显现。创业过程是兢兢业业、励精图治的过程,创业者往往要面临许多困难和挫折,历经千辛万苦才能取得胜利,所以创业过程也是一个人的意志锤炼的过程,它会使人更加成熟、更加干练。创业的过程也是大学生学习提高的过程、锻炼摸索的过程、自身发展的过程。而创业成功,就可以实现回报社会、为国家做贡献的崇高理想,同时个人也可以获得回报。

创业，会更加充分地挖掘和调动青年学子的创造力，营造一种商业氛围，培养他们交际与协作的能力，创新开拓的能力，敢冒风险、不畏艰难、勇往直前的能力。创业，成为大学校园里一道亮丽的风景线，也必将成为每一位参与其中的大学生人生中的一幅美丽的图画，他们的人生也会因此更加丰富、绚烂。

五、有利于塑造我国未来的企业家群体

大学生创业者是公司的中坚力量，大学生成为创业者或者转变为创业管理者后，既是公司技术创新的直接运作者，又是技术创新的激励者、协调者和组织管理者。借助于生产组织与管理创新以及日常的经营管理行为和自身的素质，来创造一种适宜技术创新的组织氛围和文化氛围，以促进公司的技术创新，提高公司技术创新的成功率，并最终求得公司的全面发展。创业者创新精神正是体现在这些生产组织与管理创新以及日常的经营管理行为之中。[1]

大学生的创业有利于塑造我国未来企业家的新形象。从目前我国的现状看，企业经营者、自主创业者虽然不少，但高素质的企业家却不多。中国需要企业家，特别是在我国加速融入国际经济发展大潮后，这种需要显得更为迫切了。但企业家是不会凭空产生的，他们是在创业中逐步成长的。我国企业家少，是因为自主创业者少。因此，我们要鼓励大学生这样的具备较高素质的高层次人才去创业。只有参与创业的高层次人才多了，产生高素质企业家的比率才会提高。大学毕业生由于其接受的文化和科技教育大大高于一般的社会创业者，如果能够重视其创业能力的培养，他们成长为企业家的机会高于一般创业者。企业家对促进社

---

[1] 卢旭东. 创业学概论 [M]. 杭州：浙江大学出版社，2002：137-142.

会就业的贡献是巨大的。从社会分工而言，每新产生一个企业家，就可以创造出 1000 个左右的就业岗位。他每多创造 100 万元利润，就可以为社会间接创造出 50~100 个就业岗位。①

大学毕业生由于其接受的文化和科技教育大大高于一般社会创业者，如果再重视其创业能力的培养，他们成长为企业家的概率应当高于一般创业者。

第二节　《大学生创新创业促进法》的立法原则

大学生创业劣势明显：创业资金不足，缺乏创业经验，难以在市场竞争中获胜。因为薄弱所以需要扶持，大学生创业企业由于先天不足而导致各种生产要素有限迫切需要国家出台相关的法律政策，制定具体运用的制度举措予以鼓励发展。

一、政府适当干预原则

由于大学生的实践、阅历与知识等方面的不足，其在创业过程中面临较多的知识、经验与资金方面的问题。首先是知识限制。创业需要企业注册、市场营销、资金融通、人力资源等多方面丰富的知识，对行业的运作，国家的宏观政策、法制观念、信誉度等问题都要有一定的了解。在缺乏必要和充分的知识储备的情况下，仓促创业不仅难以筹集到必需的资金，而且在残酷的市场竞争中也将处于劣势。其次是经验限制。受年龄及相应学识的限制，大学生很难拥有关于创业的直接经验与间接经验，创业知识一般也限于"纸上谈兵"，在这种情况下大学生创业肯定会遇

---

① 王亚民. 我国经济中的创业经营和创业环境 [J]. 鹭江职业大学学报，2001 (4)：115-120.

到各种不可预见的问题，以致创业困难。再次是资金问题。由于大学生大部分很难有足够的创业资金，从社会上融资或获取无息及贴息贷款是必然选择。但是大学生创业由于风险较大，信誉比较低，从银行那里很难贷款，较难获得必需的资金。一般在获取资金方面存在两种问题：一是急于获得资金而不惜贱卖技术，二是过于珍惜技术而不肯做出适当的让步。这些问题都决定了在资金方面难以获得相应的资助。更受到区域的制约，地区之间的发展不平衡、环境的差异对大学生创业模式的选择有很大影响。而在市场经济条件下无法对大学生创业另眼相待，这就需要政府介入、适当扶持，以弥补市场缺陷，改变实质上的不公平状态。

同时，国家的这种干预必须是适度的干预。政府的干预并不是毫无限制而盲目的，也必须有一个合理的度。市场经济还能容受更多的政府行动，只要它们是那类符合有效市场的行为。[①] 适度干预是指国家在经济自主和经济统制的临界点上所作的一种介入状态。[②] 适度既包括干预范围的适度，也包括干预手段的适度，其衡量的标准是是否促进了市场机制作用的正常良好发挥，进而促进了经济的发展。只有用法律来规范干预的范围和手段才能避免干预的随意性，达到适度的干预。因此，立法最重要的一个原则就是国家适当干预原则。

二、经济平等原则

经济平等作为平等的重要构成之一，是对经济自由的补充和修正，是通过宪法干预契约自由原则而实现的，是国家与宪法对契约自由一定程度上的限制。在那些经济公平的权利得到保障的

[①] 弗里德利希·冯·哈耶克. 自由秩序原理 [M]. 邓正来，译. 北京：生活·读书·新知三联书店，1997：119.
[②] 李昌麒. 经济法学 [M]. 北京：中国政法大学出版社，2002：70-72.

地方，传统体现经济自由的权利都受到了不同程度的限制。这说明经济平等一定程度上是以牺牲经济自由为代价的，只有对古典财产与契约自由权予以适当限制才能保证经济主体的经济权利，经济平等才有可能实现。① 此外，经济力量已经成为经济主体参与社会竞争的支柱性力量，经济平等与社会生活和公共利益紧密关联，已经成为平等的重要构成。因此，经济平等是一个"关系性"范畴，不仅仅是指经济资源和财富的公平分配，还指各类经济主体在公正合理的制度框架中进行经济活动的同等自由权利。②

同经济自由权一样，经济平等权也发源于宪法关于平等权的规定。我国《宪法》第三十三条规定：中华人民共和国公民在法律面前一律平等。任何公民享有宪法和法律规定的权利，同时必须履行宪法和法律规定的义务。经济平等权是指权利主体在经济活动中受到不合理的区别待遇以致平等利益受到损害时所提出的权利主张。学理上，经济平等权的内容具体包括了市场准入平等、参与经济活动平等、获得经济资源平等、平等竞争以及经济成果的平等分享等。无论是从权利平等、机会平等还是结果平等的角度来看，经济平等权的落脚点都是指明经济关系中的平等问题需要在市场作用与国家干预之间寻求平衡。我国大学生创业支持相关法律制度中的经济平等，应具体包括平等准入市场、平等参与企业各项活动、平等分享经济资源和经济成果、平等参与竞争分享等，国家扶持的落脚点在于寻求市场作用与实质上的不公平之间的平衡。

---

① 郑贤君. 论宪法上的经济权利 [J]. 中共长春市委党校学报，2004（4）：61.
② 鲁篱，黄亮. 论经济平等权 [J]. 财经科学，2007（11）：84.

三、尊重创业权利原则

劳动权是人权的重要组成部分,是获得生存权的必要条件。没有劳动权,生存权利也就没有保障。劳动权由一系列权利构成,如工作权、报酬权、休息权、职业培训权等。大学生创业是劳动权的一种实现形式。理由是:一是大学生创业体现了劳动权的生存属性。创业属于就业的一种模式,是大学生通过自己的劳动、智力、服务来获取劳动收入养活自己实现价值的一种方式,所以满足劳动权的生存属性。二是大学生创业体现了劳动权的发展属性。劳动权的实现有很多种方式,不以劳动对象、劳动性质等为区分标准,劳动者通过创造新产品或开发新服务来获得财富也是劳动,体现劳动权的发展属性。三是一般的劳动存在劳动关系,大学生创业过程初期更多的是"自雇"或团队合作的方式,从本质上看也属于劳动关系的一种。我们总说以创业带动就业,通过大学生创业实现从"输血"变为"造血"的突破,开发出了更多的劳动岗位,让更多的人实现就业,促进了其他人劳动权的实现。所以,创业是就业之源,尊重创业权利原则的目的就是促进就业,促进劳动权的实现。

四、反歧视原则

大学生创业歧视主要表现为:一是行业歧视,如针对大学生创业的税收优惠政策将从事建筑业、娱乐业以及销售不动产、转让土地使用权、广告业、房屋中介、桑拿、按摩、网吧、氧吧等排除在外。政策制定并没有将所有行业一视同仁。二是性别歧视。根据一份调查,对女性创业表示赞赏的仅占被调查者总数的30.9%,41.5%的被调查人希望公正地对待女性创业,19.6%的被调查者反映女性在创业中遭遇了社会的性别歧视,18.2%的人认为社会舆论对女性不公正。社会舆论对创业女性的歧视严重影响了女性创业的热情,58.7%的女创业者呼吁应当给女性更宽松的创业环境,更公平的待遇。① 因此,反歧视原则对确保大学生创业尤其是女大学生创业有积极意义。

第三节 《大学生创新创业促进法》的基本制度

一、创业准备阶段的法律制度

第一,大学生创业预申报、注册登记制度。根据"促进型"法律重在"自我实施"的精神,大学生虽然是较多地得到了国家人力资本投资的利益,但是,这也与他的家庭对他的生育、养育和培育有较多的投入,还与他个人的学习能力等有关。所以,大学生创业的义务在促进型法律中首先应当在创业预备期间采取自由申请备案、注册登记制度,这样可以有针对性地向他们进行创业教育培训。在课程的选修、毕业方式上,允许他们拥有更大的自主权,经过申请备案注册登记的大学生在校期间即可优先享受创业教育培训、跨专业甚至跨学校选修相关课程、学分修满可提前毕业等多项优惠。

第二,大学生创业能力培养制度。该项制度主要包括从高中、大学本专科、研究生等整个学习期间,连续开设创业教育课程和创业实践课程;由学校和有关部门联合举办大学生创业竞赛;建设大学生创业基地;建立各种大学生创业研究机构。创业教育和创业实践课程贯穿于学生整个学习阶段,有意识地引导和

---

① 佚名. 白领女性创业要克服的心理障碍[EB/OL].(2012-05-10)[2018-05-10]. http//life.banbijiang.com/zhichang/xinli/2012/0510/101938.html.

强化学生的创业意识，通过各种活动，如定期举办各类大学生创业竞赛活动，建立大学生创业基地、各种大学生创业研究机构等来鼓励和吸引大学生创业，培养和提高他们的创业能力。

第三，大学生创业能力咨询、评估制度。建立创业中介服务机构，便于大学生进行自身创业评估。为创业企业提供全方位的信息服务是政府主管部门应尽的职责，政府可推进建立健全创业企业信息咨询机构，集中各个行业生产经营情况、业务发展、技术、市场信息，并向处于创业期间的中小企业发布。建立国家、省两级创业信息网，及时提供大学生创业方面的有关信息是促进大学生创业极为有效的措施，向有意创办企业的创业者在教育培训、信息咨询、技术指导等方面提供面对面咨询和网上咨询服务。为大学生创业铺设"绿色通道"，简化审批手续，设立创业专项基金，给小创业者们提供无息资助，为他们向银行贷款提供担保。

二、创业初期阶段的法律制度

第一，简化创业审批程序、市场准入便利机制。修改《公司法》《个人独资企业法》《合伙企业法》相关规定，修改企业注册登记程序的规定，放宽对学生创立或参与创立企业的主体资格，放宽登记经营范围的规定，登记程序简化，对大学生创业者可采取"列举式"登记，留有适当机动的空间；修改对知识成果的界定，扩大范围，将诸如文艺类、音像制品类特别是计算机软件等部分本属于版权范畴纳入知识成果的范畴，知识成果可作为大学生出资的形式之一，在出资比例的限定上予以放宽，提高大学生出资的比例。深化商事制度改革，鼓励各地结合实际，按照国家改革行政审批、行政许可的要求，简化住所登记手续，采取一站式窗口、网上申报、多证联办等措施，为创业企业工商注册提供便利，降低创新创业门槛。依法加强创新发明知识产权保护，将侵权行为信息纳入社会信用记录，营造创新创业公平竞争的市场环境。鼓励地方政府对众创空间等新型孵化机构的房租、宽带接入费用和用于创业服务的公共软件、开发工具给予适当补贴，鼓励众创空间为创业者提供免费高带宽互联网接入服务。

第二，设立大学生创业基金制度。在金融机构中设立大学生创业基金，开发多种形式的金融产品，不断充实大学生创业基金，在基金的发放上只适用于大学生创业，解决大学生创业资金问题。设立国家创新创业投资引导基金，发挥财政资金杠杆作用，通过市场机制引导社会资金和金融资本支持创新创业，重点支持初创期、种子期及成长期的科技型中小微企业。积极争取设立国家参股新兴产业创投基金，通过设立创业投资子基金、贷款风险补偿等方式支持科技型中小企业发展。用好中小企业发展专项资金、电子商务财银联动资金，运用风险补助和投资保障等方式，引导创业投资机构投资于科技型中小微企业。发挥财税政策作用，支持天使投资、创业投资发展，培育发展天使投资群体。

第三，建立大学生创业专项的小额贷款法律制度，在贷款数额、贷款利息、还款期限等方面，优于普通商业贷款，对大学生创业企业予以更优惠的待遇。如有关担保，可针对大学生创业适当将门槛降低，同时对专利技术担保的认可适当放宽，以利于大学生创业融资。此外，也可以入股的形式吸引民间资本参与大学生创业，与大学生共担风险、共享收益。发挥多层次资本市场作用，推动科技型企业上市融资，以及在全国中小企业股权转让系统和股权交易中心等区域性股权交易市场挂牌融资，完善私募投资基金和股权众筹等投融资机制，积极利用中小企业私募债、资产证券化、银行间市场等拓展科技型中小微企业融资渠道，为科技型中小微企业提供综合金融服务。完善银科对接系统建设，搭建银科对接平台，推进银行业机构科技支行建设，推进知识产权质押融资，开展科技小额贷款试点。创新科技保险产品和服务模式，加大对科技型中小微企业的支持力度，完善各级联动的科技金融服务体系。

三、创业运作阶段的法律制度

第一，构建大学生创业税收优惠制度。加大对大学生创业资金的预算及财政转移支付力度，完善税收优惠结构，丰富税收优惠种类，以降低大学生的创业风险。有的放矢，对不同的大学生创业项目给予不同的税收优惠，对创办高新技术类企业的优惠力度可以大些，可以只征收个人所得税，其余税收5年免征；对于创办传统产业企业的大学生，可在规定年限内免征或减半征收，目的在于从经济上减轻大学生创业初期压力，提高大学生的创业成功率。加大对大学生创新创业的补贴力度。对在校大学生和毕业5年内的高校毕业生，在工商部门注册或民政部门登记，以及其他依法设立、免于注册或登记的创业实体（如开办网店、农业职业经理人等），给予创业补贴。在高校或地方各类创业园区（孵化基地）内孵化的创业项目，每个项目给予补贴。对同一领创主体有多个创业项目的，可以设定最高补贴机制。

第二，构建公益法律援助制度。大学生创业者刚刚步入社会，缺少相应的实战经验，在企业运行中会遇到合同、税收、知识产权、用工、企业清算等法律问题，这都需要政府的法律援助，在帮助大学生解决创业过程中出现法律问题的同时，对他们进行再教育，促进大学生成功创业。

四、大学生创业其他法律制度

除了以上围绕着大学生创业过程，从准备到运行的一系列制度后，还应建立一些其他相关制度（如激励、保障），营造良好的创业氛围，解决大学生创业的后顾之忧。

一是建立大学生创业激励制度，通过各种形式如举办大学生创业表彰大会、设立大学生创业奖励基金等，表彰奖励支持大学生创业并作出杰出贡献的个人或单位；积极倡导敢为人先、宽容失败的创新文化，树立崇尚创新、创业致富的价值导向，大力培育创业精神和创客文化，将奇思妙想、创新创意转化为实实在在的创业活动。加强各类媒体对大众创新创业的新闻宣传和舆论引导，报道一批创新创业先进事迹，树立一批创新创业典型人物，让大众创业、万众创新在全社会蔚然成风。

二是完善大学生创业保障制度，解决他们的后顾之忧。完善的社会保障制度为大学生创业有序发展提供了外部环境和支撑体系。现有的社会保障制度只对企事业员工有强制保护的措施和法律措施，但对于选择创业的大学生，虽有提及但宣传不到位，即使创业者了解该政策的流程和意义，但对于刚起步的创业者来说，这无疑是一项重负。笔者对学校近几年毕业的三位创业者跟踪调查发现，这三位在学校周围以个体工商户的形式创业，员工就是自己和家人，对于社保知晓但不熟悉，想参加又迫于经济压力，所以什么保险都没有参加。加快建设健全的社会保障体系是给越来越多投身创业的大学生一份实实在在的支持和后盾。通过社保补贴，解决符合条件的大学生创业者个人保障；通过开发微小企业新型险种，加大公共财政投入，解决大学生创业初期资金问题。此外，在立法模式的选择上，根据我国实际情况，借鉴国外大学生创业立法形式，以混合立法、分散立法、综合立法和专项立法来保障大学生创业。要做好前瞻性立法工作，避免出现法律立法滞后。对于部分较为突出、作用较为明显的法律问题，政府机关及地方政府可结合实际情况，在《立法法》框架内进行优先立法，制定临时的地方性规章，为大学生创业过程提供良好的立法支持。

总之，要实现以创业促就业这一目标，鼓励大学生积极投入

第六章　制定《大学生创新创业促进法》的构想 �֍

创业大军中，建立健全一整套从中央到地方的长期、有效的大学生创业法律制度体系十分重要，这在保障大学生创业的同时，也会大大提高大学生创业成功的可能性，从而促使大学生创业蓬勃发展。大学生创业在给他们带来光明前景的同时，也能促进我国经济的发展，进一步推动我国从"中国制造"向"创新型国家"转变。

第七章 结 语

大学生创业者是"大众创新、万众创业"浪潮下的中坚力量,是实施培养创新型人才发展战略的重要对象。大学生创业得到越来越多的重视和认可,其意义已经不只是解决就业压力的初衷,其功能已经随着社会的发展而不断彰显其特殊的意义。如今的大学生创业作为高质量的就业形式,是活跃地方经济的依靠之一,是加强高校技术成果转化的有效途径。大学生创业由于受多方面因素影响,已成为社会广泛关注的焦点,各大报纸期刊总有版面提及大学生中的创业典型和故事,大学生创业已从鲜为人知到无人不知,大学生创业在整个国家创新创业方面的作用越发明显。大学生创业的重要性决定了它更需要政府提供有力的法律、政策、资源、环境支持,大学生创业的法律保障对大学生创业者的意义决定了对国家创新创业政策的必要性和重要性,而且也从另一个侧面反映出政府的决策能力,所以笔者认为,对大学生创新创业法律的研究是有意义、有价值的。

社会在快速发展,科学技术也在推陈出新,随着创新型人才培养方案的实施,社会大众创新意识的不断提高,大学生创业群体不断壮大是必然的趋势,配套的法律也不能一成不变、墨守成规,政府对大学生创业的引导、把控措施也要随着时代和社会的变化而不断加以调整和细化。政府如何应对大学生中涌现的创业大军,如何设计出既能把大学生"扶上马"成功创业,又能妥善解决敢为人先的大学生创业者的后续社会保障的全面完善的大学生创业法律，这是当前政府努力的方向。

  本书对目前我国涉及大学生创新创业的主要法律制度做了详细分析，对政府如何顺应历史发展制定的一些创业法律制度作了系统介绍，对创业法律存在的问题有了初步的诊断，摸索尝试着提出了一些改进建议，但因自身理论知识的不够全面，工作岗位的限制，以及以往对政府政策法律方面的问题研究偏少，这里只是就高校工作层面的有限经验和一些还不够全面的资料为依据。由于笔者学识有限，有些地方只是略有提及，没有进行深入的分析和阐述；由于所能收集到的资料途径单一，信息整理不够清晰，所以对一些问题的看法也可能片面，一些数据存在争议。笔者希望在以后的时间里，能够继续留意大学生创新创业的后续法律政策，把大学生创业的法律政策研究继续关注和跟踪下去，并期望发现更有价值的东西，提出具有可行性和建设性的意见，为大学生创新创业法律政策研究献计献策。

参考文献

陈岱松,2010. 小额贷款公司法律制度研究 [M]. 北京:法律出版社.

陈云良,2012. 金融法 [M]. 厦门:厦门大学出版社.

陈成文,孙淇庭,2009. 大学生创业政策:评价与展望 [J]. 高等教育研究(7):24—30.

陈历幸,2006. 我国有限合伙立法若干问题探析 [J]. 政治与法律(1):134—139.

董硕,2015. 我国公司资本制度研究 [D]. 长春:吉林财经大学.

范建,王建文,2014. 商法学 [M]. 4版. 北京:法律出版社.

樊桂沅,2015. 公司法修改背景下有限责任公司人力资本出资的法律问题研究 [D]. 兰州:甘肃政法学院.

樊春良,马小亮,2013. 美国科技政策科学的发展及其对中国的启示 [J]. 中国软科学(10):168—181.

傅晋华,郑风田,刘旭东,2011. 国外创业政策的主要特征及对我国的启示 [J]. 中国科技论坛(9):156—160.

葛建新,2004. 创业学 [M]. 北京:清华大学出版社.

辜胜阻,肖鼎光,洪群联,2008. 完善中国创业政策体系的对策研究 [J]. 中国人口科学(1):10—18+95.

胡鞍钢,1998. 就业与发展 [M]. 沈阳:辽宁人民出版社.

何士青,李莉,2006. 科技创新与法律的功能 [J]. 科技与法律(2):1—6.

黄莉敏，2016. 构建大学生创业法律制度探析［J］. 海峡科学（11）：92-94.

胡金焱，2018. 创新创业教育：理念、制度与平台［J］. 中国高教研究（7）：7-11.

姜桂金，2015. 关于大学生创业法律制度的构建分析［J］. 中外企业家（7）：164.

姜红仁，2014. 我国大学生创业支持政策研究［D］. 武汉：武汉大学.

孔曙东，2007. 国外中小企业融资经验及启示［M］. 北京：中国金融出版社.

李政，2010. 创业型经济：内在机理与发展策略［M］. 北京：社会科学文献出版社.

刘俊海，2011. 现代公司法［M］. 北京：法律出版社.

李志军，2014. 次贷危机下基于融资效率的中小企业融资问题研究［M］. 北京：经济科学出版社.

李昌麒，2002. 经济法学［M］. 北京：中国政法大学出版社.

李建军，武玉坤，姜国兵，2009. 公共政策学［M］. 广州：华南理工大学出版社.

雷家骕，2007. 国内外创新创业教育发展分析［J］. 中国青年科技（2）：26-29.

刘军，2015. 我国大学生创业政策体系研究［D］. 济南：山东大学.

刘岳川，2017. 法律制度对创业创新机制的作用［J］. 上海师范大学学报（哲学社会科学版）（2）：60-69.

李洪伟，2012. 股权回购案例分析——对京辰公司诉华商公司一案的分析［D］. 重庆：西南政法大学.

吕桂青，2017. 大学生创新创业的法律保障研究［J］. 经济师（7）：81-83.

刘海波，肖尤丹，靳宗振，2013. 日本科技法制与我国借鉴[J]. 中国软科学（8）：26-33.

雷兴虎，冯玥，2013. 经济全球化背景下我国公司法的修改与完善[J]. 湖南社会科学（3）：73-77.

刘俊海，2017. 公司自治与司法干预的平衡艺术：《公司法解释四》的创新、缺憾与再解释[J]. 法学杂志（12）：35-49.

凌彤，2019. 财税政策支持小微企业金融服务的国际经验及借鉴[J]. 产业创新研究（1）：88-89.

鲁篱，黄亮，2007. 论经济平等权[J]. 财经科学（11）：83-90.

卢旭东，2002. 创业学概论[M]. 杭州：浙江大学出版社.

缪涨，2017. 适应创业公司股权激励需求的公司法完善研究[D]. 杭州：浙江大学.

门义超，赵迎斌，2012. 我国创业板市场的制度缺陷[J]. 合作经济与科技（1）：78-79.

梅强，谢振宇，2004. 欧洲国家中小企业技术创新扶持政策及其启示[J]. 科技与经济（6）：14-19.

裴广军，2005. 完善公司法与促进民营经济发展[D]. 哈尔滨：哈尔滨工程大学.

彭十一，2008. 经济转型期我国中小企业融资问题研究[M]. 北京：中国农业出版社.

苏瑜，2010. 创业不可不防的法律风险[M]. 北京：化学工业出版社.

田常华，2014. 大学生创业的现状、困境及对策[J]. 教育与职业（32）：107-109.

吴晓求，2001. 证券市场概论[M]. 北京：中国人民大学出版社.

王雪飞，2015. 我国有限责任公司股权回购制度研究[D]. 北京：北京化工大学.

吴敏，2013. 我国企业债券信用增进研究 [D]. 长沙：湖南大学.

王丽华，2004. 从 WTO 有关强制许可的规定看我国专利强制许可制度 [J]. 华东政法学院学报（11）：59−64.

王亚民，2001. 美国经济中的创业经营和创业环境 [J]. 鹭江职业大学学报（12）：115−120+126.

王凤成，白丽丽，2015. 优化大学生创业环境的对策研究 [J]. 统计与管理（6）：126−127.

王占仁，2015. "广谱式"创新创业教育的体系架构与理论价值 [J]. 教育研究（5）：56−63.

谢仁海，2017. 风险理论视角下的大学生创业法律保障机制研究 [J]. 高校教育管理（10）：53−59.

谢慧加，王影航，2013. 论版权人的技术保护措施信息披露义务 [J]. 知识产权（6）：53−57+74.

夏人青，罗志敏，严军，2012. 中国大学生创业政策的回顾与展望（1999—2011 年）[J]. 高教探索（1）：123−127.

许开颜，2014. 有限责任公司股东退出机制研究 [D]. 重庆：重庆大学.

熊晓亮，2008. 美国大学开展创业教育的特点分析及其启示 [J]. 湖南工业职业技术学院学报（10）：119−120.

徐孟州，2005. 税法学 [M]. 北京：中国人民大学出版社.

阎大伟，2013. 大学生创业教育教程 [M]. 北京：高等教育出版社.

叶林，2008. 证券法 [M]. 3 版. 北京：中国人民大学出版社.

杨德敏，2010. 大学生创业法律制度探析 [J]. 兰州学刊（4）：110−112.

杨健，韩立新，2010. 科技创新政策及法律环境研究 [J]. 科学学与科学技术管理（1）：23−26.

约翰·奈斯比特，1985. 大趋势：改变我们生活的十个新方向 [M]. 姚琮，译. 北京：科学普及出版社.

周友苏，2006. 新公司法论 [M]. 北京：法律出版社.

赵旭东，2015. 公司法学 [M]. 4版. 北京：高等教育出版社.

郑曙光，2008. 中国企业组织法：理论评析与制度构建 [M]. 北京：中国检察出版社.

弗里德利希·冯·哈耶克，1997. 自由秩序原理 [M]. 邓正来，译. 北京：生活·读书·新知三联书店.

邹明慧，2015. 资本制度改革背景下的人力资本出资问题研究 [D]. 南京：南京大学.

郑贤君，2004. 论宪法上的经济权利 [J]. 中共长春市委党校学报（8）：59-63.

张武军，2014. 大学生创新创业中的知识产权问题研究 [J]. 科技进步与对策（12）：175-177.

张克，2015. 法治促进创业创新的域外经验 [J]. 华东科技（6）：21.

张敏，2015. 法治是科技创新的保障 [J]. 企业科技与发展（5）：11-12.

张苏，樊勇，2014. 税收政策与大学生创业意愿 [J]. 税务研究（8）：40-45.

周娜，2015. 我国商标权出资法律问题研究 [D]. 广州：华南理工大学.